십자가의 복음 Ⅱ

복음의 회복

십자가의 복음 Ⅱ (개정증보판)

제 1 판 1쇄 발행 2009년 6월 15일
개정판 16쇄 발행 2025년 1월 24일

지은이 여주봉
펴낸이 김용성
펴낸곳 요단출판사

주 소 07238 서울특별시 영등포구 국회대로 76길 10
기 획 (02)2643-7390
보 급 (02)2643-7290 FAX (02)2643-1877
등 록 1973. 8. 23. 제13-10호

정가 13,000원
ISBN 978-89-350-1235-0 03230

이 책의 성경 구절은 개역개정을 인용하였습니다.

십자가의 복음 Ⅱ

복음의 회복

여주봉 지음

요단

머리말

왜 예수를 몇십 년 믿었는데도 삶이 변화되지 않는가? 성경은 놀라운 십자가의 능력에 대해서 말하고 있는데, 성도들은 왜 그것을 경험하지 못하고 있는가? 왜 하나님의 교회 가운데 하나님의 임재가 없는가? 왜 하나님의 백성들이 죄를 이기지 못하고 있는가? 왜 그렇게 많이 기도하는데도 하나님과의 교제가 열리지 않고 답답하기만 한가?

반면에 하나님께서는 오늘날 성령이 자유롭게 역사하시는 교회, 예수님의 사역이 놀라웁게 이루어지는 교회, 십자가의 능력으로 성도들의 삶이 변하고, 성도들의 삶 가운데 주님의 열매가 가득한 교회를 실제로 세우고 계십니다. 또 하나님의 모든 교회들을 그렇게 회복시키기 원하십니다.

그렇다면, 오늘날의 교회가 성경이 지향하고 목표하는 교회로 회복될 수 있는 비결은 무엇입니까? 그것은 다름이 아니고, 교회가 십자가의 복음과 성령의 사역의 토대 위에 세워지는 것입니다. 많은 사람들은 성령의 큰 능력만 임하면 될 줄로 생각합니다. 그러나 그렇지 않습니다. 십자가의 복음이 같이 가지 않으면, 진정한 성령의 역사가 나타날 수 없을 뿐 아니라, 절대로 성도들의 삶이 변화되지 않고, 주님의 진정한 열매가 거기에 맺히지 않습니다.

이 토대 위에 우리의 예배가 회복되어야 합니다. 하나님이 말씀하시는 기준과 마음의 자세에 따라 우리의 예배가 드려져야 합니다. 이 때 우리는 놀라운 하나님의 임재와 십자가의 능력을 경험하게 될 것이며, 또한 놀라운 성령의 역사를 경험하게 될 것입니다.

그 중에서 가장 중요한 것은 바로 십자가의 복음입니다. 십자가의 복음 하면 많은 목회자들과 성도들이 그저 당연한 것으로 생각합니다. 예수를 처음 믿을 때, 당연히 십자가의 복음을 믿음으로 구원을 받았기 때문에, 이미 그 복음은 다 섭렵했다고 생각합니다. 그러나 십자가의 복음은 우리들이 처음 구원받을 때에만 필요한 것이 아닙니다. 십자가의 복음의 능력은 우리가 항상 순간순간 의지해야 하는 것입니다. 그 때 우리는 참으로 놀라운 승리를 경험할 수 있습니다.

저는 이 책에서 저의 책 「성령이 역사하시는 교회」와 「다가오는 하나님의 군대」에 나오는 십자가의 복음에 해당하는 부분을 성경공부 교재식으로 정리하였습니다.

아무쪼록 이 책이 목사님들과 성도님들이 주 안에서 놀라웁게 승리하는 삶을 사는 데 도움이 되었으면 합니다. 다시 말해서, 사도 바울이 갈라디아서 2:20에서 말한 예수님이 여러분 안에서 사시는 삶을 실제로 사는 데 도움이 되었으면 합니다. 그리고 이 나라의 모든 교회가 속히 새부대의 교회로 회복되는 데 있어 작은 도움이나마 되었으면 합니다.

여주봉 목사

차례

8단원 은혜에 의한 삶

제1과 참 신앙과 거짓 신앙의 전쟁 10
제2과 두 신앙체계 특징들의 의미 16
제3과 오직 은혜로 24
제4과 하나님의 은혜가 우리와 함께 하실 때 33

9단원 말씀에 의한 삶

제1과 말씀에 의한 삶 42
제2과 성경과 전통 52
제3과 성경과 이성 61
제4과 말씀과 경험 70

10단원 성령에 의한 삶

제1과 신약의 삶 80
제2과 말씀과 성령의 조화 88
제3과 성령에 의한 삶 98
제4과 성령의 기름부음과 스티그마 107

11단원 십자가에 의한 삶

제1과 십자가의 복음 118

제2과 십자가에 의한 의 128

제3과 십자가의 능력 137

제4과 십자가의 사랑 148

12단원 믿음에 의한 삶

제1과 믿음의 필수성 158

제2과 믿음의 성격 167

제3과 믿음의 법칙 178

제4과 믿음에 의한 삶을 위한 주요 요소 187

제 8단원

은혜에 의한 삶

제1과 참 신앙과 거짓 신앙의 전쟁

그리스도의 은혜로 너희를 부르신 이를 이같이 속히 떠나 다른 복음을 따르는 것을 내가 이상하게 여기노라 다른 복음은 없나니 다만 어떤 사람들이 너희를 교란하여 그리스도의 복음을 변하게 하려 함이라 그러나 우리나 혹은 하늘로부터 온 천사라도 우리가 너희에게 전한 복음 외에 다른 복음을 전하면 저주를 받을지어다 우리가 전에 말하였거니와 내가 지금 다시 말하노니 만일 누구든지 너희가 받은 것 외에 다른 복음을 전하면 저주를 받을지어다 이제 내가 사람들에게 좋게 하랴 하나님께 좋게 하랴 사람들에게 기쁨을 구하랴 내가 지금까지 사람들의 기쁨을 구하였다면 그리스도의 종이 아니니라 형제들아 내가 너희에게 알게 하노니 내가 전한 복음은 사람의 뜻을 따라 된 것이 아니니라 이는 내가 사람에게서 받은 것도 아니요 배운 것도 아니요 오직 예수 그리스도의 계시로 말미암은 것이라
(갈 1:6-12)

앞에서 우리는 거짓 신앙체계와 우리 신앙의 본질인 하나님을 아는 것 그리고 하나님을 사랑하는 것에 대해서 살펴보았습니다. 이제 앞으로 몇 단원에 걸쳐 우리 신앙의 본질인 주님을 알고 사랑하는 삶을 위해 필수적인 몇 가지 복음의 요소들을 하나하나 살펴보고자 합니다. 주님을 알고 사랑하는 삶은 오직 십자가의 복음으로 대변되는 참다운 신앙 위에 설 때에만 가능합니다. 십자가의 복음은 마치 신앙의 본질을 담을 수 있는 그릇과 같습니다. 율법주의 신앙체계에서는 그 삶이 불가능합니다.

그런데 은혜에 의한 삶에 대해 살펴보기에 앞서 갈라디아서에 나오는 참 복음과 거짓 복음 사이의 영적 전쟁에 대해서 살펴보고자 합니다.

참 신앙과 거짓 신앙의 특징

갈라디아서에 나오는 참 신앙과 거짓 신앙의 특징을 한 눈에 볼 수 있도록 정리하면 다음과 같습니다.

참 신앙	거짓 신앙
십자가의 복음	율법주의 신앙
오직 믿음	자기 의
하나님의 은혜	인간의 노력
성령님	육신
자유함	노예됨
약속	율법을 지킴

참 신앙과 거짓 신앙 사이의 치열한 전쟁

갈라디아서에 나오는 거짓 신앙은 사탄에게서 나온 율법주의 신앙을 말합니다.

갈라디아서 1:6-12을 읽고 다음의 물음에 답하십시오.

바울은 거짓 신앙을 무엇이라고 부르고 있습니까?(6절)

거짓 신앙의 실체는 무엇입니까?(7절)

그러한 신앙을 전하는 자들에 대해 바울은 어떠한 자세를 취하고 있습니까?(8-9절)

거짓 신앙의 뿌리에 놓여 있는 것 중 하나는 무엇입니까?(10절)

거짓 신앙은 결국 누구에게서 나온 것입니까?(고후 11:4, 13-15)

사도 바울은 갈라디아서에서 다른 복음에 대해 언급하고 있습니다. 그러나 실제로 다른 복음이 있는 것이 아니라, 그것은 그리스도의 복음을 변질시킨 거짓 신앙에 불과하다고 그는 말합니다. 특히 그는 이 신앙 체계의 배경에 사탄이 있으며, 그러한 거짓 신앙을 전하는 자들은 저주를 받을 것이라고 매우 단호한 자세를 취하고 있습니다. 그 만큼 거짓 신앙체계는 심각한 것입니다. 이 거짓 신앙은 그 특징들을 볼 때 바로 율법주의 신앙을 말합니다. 그리고 그 바탕에는 사람들에게 잘 받아들여지는 인본주의적인 사고가 깊게 깔려 있습니다.

여기서도 사도 바울은 참다운 복음은 은혜의 복음이요, 그리스도의 복음이라고 말하면서, 그것만이 예수님께로부터 나온 참 신앙이라고 말하고 있습니다.

| 율법주의 신앙은 참다운 복음을 철저하게 대적합니다

율법주의 신앙의 가장 큰 특징 중의 하나는 그것이 철저하게 참 신앙을 대적한다는 것입니다. 그래서 십자가의 복음을 대적하고, 성령의 역사를 대적하고, 하나님의 은혜를 대적합니다.

갈라디아서 4:21-31을 읽고 다음의 물음에 답하십시오.

이스마엘은 무슨 신앙을 대변합니까?(23-25절)

만일 누가 가서 우리가 전파하지 아니한 다른 예수를 전파하거나 혹은 너희가 받지 아니한 다른 영을 받게 하거나 혹은 너희가 받지 아니한 다른 복음을 받게 할 때에는 너희가 잘 용납하는구나
(고후 11:4)

그런 사람들은 거짓 사도요 속이는 일꾼이니 자기를 그리스도의 사도로 가장하는 자들이니라 이것은 이상한 일이 아니니라 사탄도 자기를 광명의 천사로 가장하나니 그러므로 사탄의 일꾼들도 자기를 의의 일꾼으로 가장하는 것이 또한 대단한 일이 아니니라 그들의 마지막은 그 행위대로 되리라
(고후 11:13-15)

내게 말하라 율법 아래에 있고자 하는 자들아 율법을 듣지 못하였느냐 기록된 바 아브라함에게 두 아들이 있으니 하나는 여종에게서, 하나는 자유 있는 여자에게서 났다 하였으며 여종에게서는 육체를 따라 났고 자유 있는 여자에게서는 약속으로 말미암았느니라 이것은 비유니 이 여자들은 두 언약이라 하나는 시내 산으로부터 종을 낳은 자니 곧 하갈이라 이 하갈은 아라비아에 있는 시내 산으로서 지금 있는 예루살렘과 같은 곳이니 그가 그 자녀들과 더불어 종 노릇 하고 오직 위에 있는 예루살렘은 자유자니 곧 우리 어머니라 기록된 바 잉태하지 못한 자여 즐거워하라 산고를 모르는 자여 소리 질러 외치라 이는 홀로 사는 자의 자녀가 남편 있는 자의 자녀보다 많음이라 하였으니 형제들아 너희는 이삭과 같이 약속의 자녀라 그러나 그 때에 육체를 따라 난 자가 성령을 따라 난 자를 박해한 것 같이 이제도 그러하도다 그러나 성경이 무엇을 말하느냐 여종과 그 아들을 내쫓으라 여종의 아들이 자유 있는 여자의 아들과 더불어 유업을 얻지 못하리라 하였느니라 그런즉 형제들아 우리는 여종의 자녀가 아니요 자유 있는 여자의 자녀니라

(갈 4:21-31)

이삭은 무슨 신앙을 대변합니까?(23-26, 28절)

어떤 신앙만이 열매를 맺습니까?(27절)

이스마엘과 하갈이 이삭을 핍박했던 것을 성경은 무엇에 비유하고 있습니까?(29절)

이스마엘에 의해 대변되는 신앙에 대해 어떻게 하라고 성경은 말하고 있습니까?(30절)

이스마엘은 인간의 육신적인 노력에 의한, 사람을 노예로 만드는 율법주의 신앙을 대변합니다. 그리고 이삭은 하나님의 약속에 의한, 성령에 의한, 사람을 참으로 자유케 만드는 십자가의 복음을 대변하고 있습니다. 그런데 하갈과 이스마엘이 이삭에 대해 그랬듯이 율법주의 신앙은 항상 철저하게 참다운 복음을 대적합니다. 그것은 철저하게 성령의 역사를 대적하고(갈 4:29), 철저하게 은혜에 의한 삶을 대적합니다(갈 5:11). 우리는 이것을 바리새인들의 삶에서 적나라하게 볼 수 있습니다. 그들은 철저하게 성령에 의한 삶을 사시는 예수님을 대적했습니다. 그리고 율법주의 신앙은 절대로 열매를 맺지 못합니다. 반면에 십자가의 복음은 수많은 열매를 맺게 되어 있습니다. 따라서 성경은 우리 가운데서 율법주의 신앙을 철저히 쫓아내라고 강력하게 명령하고 있습니다.

두 신앙 체계 사이에 존재하는 간격

이 두 신앙체계와 관련해서 가장 심각한 점은 두 신앙체계 사이에 존재하는 간격입니다. 이 둘은 근본적으로 다른 신앙체계로서, 이 둘 사이에는 어떠한 공통점도 없습니다. 하나는 하나님께로부터 나온 것이고, 또 다른 하나는 사탄에게서 나온 것입니다. 그러므로 이 둘 사이에는 어떠한 특징도 공유될 수 없으며, 동시에 그 중간도 있을 수 없습니다. 다시 말해서 우리는 동시에 양쪽에 다 속해 있을 수 없으며, 그 중간에 속해 있을 수도 없습니다. 그래서 우리들이 부분적으로라도 거짓 신앙에 빠지게 되면, 우리는 참다운 신앙에서 끊어지게 됩니다. 그 결과 참 신앙의 모든 특징들은 우리에게서 걷히게 됩니다. 그리고 동시에 거짓 신앙의 모든 특징들이 우리에게 나타나기 시작합니다. 이 간격을 나타내기 위해 저는 두 신앙체계 사이에 굵은 두 선을 그어 놓았습니다. 마치 고속도로의 중앙선처럼 말입니다.

갈라디아서 5:2-4을 읽고 우리들이 할례를 받으면 어떠한 결과를 초래하는가를 써 보십시오. 앞에서 살펴본 것처럼, 여기에서 할례는 율법주의의 특징인 자기 의를 가리키고, 할례를 받는 것은 부분적으로나마 자기 의를 의지하는 것을 말합니다.

부분적으로라도 거짓 신앙체계에 빠지게 되면, 그리스도에게서 끊어지고, 하나님의 은혜에서 떨어지게 되고, 그리스도는 아무 유익이 되지 못하는 등 모든 참 신앙의 특징에서 끊어지게 됩니다. 여기에서 그리스도가 아무 유익이 없게 된다는 말은 그리스도의 십자가가 우리에게 아무 효력이 없게 된다는 말입니다(갈 2:21). 그리고 인간의 노력으로 모든 율법을 지켜야 하는 의무를 갖게 되는 것 등 거짓 신앙의 특징들이 나타나게 됩니다.

> 보라 나 바울은 너희에게 말하노니 너희가 만일 할례를 받으면 그리스도께서 너희에게 아무 유익이 없으리라 내가 할례를 받는 각 사람에게 다시 증언하노니 그는 율법 전체를 행할 의무를 가진 자라 율법 안에서 의롭다 함을 얻으려 하는 너희는 그리스도에게서 끊어지고 은혜에서 떨어진 자로다
> (갈 5:2-4)

한마디로 말해서 율법주의 신앙은 우리의 삶에서 참다운 복음을 헛되게 만듭니다. 이 점이 바로 바울이 갈라디아서에서 그토록 심각하게 그리고 강하게 갈라디아 교인들을 경고하고 또한 권면하고 있는 이유입니다.

다음의 성경구절들을 찾아 써 보십시오.

갈라디아서 2:21

> 내가 하나님의 은혜를 폐하지 아니하노니 만일 의롭게 되는 것이 율법으로 말미암으면 그리스도께서 헛되이 죽으셨느니라
> (갈 2:21)

갈라디아서 3:3-4

> 너희가 이같이 어리석으냐 성령으로 시작하였다가 이제는 육체로 마치겠느냐 너희가 이같이 많은 괴로움을 헛되이 받았느냐 과연 헛되냐
> (갈 3:3-4)

갈라디아서 4:11

> 내가 너희를 위하여 수고한 것이 헛될까 두려워하노라
> (갈 4:11)

갈라디아서 4:19

> 나의 자녀들아 너희 속에 그리스도의 형상을 이루기까지 다시 너희를 위하여 해산하는 수고를 하노니
> (갈 4:19)

같은 신앙 체계의 특징들 사이의 상호 연관 관계

반면에 같은 신앙체계의 특징들 사이에는 서로 매우 밀접하고도 직접적인 연관 관계가 있습니다. 한 구절을 대표로 들어보아도 이 점을 쉽게 볼 수 있습니다.

이는 그리스도 예수 안에서 아브라함의 복이 이방인에게 미치게 하고 또 우리로 하여금 믿음으로 말미암아 성령의 약속을 받게 하려 함이라

(갈 3:14)

이 약속들은 아브라함과 그 자손에게 말씀하신 것인데 여럿을 가리켜 그 자손들이라 하지 아니하시고 오직 한 사람을 가리켜 네 자손이라 하셨으니 곧 그리스도라 내가 이것을 말하노니 하나님께서 미리 정하신 언약을 사백삼십 년 후에 생긴 율법이 폐기하지 못하고 그 약속을 헛되게 하지 못하리라 만일 그 유업이 율법에서 난 것이면 약속에서 난 것이 아니리라 그러나 하나님이 약속으로 말미암아 아브라함에게 주신 것이라

(갈 3:16-18)

갈라디아서 3:14, 16-18을 읽고 다음의 빈 칸을 채우십시오. 그리고 각 특징들이 어떻게 서로 깊이 관련되어 있는가를 살펴보십시오.

이는 (   ) 안에서 아브라함의 복이 이방인에게 미치게 하고 또 우리로 하여금 (   )으로 말미암아 (   )을 받게 하려 함이라… 이 (   )들은 아브라함과 그 자손에게 말씀하신 것인데 여럿을 가리켜 그 자손들이라 하지 아니하시고 오직 한 사람을 가리켜 네 자손이라 하셨으니 곧 (   )라 내가 이것을 말하노니 하나님께서 미리 정하신 언약을 사백삼십 년 후에 생긴 율법이 폐기하지 못하고 그 (   )을 헛되게 하지 못하리라 만일 그 유업이 율법에서 난 것이면 (   )에서 난 것이 아니리라 그러나 하나님이 (   )으로 말미암아 아브라함에게 주신 것이라."

답 : 그리스도 예수, 믿음, 성령의 약속, 약속, 그리스도, 약속, 약속, 약속

오늘 배운 것을 복습하십시오. 오늘 배운 내용 중에서 하나님께서 당신으로 하여금 이해하고, 배우고, 실천하기 원하는 부분이나 성구를 한두 개 지적해 주시도록 기도하십시오. 그리고 난 후 다음의 질문에 답하십시오.

✣ 오늘 배운 내용 중에서 어떤 부분이나 성구가 가장 뜻있게 와 닿았습니까?

✣ 위의 부분이나 성구를 하나님께 대한 당신의 기도로 바꾸십시오.

✣ 오늘의 학습에 대한 반응으로 하나님은 당신이 무엇을 하기를 원하십니까?

이 과의 요점

- 거짓 신앙체계인 율법주의는 참 신앙을 철저하게 대적합니다.
- 참 신앙과 거짓 신앙 사이에는 서로 공존할 수 없는 간격이 있습니다.
- 우리는 두 신앙체계 중 어느 하나에만 속할 수 있습니다.
- 거짓 신앙체계에 빠지면, 참 신앙의 모든 특징들이 우리에게서 걷힙니다.
- 거짓 신앙체계에 빠지면, 거짓 신앙의 특징들만 우리에게 나타납니다.
- 같은 신앙체계에 속한 특징들 사이에는 상호 밀접한 관계가 있습니다.

제2과 두 신앙체계 특징들의 의미

아래의 빈 칸을 채우고, 잘 모르겠으면 앞 장을 참조하십시오

참 신앙	거짓 신앙
십자가의 복음	율법주의 신앙
오직 믿음	(　　　　)
(　　　　)	인간의 노력
성령님	(　　　　)
자유함	노예됨
(　　　　)	율법을 지킴

두 신앙체계의 특징들이 의미하는 바

우리는 앞에서 두 신앙체계 사이에는 서로 공존할 수 없는 간격이 있다는 것을 살펴보았습니다. 반면에 같은 신앙체계에 속한 특징들 사이에는 상호 밀접한 관계가 있다는 것도 살펴보았습니다. 두 신앙체계 사이의 이러한 관계를 이해할 때, 갈라디아서에 나오는 두 신앙체계의 특징들이 시사하는 바는 매우 중요하고 또한 많습니다. 특히 오늘날 교회 안에 하나님의 진정한 은혜와 성령의 역사의 회복이 절실한 상황에서 우리들에게 시사하는 바가 매우 많습니다. 그 중에 몇 가지를 살펴보면 다음과 같습니다.

ㅣ율법주의 신앙에는 진정한 성령의 역사도 없습니다

먼저 무엇보다 교회가 십자가의 복음 위에 굳게 서지 않으면, 거기에는 진정한 성령의 역사도 있을 수 없습니다. 즉, 율법주의 신앙에서는 진정한 성령의 역사도 없습니다. 왜냐하면 성령의 역사와 율법주의 신앙은 서로 다른 신앙체계에 속해 있기 때문입니다.

오늘날 한국 교회 가운데 참다운 성령의 역사가 거의 나타나고 있지 않습니다. 대부분

의 교회에서 하나님의 임재는 그 단어조차 찾아보기 힘든 상태입니다. 복음의 능력이 교회에서 걷혔습니다.

이러한 상황에서 성도들은 성령의 진정한 역사가 교회에 회복되기를 위해 온갖 노력을 다하고 있습니다. 어떤 때는 작정기도를 해보기도 하고, 또 어떤 때는 금식을 해보기도 합니다. 목회자들은 여기저기 많은 세미나에 쫓아다녀 보기도 합니다.

그러나 그럼에도 불구하고 교회의 상태는 크게 변하지 않고 있습니다. 그 이유는 무엇입니까? 그것은 교회 가운데 율법주의 신앙이 가득하기 때문입니다. 율법주의 신앙 아래서는 아무리 많은 종교적인 헌신과 노력이 있다고 할지라도 하나님의 진정한 은혜와 성령의 역사를 경험할 수 없습니다.

우리는 바리새인들의 삶을 보아도 이 점을 쉽게 알 수 있습니다. 그들은 누구보다 종교적으로 헌신된 자들이었습니다. 누구보다 더 많은 노력을 기울인 자들이었습니다. 그러나 그들은 어떠한 성령의 역사도 경험하지 못했습니다. 오히려 성령의 역사를 대적했을 따름입니다.

반면에 교회가 십자가의 복음 위에 믿음으로 기초하게 될 때, 거기에는 진정한 성령의 역사가 있습니다. 그 둘은 같은 신앙체계에 속한 특징들이기 때문입니다. 그러므로 오늘날 무엇보다 시급한 것은 교회가 철저하게 율법주의를 제거하고, 십자가의 복음 위에 믿음으로 굳게 서는 것입니다.

| 율법주의 신앙에는 진정한 믿음이 있을 수 없습니다

우리의 신앙은 모든 면에서 오직 믿음으로만 가능합니다. 앞으로 자세히 살펴보겠지만 구원을 얻는 것도, 열매를 맺는 것도, 주님의 형상으로 변화되는 것도 오직 믿음으로만 가능합니다. 하나님의 치유를 받는 것도, 기도 응답을 받는 것도, 하나님의 능력을 얻는 것도 오직 믿음으로만 가능합니다. 그런데 율법주의 신앙에서는 어떠한 진정한 믿음도 있을 수 없습니다. 믿음과 율법주의 신앙은 다른 신앙체계에 속한 것이기 때문입니다. 사실, 율법주의 신앙에서는 참다운 복음의 특징 중 어느 것 하나도 나타날 수 없습니다.

반면에 믿음에 의한 삶을 살려면, 반드시 그리스도의 십자가의 복음 위에 서야 합니다.

| 율법주의 신앙으로는 육신을 이길 수 없습니다

율법주의 신앙에서는 아무리 종교적인 헌신이나 형식이 가득할지라도 절대로 육신을 이길 수 없습니다. 왜냐하면 육신과 율법주의는 같은 신앙체계에 속해 있기 때문입니다.

이에 대한 좋은 예도 바리새인들입니다. 그들은 신앙적으로 매우 헌신된 자들이었습니다. 그들은 나름대로 매우 큰 열심과 정성으로 하나님을 섬겼습니다. 오늘날 십일조를 하되, 다른 사람에게 받은 선물까지 값으로 환산하여 십일조 하고, 주일이면 일을 하지 않는 것은 말할 것도 없거니와 아무것도 사지 않고, 헌금은 토요일에 은행에 가서 새 돈으로 바꿔 미리 준비해 놓고, 주일이면 옷을 반드시 깨끗하게 다려서 입고 교회에 가는 열심과 헌신도 그들의 헌신에 비하면 초보에 불과할 만큼 그들은 나름대로 큰 열심으로 하나님을 섬겼습니다. 그러나 그럼에도 불구하고, 그들 가운데는 온갖 죄악이 가득했습니다. 그들 속에는 온갖 탐심과 세상을 사랑함이 가득했습니다. 그래서 예수님은 그들을 여러 차례에 걸쳐 회칠한 무덤이라고 부르셨습니다.

화 있을진저 외식하는 서기관들과 바리새인들이여 너희가 박하와 회향과 근채의 십일조는 드리되 율법의 더 중한 바 정의와 긍휼과 믿음은 버렸도다 그러나 이것도 행하고 저것도 버리지 말아야 할지니라 맹인 된 인도자여 하루살이는 걸러 내고 낙타는 삼키는도다 화 있을진저 외식하는 서기관들과 바리새인들이여 잔과 대접의 겉은 깨끗이 하되 그 안에는 탐욕과 방탕으로 가득하게 하는도다 눈 먼 바리새인이여 너는 먼저 안을 깨끗이 하라 그리하면 겉도 깨끗하리라 화 있을진저 외식하는 서기관들과 바리새인들이여 회칠한 무덤 같으니 겉으로는 아름답게 보이나 그 안에는 죽은 사람의 뼈와 모든 더러운 것이 가득하도다 이와 같이 너희도 겉으로는 사람에게 옳게 보이되 안으로는 외식과 불법이 가득하도다

(마 23:23-28)

마태복음 23:23-28을 읽으십시오. 그리고 바리새인들과 비교할 때 나의 모습은 어떻게 다른지 간단하게 써 보십시오.

오늘날 하나님의 백성들인 우리들 안에 참으로 탐심과 세상 사랑이 가득한 것 같습니다. 제가 젊었을 때 마태복음 23장을 읽으면서, 어떤 부분은 그 당시 우리에게도 그대로 해당되었지만, 어떤 부분은 우리에게는 해당되지 않는 것으로 보였습니다. 그러나 10여년 전에 마태복음 23장을 읽는 도중 저는 바리새인들을 그렇게 강력하게 책망하신 예수님의 말씀 중 우리들에게 해당되지 않는 것이 하나도 없는 것을 보았습니다. 오늘날 그 구절을 보면, 우리들은 바리새인들보다 훨씬 더한 것을 자주 보게 됩니다. 그리고 우리들의 삶에는 마태복음 23장에 나오는 것보다 훨씬 심각한 문제들이 많습니다. 그럼에도 불구하고 우리는 그 심각성도 전혀 깨닫지 못하고 있습니다.

우리나라 교회에는 어느 나라 못지않은 많은 기도와 헌신이 있습니다. 특히 과거에는 더욱 그랬습니다. 그런데 그 많은 기도와 헌신에도 불구하고 이러한 결과가 나타나는 것은 무엇 때문입니까? 그것은 우리들이 율법주의 신앙에 빠져 있기 때문입니다. 그 신앙체계에서는 어떠한 종교적인 헌신과 노력으로도 우리의 육신을 이길 수 없습니다.

| 율법주의 신앙에는 자유함이 없습니다

율법주의 신앙에는 억압이 있습니다. 율법주의 신앙은 노예로서의 삶입니다. 갈라디아서는 율법주의 신앙을 종의 종교로 비유하고 있습니다. 그래서 이스마엘이 종인 하갈의 몸에서 하나님의 약속과는 상관없이 육신을 따라 태어난 것 같이, 율법주의 신앙은 사람을 종으로 만드는 종교입니다(갈 4:22-24).

율법주의 신앙에서는 항상 하나님의 은혜를 얻기 위하여 끝없이 더 충분한 공을 쌓으려는 노예된 삶이 있을 따름입니다. 또한 이러한 율법주의에 빠진 사람은 자기가 어떠한 종교적인 행위를 한 번이라도 안 하거나 한 번이라도 빠지면, 하나님의 형벌이 곧 자기에게 내릴 것 같고, 하나님께서 은혜를 거두어 가실 것 같은 두려움 속에 삽니다. 그래서 항상 하나님이 사랑하시는 아버지로서가 아니라, 무서운 주인으로 느껴집니다. 이것이 노예로서의 삶입니다.

반면에 그리스도의 참된 복음 안에서의 삶은 자녀로서의 삶입니다(갈 4:6-7). 예수님이 하나님 아버지와 친밀한 교제 속에서 사셨듯이, 하나님 아버지와의 친밀한 교제 속에 사는 삶입니다. 여기에서 말하는 "아바"라는 말은 아람어로서 우리말로 하면 아버지라는 공식적인 말 보다는 아빠라는 가족적인 말입니다. 그래서 하나님이 우리의 아빠가 되시는 삶입니다. 이 삶에는 아버지의 유업이 넘칩니다. 우리들이 하늘나라에 가서 받을 유업은 말할 것도 없고, 이 세상에 살면서도 아버지의 유업인 아버지의 임재, 아버지의 보호, 아버지와의 교제, 아버지의 사랑, 아버지의 인도, 아버지의 도움, 아버지의 능력 등이 우리에게 넘칩니다. 하나님의 나라는 미래적인 것일 뿐 아니라, 현재적인 것이기도 하기 때문입니다.

그리고 그리스도의 복음의 삶에는 참으로 놀라운 자유함이 있습니다. 모든 율법의 멍에로부터의 자유함이 있습니다. 죄책감과 사탄의 정죄로부터의 자유함이 있습니다. 욕심과 탐심으로 인한 집착과 억압으로부터의 자유함이 있습니다. 또한 그것이 조상의 저주로 인한 것이건, 과거의 상처로 인한 것이건, 잘못된 사고로 인한 것이건, 혹은 귀신들림으로 인한 것이건, 모든 종류의 사단의 억압과 압박으로부터의 자유함이 있습니다. 우리들이 예수님의 십자가의 공로를 믿음으로 의지하여 서게 될 때, 그 모든 것들이 우리에게 무력하게 되어 버리고 말기 때문입니다.

물론 이 자유함은 죄를 마음대로 지을 수 있는 자유함이 아닙니다. 이 자유함은 우리가 주님 안에서 자유케 되어 하나님을 마음껏 섬기기 위한 것일 뿐 아니라, 다른 사람을 사랑으로 섬기기 위한 것입니다. "형제들아 너희가 자유를 위하여 부르심을 입었으나 그러나 그 자유로 육체의 기회를 삼지 말고 오직 사랑으로 서로 종 노릇 하라"(갈 5:13)

| 성령의 역사는 하나님의 약속이요 믿음에 의한 것입니다

성령님의 역사와 관련해서 사모하는 자세는 매우 중요합니다. 누가복음 11:5-13, 요한복음 7:37-38을 읽고, 성령의 역사를 위해 어떤 자세를 가지라고 성경이 권면하고 있는지 써 보십시오.

누가복음 11:5-13

또 이르시되 너희 중에 누가 벗이 있는데 밤중에 그에게 가서 말하기를 벗이여 떡 세 덩이를 내게 꾸어 달라 내 벗이 여행중에 내게 왔으나 내가 먹일 것이 없노라 하면 그가 안에서 대답하여 이르되 나를 괴롭게 하지 말라 문이 이미 닫혔고 아이들이 나와 함께 침실에 누웠으니 일어나 네게 줄 수가 없노라 하겠느냐 내가 너희에게 말하노니 비록 벗 됨으로 인하여서는 일어나서 주지 아니할지라도 그 간청함을 인하여 일어나 그 요구대로 주리라 내가 또 너희에게 이르노니 구하라 그러면 너희에게 주실 것이요 찾으라 그러면 찾아낼 것이요 문을 두드리라 그러면 너희에게 열릴 것이니 구하는 이마다 받을 것이요 찾는 이는 찾아낼 것이요 두드리는 이에게는 열릴 것이니라 너희 중에 아버지 된 자로서 누가 아들이 생선을 달라 하는데 생선 대신에 뱀을 주며 알을 달라 하는데 전갈을 주겠느냐 너희가 악할지라도 좋은 것을 자식에게 줄 줄 알거든 하물며 너희 하늘 아버지께서 구하는 자에게 성령을 주시지 않겠느냐 하시니라

(눅 11:5-13)

명절 끝날 곧 큰 날에 예수께서 서서 외쳐 이르시되 누구든지 목마르거든 내게로 와서 마시라 나를 믿는 자는 성경에 이름과 같이 그 배에서 생수의 강이 흘러나오리라 하시니

(요 7:37-38)

요한복음 7:37-38

누가복음 11장에 보면, 자기 집에 찾아온 손님을 대접하기 위해 친구에게 떡 세 덩이를 빌리러 간 사람의 이야기가 나오는데, 그 구절은 문맥적으로 볼 때 성령과 관련한 기도에 대한 구절입니다. 그리고 예수님께서 그 구절에서 말씀하시고자 하는 바는 다음과 같습니다. 첫째, 성령을 위해 기도하는 것은 하나님의 자녀로서 우리들이 가지는 고유의 권한이다. 그 당시 이스라엘에서 어떤 사람이 한 집에 방문하면, 그 방문한 사람을 잘 대접하는 것은 집 주인의 의무였을 뿐 아니라, 온 마을의 의무였다고 합니다. 그래서 본문에 나오는 손님을 맞은 사람이 그 친구에게 가서 손님을 위한 떡을 구하는 것은 당연한 권리였습니다. 이와 마찬가지로 하나님의 자녀들이 하나님께 성령을 구하는 것은 당연한 권리입니다. 둘째, 하나님은 성령을 구하는 우리의 기도를 들어주십니다. 우리들 중에 친구가 밤중에 찾아와서 떡 세 덩이를 빌리려 하는데 아이들과 잠자리에 들었으니까 안 된다고 거절할 사람이 누가 있겠습니까? 특히 그 당시 상황에서 떡을 주어야 하는 것은 그 사람의 의무이기도 했는데 말입니다. 그런 사람은 아마 세상에 거의 없을 것입니다. 이것이 바로 이 비유의 핵심입니다. 예수님께서 여기에서 말씀하시는 바는 바로 이것입니다. '그런 사람이 어디 있겠느냐. 세상에는 거의 없을 것이다. 그러나 만약 그러한 사람이 존재한다 할지라도, 계속해서 문을 두드리고 요청하면, 그는 친구로서는 내어주지 않는다 할지라도, 귀찮아서라도 그 요청을 들어줄 것이다. 이렇게 세상에 보기 드문 악한 친구라도 강청하는 요청을 들어주거든 하물며 하늘에 계신 좋으신 너희 아버지께서 약속하신 성령을 강청하는 자에게 주시지 않겠느냐?' 이처럼 성령의 역사와 관련해서 강청하는 기도는 매우 중요합니다.

또 요한복음 7:37-38은 성령의 역사와 관련해서 사모하는 자세의 중요성에 대해서 말하고 있습니다. 그러나 그럼에도 불구하고, 성령의 역사는 우리의 어떠한 노력의 대가로 벌어들이는 것이 아닙니다. 소위 우리의 '기도가 차야' 우리에게 주어지는 것이 아닙니다. 그것은 전적으로 하나님의 약속입니다. 그래서 예수님께서도 누가복음과 사도행전에서 그것이 하나님의 약속인 것을 여러 차례 강조하셨습니다. 그리고 또한 갈라디아서 3장은 이 점을 명백히 하고 있습니다.

다음의 구절들을 읽고 성령의 역사를 무엇이라고 표현하고 있으며, 또 우리가 어떻게 그것을 받는다고 되어 있는지 써 보십시오.

누가복음 24:49

사도행전 1:4-5

갈라디아서 3:14

사도행전 2:37-38

갈라디아서 3:1-5

성령의 역사는 한마디로 말해서 하나님의 약속입니다. 따라서 예수님께서 그것을 위해 제자들에게 주신 명령은 기다리라는 것이었습니다. 기다리라는 말은 문자 그대로 기다리는 것입니다. 예수님의 제자들은 기다리면서 기도했습니다. 당연한 자세이겠지요. 그리고 위에서 말한 것처럼, 간절히 사모하는 것은 중요합니다. 그러나 그럼에도 불구하고, 하나님의 성령은 하나님의 약속대로 오셨고, 또 하나님의 계획하신 때(오순절)에 오셨으며, 하나님의 계획하신 장소(예루살렘)에 오셨습니다.

갈라디아서 3:1-5은 이 점을 매우 강조하고 있습니다. 첫째, 여기에서 사도 바울은 십자가에 달리신 예수만을 전한 것과 그 십자가의 복음이 우리가 성령의 역사를 경험하기 위해서 필수적인 것임을 강조하고 있습니다. 둘째, 사도 바울은 여기에서 두 가지 종류의 성령의 역사에 대해서 말하고 있습니다. 2절에 나오는 "너희가 성령을 받은 것이"의 "받은"이라는 단어는 단순과거형입니다. 그래서 이 구절은 성도들이 과거의 한 시점에서 성령을 받은 사건을 말합니다. 그리고 5절의 "너희에게 성령을 주시고 너희 가운데서 능력을 행하시는"의 "주시고"와 "행하시는"이라는 단어는 현재형입니다. 그래서 이 구절은 하나님께서 지속적으로 성도들 가운데 성령을 주시고, 그 가운데서 여러 가지 역사를 행하시는 것을 말합니다. 셋째, 사도 바울은 이 두 가지의 성령의 역사 모두 오직 믿음으로라고 강조하고 있습니다. 바울은 여기서 "율법의 행위에서냐 믿음에서냐" 라고 두 번씩이나 묻는데, 그 답변은 모두 당연히 "듣고 믿음으로" 입니다. 그리고 마지막으로 사도 바울은 우리들이 성령의 역사를 이처럼 십자가의 복음 위에 기초하여 오직 믿음으로 가능한 것으로 받아들이지 않고, 그것을 우리의 어떠한 종교적인 행위나 노력의 대가와 연관시킬 때, 우리의 신앙은 육체로 마치게 된다고 강하게 경고하고 있습니다.

볼지어다 내가 내 아버지께서 약속하신 것을 너희에게 보내리니 너희는 위로부터 능력으로 입혀질 때까지 이 성에 머물라 하시니라

(눅 24:49)

사도와 함께 모이사 그들에게 분부하여 이르시되 예루살렘을 떠나지 말고 내게서 들은 바 아버지께서 약속하신 것을 기다리라 요한은 물로 침(세)례를 베풀었으나 너희는 몇 날이 못되어 성령으로 침(세)례를 받으리라 하셨느니라

(행 1:4-5)

이는 그리스도 예수 안에서 아브라함의 복이 이방인에게 미치게 하고 또 우리로 하여금 믿음으로 말미암아 성령의 약속을 받게 하려 함이라

(갈 3:14)

그들이 이 말을 듣고 마음에 찔려 베드로와 다른 사도들에게 물어 이르되 형제들아 우리가 어찌할꼬 하거늘 베드로가 이르되 너희가 회개하여 각각 예수 그리스도의 이름으로 세례를 받고 죄 사함을 받으라 그리하면 성령의 선물을 받으리니

(행 2:37-38)

어리석도다 갈라디아 사람들아 예수 그리스도께서 십자가에 못 박히신 것이 너희 눈 앞에 밝히 보이거늘 누가 너희를 꾀더냐 내가 너희에게서 다만

이것을 알려 하노니 너희가 성령을 받은 것이 율법의 행위로냐 혹은 듣고 믿음으로냐 너희가 이같이 어리석으냐 성령으로 시작하였다가 이제는 육체로 마치겠느냐 너희가 이같이 많은 괴로움을 헛되이 받았느냐 과연 헛되냐 너희에게 성령을 주시고 너희 가운데서 능력을 행하시는 이의 일이 율법의 행위에서냐 혹은 듣고 믿음에서냐

(갈 3:1–5)

하나님의 약속은 얼마든지 그리스도 안에서 예가 되니 그런즉 그로 말미암아 우리가 아멘 하여 하나님께 영광을 돌리게 되느니라

(고후 1:20)

| 십자가의 복음 위에 설 때, 하나님의 모든 약속이 성취됩니다

고린도후서 1:20을 읽으십시오. 하나님의 모든 약속은 우리가 어디에 거할 때 우리에게 성취된다고 말하고 있습니까?

답 : 예수님 안에.

성경에 나와 있는 하나님의 모든 약속은 우리들이 예수님 안에 거할 때, 우리에게 성취됩니다. 다시 말해서, 십자가의 복음 위에 서서 주님과의 친밀한 교제 가운데 거할 때 우리에게 이루어집니다.

개인적인 예언이나 기도를 통해서 주어진 하나님의 모든 약속도 마찬가지입니다. 하나님의 약속은 보증이 아닙니다. 그것은 초청입니다. 그러므로 거기에는 조건들이 따르는데, 가장 중요한 조건은 주님 안에 거하는 것입니다. 그러므로 십자가의 복음 위에 서서 주님과의 친밀한 교제 가운데 거할 때, 그 약속들이 이루어집니다. 그렇지 않으면, 그 약속들은 얼마든지 쏟아질 수 있습니다.

오늘 배운 것을 복습하십시오. 오늘 배운 내용 중에서 하나님께서 당신으로 하여금 이해하고, 배우고, 실천하기 원하는 부분이나 성구를 한두 개 지적해 주시도록 기도하십시오. 그리고 난 후 다음의 질문에 답하십시오.

❖ 오늘 배운 내용 중에서 어떤 부분이나 성구가 가장 뜻있게 와 닿았습니까?

❖ 위의 부분이나 성구를 하나님께 대한 당신의 기도로 바꾸십시오.

❖ 오늘의 학습에 대한 반응으로 하나님은 당신이 무엇을 하기를 원하십니까?

이 과의 요점

- 거짓 신앙체계에는 진정한 성령의 역사도 없습니다.
- 거짓 신앙체계에는 진정한 믿음이 있을 수 없습니다.
- 율법주의 신앙으로 육신을 이길 수 없습니다.
- 율법주의 신앙에는 자유함이 없습니다.
- 성령의 역사는 하나님의 약속이요 믿음에 의한 것입니다.
- 십자가의 복음 위에 서서 주님과의 친밀한 교제 가운데 거할 때, 하나님의 모든 약속이 삶 속에 이루어집니다.

제3과 오직 은혜로

주님과의 친밀한 교제의 삶을 위해 필수적인 한 가지 요소는 오직 은혜에 의한 삶을 사는 것입니다. 성경에 의하면 우리의 신앙생활은 처음부터 끝까지 오직 하나님의 은혜에 의한 삶입니다. 우리는 사도 바울의 삶에서 이 점을 선명하게 볼 수 있습니다.

다음의 성경구절들을 읽고 사도 바울이 하나님의 은혜로 된 것이라고 말하는 것들이 무엇인지 써 보십시오.

모든 사람이 죄를 범하였으매 하나님의 영광에 이르지 못하더니 그리스도 예수 안에 있는 속량으로 말미암아 하나님의 은혜로 값 없이 의롭다 하심을 얻은 자 되었느니라

(롬 3:23-24)

로마서 3:23-24

에베소서 3:7-8

이 복음을 위하여 그의 능력이 역사하시는 대로 내게 주신 하나님의 은혜의 선물을 따라 내가 일꾼이 되었노라 모든 성도 중에 지극히 작은 자보다 더 작은 나에게 이 은혜를 주신 것은 측량할 수 없는 그리스도의 풍성함을 이방인에게 전하게 하시고

(엡 3:7-8)

고린도전서 3:10

고린도후서 1:12

갈라디아서 2:20-21

내게 주신 하나님의 은혜를 따라 내가 지혜로운 건축자와 같이 터를 닦아 두매 다른 이가 그 위에 세우나 그러나 각각 어떻게 그 위에 세울까를 조심할지니라

(고전 3:10)

고린도전서 15:10

사도 바울은 하나님께서 자기에게 주신 구원과 소명 뿐 아니라, 하나님께서 맡겨 주신 소명을 감당할 수 있었던 것, 그 소명을 감당하되 하나님의 거룩함과 진실함으로 할 수 있었던 것, 심지어 다른 모든 사도들보다 더 수고한 것 등 모든 것이 하나님의 은혜로 되었다고 말하고 있습니다. 그래서 사도 바울은 한마디로 말해서

그가 된 모든 것이 하나님의 은혜로 되었다고 말하고 있습니다.

성도들은 일반적으로 구원이나 소명은 하나님의 은혜로 받는 것이라는 것을 잘 압니다. 그러나 주를 섬기는 것이나 소명을 감당하는 것은 우리의 노력으로 하는 것이라고 생각합니다. 그런데 성경은 우리 신앙의 모든 것이 오직 하나님의 은혜로만 가능하다고 말하고 있습니다.

어떤 성도들은 주를 섬기는 것이나 소명을 감당하는 것이 하나님의 은혜로 된다면, 우리는 가만히 있어도 되느냐고 반문합니다. 하나님의 은혜가 무엇을 의미하는지, 우리의 노력과 하나님의 은혜는 어떠한 관계가 있는지에 대해 이해가 분명하지 않는데서 나온 말입니다.

하나님의 은혜의 정의

오직 은혜에 의한 삶을 살기 위해 중요한 한 가지는 하나님의 은혜가 무엇인지를 분명하게 아는 것입니다. 오늘날 성도들이 은혜에 의한 삶을 잘 살지 못하는 이유 중의 하나도 하나님의 은혜가 무엇인지를 잘 모르는데 있습니다.

당신은 하나님의 은혜가 무엇을 의미한다고 생각합니까?

우리는 일반적으로 하나님의 은혜하면 '받을 만한 자격이 없는 자에게 값없이 주시는 하나님의 선물'이라고 생각합니다. 그러나 그것은 불충분한 이해입니다. 하나님의 은혜가 하나님의 선물인 것만은 분명합니다. 아무도 하나님의 은혜를 대가를 지불하고 살 수 없습니다. 그러나 하나님의 은혜가 곧 선물을 의미하는 것은 아닙니다.

만약 하나님의 은혜가 값없이 주시는 하나님의 선물을 의미한다면, 우리들이 위에서 살펴본 사도 바울의 말 중에서 상당 부분이 앞뒤가 맞지 않습니다. 우선 사도 바울이 자기가 받은 구원이나 소명이 하나님의 은혜였다고 한 말은 별문제가 없습니다. 구원이나 소명이 값없이 주시는 하나님의 선물이었다라고 말하는 것으로 이해할 수 있기 때문입니다. 그러나 사도 바울은 더 나아가 그가 하나님의 소명을 감당할 수 있었던 것, 소명을 감당하되 하나님의 거룩함과 진실함으로 감당할 수 있었던 것, 그리고 다른 사도들보다 더 많이 수고한 것도 역시 하나님의 은혜였다고 말했습니다. 그렇다면, 이 말들은 자기는 가만히 있는데, 하나님께서 이 모든 일들을 이루셔서 그에게 선물로 주셨다는 말입니까? 아닙니다. 사도 바울은 자기가 다른 모든 사도들보다 더 많이 수고했다고 말했습니다. 그러면서도 그것이 하나님의 은혜로 되어졌다고 말했습니다. 이렇게 볼 때, 하나님의 은혜를 그저 값없이 주시는 선물로 이해하는 것은 불충분한

우리가 세상에서 특별히 너희에 대하여 하나님의 거룩함과 진실함으로 행하되 육체의 지혜로 하지 아니하고 하나님의 은혜로 행함은 우리 양심이 증언하는 바니 이것이 우리의 자랑이라

(고후 1:12)

내가 그리스도와 함께 십자가에 못 박혔나니 그런즉 이제는 내가 사는 것이 아니요 오직 내 안에 그리스도께서 사시는 것이라 이제 내가 육체 가운데 사는 것은 나를 사랑하사 나를 위하여 자기 자신을 버리신 하나님의 아들을 믿는 믿음 안에서 사는 것이라 내가 하나님의 은혜를 폐하지 아니하노니 만일 의롭게 되는 것이 율법으로 말미암으면 그리스도께서 헛되이 죽으셨느니라

(갈 2:20-21)

그러나 내가 나 된 것은 하나님의 은혜로 된 것이니 내게 주신 그의 은혜가 헛되지 아니하여 내가 모든 사도보다 더 많이 수고하였으나 내가 한 것이 아니요 오직 나와 함께 하신 하나님의 은혜로라

(고전 15:10)

이해인 것을 알 수 있습니다.

| USB의 예

저에게 아들이 셋 있는데, 한 번은 제가 한 아이에게 생일선물로 usb를 선물했습니다. 이 경우 usb는 그가 수고한 대가로서가 아니라, 제가 그를 사랑하여 값없이 그저 그에게 준 선물입니다. 그런데 어떤 사람이 "usb가 무엇입니까?" 라고 묻자 "그것은 받을 만한 자격 없는 자에게 값없이 주는 선물입니다" 라고 대답하면 그 말이 맞겠습니까? 당연히 틀리죠. 우리가 잘 아는 대로 usb는 컴퓨터 메모리를 저장할 수 있는 저장장치입니다. 그리고 그것을 제가 제 아들에게 값없이 선물로 준 것입니다. 마찬가지로 하나님께서 우리들에게 하나님의 은혜를 값없이 선물로 주시지만, 하나님의 은혜가 곧 값없이 주시는 선물을 의미하는 것은 아닙니다.

그럼 하나님의 은혜는 무엇을 말합니까?

하나님의 은혜는 하나님께서 우리에게 명하신 바를 우리로 하여금 실천할 수 있도록 우리에게 힘을 주시고 우리를 도우시는 하나님의 살아있는 임재입니다. 그리고 하나님은 그 은혜를 우리에게 값없이 선물로 주십니다.

우리는 우리의 모든 신앙생활을 위해 하나님의 은혜가 절실하게 필요합니다. 왜냐하면 우리를 도우시는 하나님의 임재의 능력이 없이는 하나님께서 원하시는 어떤 것도 우리 힘으로 할 수 없기 때문입니다. 반면에 우리가 하나님 안에서 무엇을 성취했건 그것은 우리와 함께 하시는 하나님의 은혜로 인하여 가능했기 때문에, 우리는 그것으로 인하여 그 공로를 취할 것이 아니라, 전적으로 주님께 감사를 드려야 합니다.

저는 젊어서 약 5년 동안 직장 생활을 한 적이 있습니다. 그 때 저는 다른 사람들이 싫어하는 숙직을 참 많이 했습니다. 숙직을 하면, 밤늦게까지 그리고 새벽에 일찍 일어나서 영어 성경을 보며 영어 공부를 할 수 있었기 때문입니다. 사실, 그 때 한 영어 공부로 인하여 나중에 미국으로 유학 가는 것이 가능했습니다. 저는 그 때를 회상할 때마다 제가 참 열심히 노력했다고 생각했습니다. 그리고 저는 결단력이 있는 사람이라고 생각했습니다. 그런데 저는 최근에야 비로소 그것이 하나님의 은혜였다는 것을 발견하게 되었습니다. 그리고 제 자신에게는 전혀 결단력이 있지 않다는 것을 발견하게 되었습니다. 분명 거기에는 저의 노력이 있었습니다. 그러나 하나님의 은혜가 저와 함께 하셨기 때문에 저의 노력과 결단이 가능했던 것입니다.

| 결혼식장에서 있었던 일

저는 은혜에 의한 삶을 생각할 때마다 이 사건을 되돌아봅니다. 그리고 이 사건을 되돌아볼 때마다 은혜에 의한 삶이 선명하게 인식되고, 더욱 은혜에 의한 삶을 살고자 하는 열망이 생깁니다. 오래 전에 제가 처음으로 결혼식 주례를 했을 때의 일입니다. 그 때 참으로 하나님께서 함께 하셨습니다. 하나님께서 압도하시자 예식장인데도 불구하고 사람들이 조용했고, 매우 짧은 설교였지만 그 중에는 감동을 받고 우는 사람도 있었습니다. 그로부터 정확하게 일주일 후 두 번째 주례가 있었습니다. 늦기 않기 위해 조금 일찍 예식장에 도착했습니다. 도착하자마자 저는 늘 거의 습관적으로 하는 것처럼 간단히 기도하기 위해 고개를 숙였습니다. 약간 피곤한 상태였고 제 마음은 그렇게 심각하지도 간절하지도 않았습니다. 그런데 그 때 언뜻 내 마음 속에서 이러한 생각이 떠올랐습니다. "이번에도 내가 주례를 서는데, 하나님이 함께 하시겠지." 제가 그러한 생각을 의도적으로 했다기보다는 그러한 생각이 스쳐 지나갔다고 하는 것이 더 옳을 것입니다. 그런데 그 생각이 떠오르자마자 하나님께서 제 마음 속에 또렷하게 말씀하셨습니다. "내가 여태까지 너와 함께 한 것은 한 번도 너 때문이 아니었다. 그것은 전적으로 나의 은혜였다." 이 말씀을 듣는 순간, 저는 정신이 번쩍 들었습니다. 그래서 정신을 차리고 똑바로 앉아 간절한 마음으로 이렇게 기도했습니다. "오 주님, 그렇습니다. 주님이 여태까지 저와 함께 하신 것은 전적으로 주의 은혜였습니다. 주님의 은혜가 함께 하셨기에 그 모든 일들이 가능했습니다. 주님, 오늘도 저는 주님의 은혜가 절실하게 필요합니다. 저는 주님의 은혜가 없이는 할 수 없습니다. 제발 오늘도 주님의 은혜로 저와 함께 하여 주옵소서."

하나님의 은혜는 하나님께서 우리에게 명하신 바를 우리로 실천할 수 있도록 우리를 도우시는 하나님의 임재입니다. 이 하나님의 은혜가 없이는 우리는 아무 것도 할 수 없습니다. 지금 당신이 영적으로 서 있습니까? 그것은 당신과 함께 하시는 하나님의 은혜 때문입니다. 이 성경 공부를 하면서 깨닫는 바가 많습니까? 그것도 하나님의 은혜 때문입니다. 하나님을 위해 수고할 수 있었습니까? 하나님의 은혜가 함께 하셨기 때문입니다.

> 잠시 멈추고 당신의 삶을 돌아보며, 하나님의 은혜로 가능했던 중요한 부분들을 나열해 보십시오. 그리고 그것들을 인하여 하나님께 감사하는 시간을 가지십시오.

은혜와 일

많은 사람들이 혼동하고 있는 것 중 하나는 은혜와 행위 혹은 은혜와 일의 관계입니다. 그 이유는 일 혹은 행위와 은혜의 개념을 정확하게 이해하지 못하는 데서 기인합니다.

로마서 11:6을 읽고, 다음의 물음에 답하십시오.

만일 은혜로 된 것이면 행위로 말미암지 않음이니 그렇지 않으면 은혜가 은혜 되지 못하느니라
(롬 11:6)

은혜의 반대는 무엇입니까?

여기에서 행위는 무엇을 의미합니까?

그러나 내가 나 된 것은 하나님의 은혜로 된 것이니 내게 주신 그의 은혜가 헛되지 아니하여 내가 모든 사도보다 더 많이 수고하였으나 내가 한 것이 아니요 오직 나와 함께 하신 하나님의 은혜로라

(고전 15:10)

이 구절이 하나님의 은혜가 우리의 노력과 상반되는 것이 아님을 보여주는 고린도전서 15:10과 어떻게 조화를 이룰 수 있을까요?

은혜의 반대는 행위입니다. 여기에서의 행위는 갈라디아서에 나오는 두 가지 신앙체계의 특징에서 살펴보았듯이, 우리의 행위를 의지하여 하나님 앞에 서고자 하는 자기 의를 말합니다. 그래서 우리가 우리의 행위를 의지하여 하나님 앞에 서고자 할 때, 우리는 하나님의 은혜에서 끊어지게 됩니다.

반면에 고린도전서 15:10에 나오는 수고와 노력은 그것을 가능케 하시는 하나님의 은혜를 힘입은 우리의 섬김과 봉사를 말합니다. 우리는 당연히 힘을 다해 주를 위해 섬겨야 합니다. 그러나 우리는 하나님께서 주신 은혜를 따라 그렇게 할 수 있습니다.

은혜에 의한 삶

우리의 모든 신앙생활은 처음부터 끝까지 오직 하나님의 은혜로만 가능합니다. 그러므로 우리는 승리하는 삶을 살기 위해, 필요한 하나님의 은혜를 위해 수시로 하나님의 은혜의 보좌 앞으로 나아가는 법을 배워야 합니다.

모든 은혜의 하나님 곧 그리스도 안에서 너희를 부르사 자기의 영원한 영광에 들어가게 하신 이가 잠깐 고난을 당한 너희를 친히 온전하게 하시며 굳건하게 하시며 강하게 하시며 터를 견고하게 하시리라

(벧전 5:10)

| 하나님은 은혜가 한 없이 풍성하신 분입니다

하나님의 은혜의 보좌 앞으로 나아가기 위해서 우리는 먼저 하나님은 은혜가 한없이 풍성하신 분이라는 사실을 알아야 합니다. 다음의 성경 구절들을 읽고, 그 구절들이 하나님에 대해 말하고 있는 바를 써 보십시오.

우리는 그리스도 안에서 그의 은혜의 풍성함을 따라 그의 피로 말미암아 속량 곧 죄 사함을 받았느니라

(엡 1:7)

베드로전서 5:10

에베소서 1:7

에베소서 2:7

성경은 하나님을 모든 은혜의 하나님, 그리고 그 은혜가 지극히 풍성하신 하나님으로 표현하고 있습니다.

이는 그리스도 예수 안에서 우리에게 자비하심으로써 그 은혜의 지극히 풍성함을 오는 여러 세대에 나타내려 하심이라
(엡 2:7)

우리 하나님은 모든 은혜의 하나님입니다. 그리고 그 모든 은혜가 지극히 풍성하신 분입니다. 다시 말해서, 그 분 안에는 우리에게 필요한 모든 은혜가 있을 뿐 아니라, 그것들이 차고 넘칩니다. 예를 들어, 태평양 전체가 생수라고 가정하십시다. 그 앞에서 참새 한 마리가 그 물을 마시고 있습니다. 그 참새가 아무리 물을 많이 마신들, 그 광대한 태평양의 물이 조금이라도 줄겠습니까? 하나님의 은혜가 바로 그와 같습니다. 아니 하나님의 은혜는 태평양보다 더 넓고 깊습니다.

| 우리가 하나님의 은혜를 받는 길은 오직 십자가의 공로를 의지하는 것뿐입니다

다음의 성경구절들을 읽고 빈 칸을 채우십시오.

에베소서 1:6

이는 그가 (   ) 안에서 우리에게 거저 주시는 바 그의 은혜의 영광을 찬송하게 하려는 것이라.

요한복음 1:14

말씀이 육신이 되어 우리 가운데 거하시매 우리가 그의 영광을 보니 아버지의 독생자의 영광이요 (   )와 (   )가 충만하더라.

요한복음 1:16

우리가 다 그의 (   )한 데서 받으니 (   ) 위에 (   )러라.

예수님 안에 은혜가 충만합니다. 동시에 우리는 예수님을 통해서 하나님의 은혜를 받습니다. 그러므로 예수님이야말로 모든 은혜의 근원이실 뿐 아니라 또한 통로이기도 합니다. 우리는 그분의 충만한 데서 은혜를 받고 또 받습니다. 그리고 예수님 안에서라는 말은 오직 십자가의 공로만을 의지하는 믿음 안에서라는 말입니다.

| 오직 십자가의 공로를 의지하여 하나님 앞에 나아가 때를 따라 돕는 은혜를 구해야 합니다

그러므로 우리에게 큰 대제사장이 계시니 승천하신 이 곧 하나님의 아들 예수시라 우리가 믿는 도리를 굳게 잡을지어다 우리에게 있는 대제사장은 우리의 연약함을 동정하지 못하실 이가 아니요 모든 일에 우리와 똑같이 시험을 받으신 이로되 죄는 없으시니라 그러므로 우리는 긍휼하심을 받고 때를 따라 돕는 은혜를 얻기 위하여 은혜의 보좌 앞에 담대히 나아갈 것이니라

(히 4:14-16)

히브리서 4:14-16을 세 번 읽고 아래에 써 보십시오.

위의 구절은 하나님의 보좌를 어떻게 표현하고 있습니까?

무엇을 의지하여 하나님의 보좌 앞으로 나아가라고 말하고 있습니까?

하나님의 보좌 앞에 나아갈 때 어떠한 자세로 나아가라고 말하고 있습니까?

이 구절도 하나님의 보좌를 은혜의 보좌라고 부르고 있습니다. 예수님께서 그 하나님의 보좌를 향하는 길을 여실 뿐 아니라, 그 분은 지금도 하나님 보좌 우편에서 우리를 위하여 간구하고 계십니다. 그러므로 성경은 하나님께 나아가되 담대함으로 나아가라고 말하고 있습니다. 여기서 말하는 담대함은 자녀가 아빠에게 나아가는 당당함을 말합니다. 이 당당함은 우리 자신의 행동에 기초하고 있지 않습니다. 그것은 하나님의 사랑에 기초하고 있고, 또 우리를 위해 이루신 예수님의 십자가의 공로에 기초하고 있습니다.

하나님은 겸손한 자에게 은혜를 베푸십니다(벧전 5:5). 성경이 말하는 참된 겸손은 자기 속에는 하나님을 기쁘시게 할 만한 어떤 선한 것도 없는 것을 깨닫는 것입니다. 그러한 사람은 자기의 모든 의를 걸레처럼 내어던지고, 오직 십자가의 공로만을 의지하여 하나님 앞에 나아갑니다. 하나님 앞에 나아가 때를 따라 돕는 하나님의 은혜를 구합니다. 우리는 순간순간 하나님의 은혜가 필요합니다. 세상을 이기기 위해서, 죄를 이기기 위해서, 형제를 사랑하기 위해서, 하나님께서 맡겨주신 일을 잘 감당하기 위해서 등 모든 면에서 하나님의 은혜가 필요합니다. 우리가 지금 아무리 영적으로 서 있다 할지라도, 다음 순간을 위해 새로운 하나님의 은혜가 필요합니다. 오늘을 위해 하나님의 은혜가 필요하고, 내일은 또 새로운 하나님의 은혜가 필요합니다. 그러므로 예수님의 십자가의 공로만을 의지하여 하나님의 은혜의 보좌 앞에 나아가 때를 따라 돕는 하나님의 은혜를 구해야 합니다.

히브리서 4:16을 다시 한 번 읽으십시오. 하나님은 우리에게 무엇을 주시기를 기뻐하십니까?

그러므로 우리는 긍휼하심을 받고 때를 따라 돕는 은혜를 얻기 위하여 은혜의 보좌 앞에 담대히 나아갈 것이니라

(히 4:16)

| 하나님은 우리에게 때를 따라 돕는 은혜를 주시기를 기뻐하십니다

새물결선교회에 연합하는 어느 교회의 사모는 자신이 더 하나님을 찾으려고 결단하고 노력했지만 잘 되지 않았습니다. 그러던 어느 날 사모는 자신에게는 하나님을 찾을 수 있는 능력조차 없는 것을 발견하였습니다. 그렇습니다. 우리 타락한 육신의 본성은 하나님을 찾지 않게 되어 있습니다. "기록된바 의인은 없나니 하나도 없으며 깨닫는 자도 없고 하나님을 찾는 자도 없고 다 치우쳐 함께 무익하게 되고 선을 행하는 자는 없나니 하나도 없도다"(롬 3:10-12). 우리가 하나님을 찾을 수 있는 것은 오직 하나님의 은혜로만 가능합니다. 그 사모는 하나님께 나아가 자기 속에는 하나님을 찾을 수 있는 능력조차 없으니 하나님을 찾을 수 있는 은혜를 부어달라고 집중적으로 기도했고 하나님은 그 사모를 참으로 귀하게 세워가셨습니다. 하나님은 겸손한 자에게 은혜를 부으십니다(벧전 5:5). 겸손의 핵심은 자기 속에는 어떠한 선함도 없음을 깨닫고 그것을 하나님 앞에서 인정하는 것입니다. 그렇게 자기 속에 어떠한 선함도 없다는 사실을 깨달은 사람은 하나님 앞에 나아가 하나님의 은혜를 집중적으로 구하게 됩니다. 겸손하게 하나님 앞에 나아가 하나님의 은혜를 집중적으로 구한 사모에게 은혜가 한없이 풍성하신 하나님께서 은혜를 부어주신 것입니다.

당신에게 지금 필요한 하나님의 은혜가 무엇인지 나열해 보십시오. 고민만 하지 말고, 때를 따라 돕는 은혜를 위하여 하나님의 보좌 앞으로 담대히 나아가십시오. 그리고 그 은혜를 부어달라고 하나님께 간절히 기도하십시오. 그리고 그 필요한 은혜들을 같이 공부하는 반원들과 함께 나누고 기도를 부탁하십시오.

오늘 배운 것을 복습하십시오. 오늘 배운 내용 중에서 하나님께서 당신으로 하여금 이해하고, 배우고, 실천하기 원하는 부분이나 성구를 한두 개 지적해 주시도록 기도하십시오. 그리고 난 후 다음의 질문에 답하십시오.

✣ 오늘 배운 내용 중에서 어떤 부분이나 성구가 가장 뜻있게 와 닿았습니까?

✣ 위의 부분이나 성구를 하나님께 대한 당신의 기도로 바꾸십시오.

✣ 오늘의 학습에 대한 반응으로 하나님은 당신이 무엇을 하기를 원하십니까?

이 과의 요점

- 우리의 모든 신앙생활은 하나님의 은혜로만 가능합니다.
- 하나님의 은혜는 값없이 주시는 선물을 의미하는 것이 아닙니다.
- 하나님의 은혜는 우리를 도우시는 하나님의 살아 있는 임재입니다.
- 하나님은 그 은혜를 우리에게 값없이 선물로 주십니다.
- 우리의 노력과 하나님의 은혜는 반드시 상반되는 것이 아닙니다.
- 하나님은 모든 은혜가 지극히 풍성하신 하나님입니다.
- 우리는 오직 십자가의 공로만을 믿음으로 의지하여 하나님의 은혜의 보좌 앞에 때를 따라 돕는 은혜를 구하여 나아갈 수 있습니다.

제4과 하나님의 은혜가 우리와 함께 하실 때

은혜에 의한 삶의 한 중요한 부분은 하나님의 은혜가 우리 가운데 함께 하실 때, 우리가 올바른 자세를 가지고 하나님의 은혜에 협력하는 것입니다. 만약 그렇게 하지 못하면, 하나님의 은혜가 쏟아질 수 있습니다.

고린도후서 6:1을 읽으십시오.

사도 바울은 하나님의 은혜를 어떻게 하지 말라고 말합니까?

당신은 이 말의 뜻이 무엇이라고 생각합니까?

바울은 우리에게 하나님의 은혜를 헛되이 받지 말라고 권면합니다. 이 말은 우리가 하나님의 은혜를 쏟아버릴 수 있음을 보여주는 구절입니다.

하나님의 일을 이루기 위해 와 계신 하나님의 은혜

사도행전 11:19-26을 읽고, 다음의 물음에 답하십시오.

안디옥 교회는 누구에 의해 세워졌습니까?(20절)

안디옥 교회의 성도 분포는 주로 어떤 사람들로 이루어졌습니까?(20절)

사람들이 안디옥에서 복음을 전할 때, 어떤 일이 일어났습니까?(21절)

우리가 하나님과 함께 일하는 자로서 너희를 권하노니 하나님의 은혜를 헛되이 받지 말라

(고후 6:1)

그 때에 스데반의 일로 일어난 환난으로 말미암아 흩어진 자들이 베니게와 구브로와 안디옥까지 이르러 유대인에게만 말씀을 전하는데 그 중에 구브로와 구레네 몇 사람이 안디옥에 이르러 헬라인에게도 말하여 주 예수를 전파하니 주의 손이 그들과 함께 하시매 수많은 사람들이 믿고 주께 돌아오더라 예루살렘 교회가 이 사람들의 소문을 듣고 바나바를 안디옥까지 보내니 그가 이르러 하나님의 은혜를 보고 기뻐하여 모든 사람에게 굳건한 마음으로 주와 함께 머물러 있으라 권하니 바나바는 착한 사람이요 성령과 믿음이 충만한 사람이라 이에 큰 무리가 주께 더하여지더라 바나바가 사울을 찾으러 다소에 가서 만나매 안디옥에 데리고 와서 둘이 교회에 일 년간 모여 있어 큰 무리를 가르쳤고 제자들이 안디옥에서 비로소 그리스도인이라 일컬음을 받게 되었더라

(행 11:19-26)

지도상에서 안디옥은 어디에 있었습니까? 다음 지도에서 안디옥을 찾아보십시오.

바나바가 안디옥에 이르렀을 때, 그곳에 무엇이 함께 하고 있는 것을 보았습니까?(23절)

스데반의 일로 인하여 예루살렘에 큰 핍박이 일어났을 때, 사도들을 제외한 모든 사람들은 사방으로 흩어졌습니다. 그들은 가는 곳마다 복음을 전하기 시작했습니다. 온 유대와 사마리아 지역에서 교회들이 세워지기 시작했습니다. 그 당시 대부분의 교회들은 예루살렘에서 파송된 사람들에 의해 유대인들을 중심으로 세워졌습니다. 그러나 안디옥교회는 구브로와 구레네에서 온 소수의 무명의 사람들에 의해 세워졌습니다. 특히 안디옥교회는 이방인들을 중심으로 세워졌습니다. 더 나아가 예루살렘 사람들의 관점에서 볼 때, 안디옥 지역은 세상 끝이라고 느껴질 만큼 멀리 떨어져 있었습니다. 19절에 "안디옥까지 이르러" 라고 표현하고 있는 것만 보아도 그 당시 사람들이 안디옥을 얼마나 멀리 떨어진 곳으로 인식하고 있었는가를 짐작할 수 있습니다.

이런 여러 상황들을 종합하여 볼 때, 안디옥 교회는 그 당시 모든 교회들 가운데 가장 주변적인 교회였습니다. 하나님께서 그러한 교회를 통해서 어떠한 중요한 일을 이루실 것이라고는 아무도 감히 상상치 못했을 것입니다. 그러나 하나님은 그 교회를 통해서 아무도 감히 상상치 못할 놀라운 일을 이루실 계획을 가지고 계셨습니다. 위의 지도를 보십시오. 안디옥 교회가 세워질 당시, 그 교회는 세상의 끝에 있는 교회처럼 보였습니다. 그러나 하나님께서 그 교회를 통해서 모든 소아시아 지역과 심지어 유럽에까지 복음이 전파되게 하시고 교회가 세워지게 하셨을 때에는 안디옥은 입구에 불과했습니다. 하나님은 이 엄청난, 그 당시 아무도 감히 상상조차 못했을 계획을 가지고 계셨을 때, 그 일을 이루시기 위해 그곳에 하나님의 은혜를 보내셨습니다. 하나님의 일은 하나님의 은혜로 이루시기 때문입니다.

구브로와 구레네에서 온 소수의 사람들이 안디옥 지역에서 복음을 전할 때, 하나님의 능력이 그들과 함께 하여 수많은 사람들이 하나님께로 돌아왔습니다. 어쩌면 복음을 전하던 그들은 자신들에게 하나님의 놀라운 능력이 함께 하시는 것을 보고, 자신들의 희생과 헌신에 하나님께서 화답하시는 것으로 생각했을지도 모르겠습니다. 그러나 그 일들은 하나님의 은혜가 그곳에 와 계셨기 때문에 일어난 일들이었습니다.

하나님의 은혜가 함께 하실 때

하나님의 일을 이루시기 위해 하나님의 은혜가 와 계실 때, 우리가 해야 할 중요한 세 가지가 있습니다.

1. 하나님의 은혜에 감사해야 합니다

하나님의 은혜가 우리 가운데 함께 하실 때, 우리는 가장 먼저 하나님의 은혜로 인하여 하나님께 감사해야 합니다. 이 말은 대수롭지 않게 들릴지 모르지만, 매우 중요한 말입니다.

만약 우리가 하나님의 은혜를 인하여 하나님께 감사하지 않으면, 우리의 마음은 높아지기 시작하고, 우리는 하나님의 은혜로 인한 일을 마치 우리 자신으로 인한 일인 것처럼 받아들이기 시작합니다. 그러면 하나님의 은혜는 거두어집니다.

고린도 교회의 예

고린도 교회는 그들 가운데 함께 하시는 은혜로 인한 일들을 자신들로 인한 것들로 받아들이기 시작했습니다. 그래서 하나님의 은혜가 그들에게서 거두어지고 있었습니다. 그래서 사도 바울은 이것을 가지고 그들을 강력하게 직면합니다.

고린도 교회는 어떠한 교회였습니까?(고전 1:7)

너희가 모든 은사에 부족함이 없이 우리 주 예수 그리스도의 나타나심을 기다림이라
(고전 1:7)

그 동안 하나님의 어떤 종들이 그 교회를 섬겼습니까?(고전 1:12)

당신은 사도 바울이 고린도전서 4:8-10에서 한 말이 무슨 뜻이라고 생각합니까? 그들은 하나님 안에서 잘하고 있었습니까? 아니면 잘못하고 있었습니까? (고전 4:14-16 참조).

사도 바울이 그들을 강력하게 꾸짖으면서 지적한 그들의 근본적인 문제가 무엇이었습니까?(고전 1:26-29, 4:7 참조)

고린도 교회에는 모든 은사가 부족함이 없도록 나타났습니다. 바울, 아볼로, 베드로 등 당대의 참 귀한 하나님의 종들이 그 교회를 섬겼습니다. 또한 고린도교회는 사회적으로도 그 영향력이 확대되고 있었습니다(고전 4:8).

이 모든 일들은 하나님의 은혜로 인한 것들이었습니다. 그리고 하나님의 은혜는 목적을 가지고 그곳에 와 있었습니다. 그러나 고린도교회는 그러한 하나님의 은혜로 인하여 오히려 그들의 마음이 높아졌습니다. 그 가장 주된 이유는 그들이 하나님의 은혜로 인한 것들을 자기들로 인한 것들로 받아들였기 때문입니다. 그 결과 그들은 하나님의 목적을 전혀 헤아리지 못할 뿐 아니라, 하나님의 은혜가 그들에게서 쏟아지고 있었습니다.

그러자 바울은 그들이 가진 것 중에 하나님께로부터 받지 않은 것이 하나도 없는데 왜 받지 않은 것처럼 행동하느냐며 그들을 강력하게 꾸짖습니다. 또한 바울은 하나님은 아무도 자랑치 못하도록 오히려 세상에서 천한 것들과 멸시 받는 자들과 없는 것들을 택하시기 때문에 그들을 택하셨는데, 왜 자신들로 인하여 자랑하느냐며 강력하게 그들을 책망합니다. 그러면서 바울은 그리스도 때문에 오히려 스스로 약하고 비천하고 미련한 자신을 본받으라고 그들을 권면합니다. 왜냐하면 바울과 같은 자리에 설 때 우리는 예수님만이 우리의 자랑인 삶을 살 수 있고(고전 1:30), 하나님의 능력과 은혜가 우리에게 머물러 있기 때문입니다(고후 12:9-10).

내가 이것을 말하거니와 너희가 각각 이르되 나는 바울에게, 나는 아볼로에게, 나는 게바에게, 나는 그리스도에게 속한 자라 한다는 것이니

(고전 1:12)

너희가 이미 배 부르며 이미 풍성하며 우리 없이도 왕이 되었도다 우리가 너희와 함께 왕 노릇 하기 위하여 참으로 너희가 왕이 되기를 원하노라 내가 생각하건대 하나님이 사도인 우리를 죽이기로 작정된 자 같이 끄트머리에 두셨으매 우리는 세계 곧 천사와 사람에게 구경거리가 되었노라 우리는 그리스도 때문에 어리석으나 너희는 그리스도 안에서 지혜롭고 우리는 약하나 너희는 강하고 너희는 존귀하나 우리는 비천하여

(고전 4:8-10)

내가 너희를 부끄럽게 하려고 이것을 쓰는 것이 아니라 오직 너희를 내 사랑하는 자녀 같이 권하려 하는 것이라 그리스도 안에서 일만 스승이 있으되 아버지는 많지 아니하니 그리스도 예수 안에서 내가 복음으로써 너희를 낳았음이라 그러므로 내가 너희에게 권하노니 너희는 나를 본받는 자가 되라

(고전 4:14-16)

하나님의 은혜를 당연한 것으로 여겨서는 안 됩니다

하나님께서 하루는 포도나무 교회 가운데 하나님의 은혜를 당연한 것으로 여기는 분위기가 있음을 보이셨습니다. 포도나무 교회 지체들은 매우 자주 새물결선교회의 여러 집회들 가운데 참으로 함께 하시는 하나님의 그 놀라운 은혜에 관한 일들을 듣습니다. 어떤 때는 거의 매주 그러한 일들을 듣습니다. 그러자 당연히 하나님께서 이번에

도 함께 하시겠지 혹은 함께 하셨겠지 라는 식의 자세가 성도들 가운데 은연 중 퍼져 있었던 것입니다.

포도나무 교회 지체들은 함께 하시는 하나님의 은혜가 얼마나 소중한 것인가를 인식하고 하나님의 은혜를 인하여 진심으로 감사하는 자리에 있어야 했습니다. 그래야 마땅히 하나님께 돌려야 할 영광을 하나님께 돌릴 뿐 아니라, 더 큰 하나님의 은혜를 간절히 사모하는 자리에 있었야 했을 것입니다.

하나님의 은혜를 당연한 것으로 여기기 시작하면, 마땅히 하나님께 드려야 할 감사를 드리지 않게 됩니다. 하나님께 마땅히 돌려야 할 영광을 돌리지 않게 됩니다. 그리고 고린도 교회처럼 마음이 높아지기 시작하고, 하나님의 은혜로 인한 것들을 자기들로 인한 것들로 받아들이기 시작하게 됩니다. 포도나무 교회가 그러한 자리에 있었습니다. 우리는 회개하고 돌이켰습니다. 물론 우리는 앞으로도 지속적으로 이 점을 유념하고 하나님의 은혜를 인하여 진심으로 감사하는 자리에 머물러 있어야 할 것입니다.

하나님의 은혜가 함께 하실 때, 하나님의 은혜를 인하여 진심으로 감사하는 자세는 아무리 강조해도 지나침이 없을 만큼 중요한 것입니다. 단 한 사람을 구원하시고, 치유하시고, 회복시키시는 하나님의 은혜만 하더라도 그것은 너무나 소중한 것입니다.

2. 하나님의 목적에 온 삶으로 동참해야 합니다

하나님은 하나님의 은혜를 보내실 때 목적을 가시고 보내십니다. 안디옥 교회에 하나님의 은혜를 보내신 것을 보면 이 사실을 선명하게 알 수 있습니다. 하나님은 그저 우리들을 즐겁게 하기 위해 하나님의 은혜를 보내시지 않습니다. 그러므로 우리는 하나님의 은혜가 우리 가운데 함께 하실 때, 하나님께서 은혜를 보내신 그 목적에 우리의 온 삶으로 동참해야 합니다.

사도행전 13:1-3을 읽으십시오.

성령께서 하나님의 목적을 위해 누구와 누구를 보내라고 하십니까?

그 두 사람은 그 당시 안디옥 교회에서 어떠한 위치에 있었습니까?(행 11:26 참조)

안디옥 교회는 성령의 인도를 깨달았을 때 어떻게 했습니까?(3절)

형제들아 너희를 부르심을 보라 육체를 따라 지혜로운 자가 많지 아니하며 능한 자가 많지 아니하며 문벌 좋은 자가 많지 아니하도다 그러나 하나님께서 세상의 미련한 것들을 택하사 지혜 있는 자들을 부끄럽게 하려 하시고 세상의 약한 것들을 택하사 강한 것들을 부끄럽게 하려 하시며 하나님께서 세상의 천한 것들과 멸시 받는 것들과 없는 것들을 택하사 있는 것들을 폐하려 하시나니 이는 아무 육체도 하나님 앞에서 자랑하지 못하게 하려 하심이라
(고전 1:26-29)

누가 너를 남달리 구별하였느냐 네게 있는 것 중에 받지 아니한 것이 무엇이냐 네가 받았은즉 어찌하여 받지 아니한 것 같이 자랑하느냐
(고전 4:7)

안디옥 교회에 선지자들과 교사들이 있으니 곧 바나바와 니게르라 하는 시므온과 구레네 사람 루기오와 분봉 왕 헤롯의 젖동생 마나엔과 및 사울이라 주를 섬겨 금식할 때에 성령이 이르시되 내가 불러 시키는 일을 위하여 바나바와 사울을 따로 세우라 하시니 이에 금식하며 기도하고 두 사람에게 안수하여 보내니라
(행 13:1-3)

만나매 안디옥에 데리고 와서 둘이 교회에 일 년간 모여 있어 큰 무리를 가르쳤고 제자들이 안디옥에서 비로소 그리스도인이라 일컬음을 받게 되었더라 (행 11:26)

성령께서 바울과 바나바를 하나님의 목적을 위해 따로 세우라고 말씀하셨습니다. 바울과 바나바는 그 당시 안디옥교회에서 가장 중요한 두 사람이었습니다. 그 두 사람들의 가르침을 통해 지체들 가운데 놀라운 변화가 있었고, 이를 본 안 믿는 사람들은 처음으로 성도들을 그리스도인이라 부르기 시작했습니다. 안디옥 교회는 성령의 인도를 깨달았을 때, 기꺼이 대가를 지불하고 순종하였습니다. 그리고 하나님은 그 때부터 그 당시 전 세계를 복음화해 가기 시작하셨습니다.

하나님의 은혜가 함께 하실 때, 하나님께서 하나님의 은혜를 보내신 목적을 위해 온 힘으로 동참해야 합니다. 이것은 개인이건 교회건 마찬가지입니다. 하나님의 목적에 동참하기 위해서는 기꺼이 대가를 치러야 합니다. 대가 없는 동참은 없습니다. 그러나 그 대가가 어떠한 것이든지 그것을 통해 하나님의 은혜가 이루실 일에 비하면 그것은 아무것도 아닙니다. 기꺼이 대가를 지불하고 하나님의 은혜에 동참하는 삶이 하나님의 은혜가 전혀 함께 하지 않아서 어떠한 동참도 필요치 않는 삶과는 비교도 할 수 없을 만큼 더 소중하고 복되고 보람 있고 기쁜 삶일 것입니다.

당신은 하나님의 은혜가 함께 하시기를 원하십니까?

당신은 하나님의 은혜가 임한 목적에 기꺼이 삶을 다해 동참하기 원합니까?

아니면 당신은 아무런 대가도 치룰 필요가 없는 하나님의 은혜가 함께 하시지 않는 삶을 원합니까?

3. 주님과의 친밀한 교제 가운데 머물러 있어야 합니다

그가 이르러 하나님의 은혜를 보고 기뻐하여 모든 사람에게 굳건한 마음으로 주와 함께 머물러 있으라 권하니
(행 11:23)

사도행전 11:23을 다시 읽으십시오.

바나바는 안디옥 교회에 하나님의 은혜가 함께 하는 것을 보고 어떻게 느꼈습니까?

당신도 하나님의 은혜가 함께 하는 것을 보면 똑같이 느낍니까?

바나바는 하나님의 은혜가 함께 하는 것을 보고 안디옥 교회에게 무엇이라고 권면했습니까?

바나바는 하나님의 은혜가 안디옥 교회에 함께 하시는 것을 보고 기뻐하면서 그들에게 굳은 마음으로 주께 붙어 있으라고 권면했습니다. 다시 말해서 마음을 다해서 주님과의 친밀한 교제 가운데 머물러 있으라고 권면했습니다.

온 맘으로 주께 붙어 있는 것, 다시 말해서 주님과의 친밀한 교제 가운데 머물러 있는 것, 그것이 하나님의 은혜가 우리 가운데 지속적으로 머물게 하는 가장 중요한 요소입니다. 우리는 지속적으로 주님만이 우리의 유일한 목표와 목적인 자리에 머물러 있어야 합니다. 지속적으로 마음을 다해 하나님을 더욱 알기를 구하고, 하나님의 목적과 길을 알기를 구하는 자리에 머물러 있어야 합니다.

지속적으로 주님과의 친밀한 교제 가운데 머물러 있지 않으면 우리는 수많은 열매가 주렁주렁 달려 있는 그러나 뿌리가 뽑혀 있는 나무와 같이 됩니다. 우리가 지속적으로 주님 안에 거하지 않더라도 은혜의 열매들은 우리의 삶 속에 그대로 나타날 것입니다. 최소한 당분간은 그렇게 할 것입니다. 그러나 우리가 돌이키지 않으면, 뿌리가 뽑힌 나무처럼 그 열매들은 점점 말라갈 것이고, 하나님의 은혜는 우리에게서 걷힐 것입니다.

반면에 우리가 이 세 가지 일만 한다면, 하나님의 일은 하나님의 은혜가 이루실 것입니다. 하나님께서 안디옥 교회를 통해서, 그리고 보내진 하나님의 종들을 통해 하나님의 목적으로 온전히 이루셨던 것처럼, 하나님께서 하나님의 은혜로 인하여 하나님의 모든 계획을 온전히 이루실 것입니다.

오늘 배운 것을 복습하십시오. 오늘 배운 내용 중에서 하나님께서 당신으로 하여금 이해하고, 배우고, 실천하기 원하는 부분이나 성구를 한두 개 지적해 주시도록 기도하십시오. 그리고 난 후 다음의 질문에 답하십시오.

✣ 오늘 배운 내용 중에서 어떤 부분이나 성구가 가장 뜻있게 와 닿았습니까?

✣ 위의 부분이나 성구를 하나님께 대한 당신의 기도로 바꾸십시오.

✣ 오늘의 학습에 대한 반응으로 하나님은 당신이 무엇을 하기를 원하십니까?

이 과의 요점

- 하나님은 하나님의 일을 이루시기 위해 은혜를 부으십니다.
- 하나님의 은혜가 우리와 함께 할 때, 우리는 그 은혜에 대해 감사해야 합니다.
- 하나님의 은혜를 당연한 것으로 여길 때, 하나님의 은혜가 걷힙니다.
- 하나님의 은혜가 우리와 함께 할 때, 우리는 하나님께서 은혜를 보내신 목적에 온 삶으로 동참해야 합니다.
- 하나님의 은혜가 함께 할 때, 지속적으로 하나님의 얼굴을 구하는 자리에 머물러 있어야 합니다.

제 9단원

말씀에 의한 삶

Power of the Cross

제1과

말씀에 의한 삶

우리 신앙은 처음부터 끝까지 하나님의 말씀인 성경에 의한 삶입니다. 무엇보다 하나님께서 우리와 동행하시는 삶을 경험하려면, 우리는 철저하게 말씀에 의한 삶을 살아야 합니다. 또한 하나님의 유업이 우리 삶 속에 주어지기 위해서도 철저하게 말씀에 의한 삶을 살아야 합니다.

여호수아 1:5-9을 읽고 다음의 물음에 답하십시오.

네 평생에 너를 능히 대적할 자가 없으리니 내가 모세와 함께 있었던 것 같이 너와 함께 있을 것임이니라 내가 너를 떠나지 아니하며 버리지 아니하리니 강하고 담대하라 너는 내가 그들의 조상에게 맹세하여 그들에게 주리라 한 땅을 이 백성에게 차지하게 하리라 오직 강하고 극히 담대하여 나의 종 모세가 네게 명령한 그 율법을 다 지켜 행하고 우로나 좌로나 치우치지 말라 그리하면 어디로 가든지 형통하리니 이 율법책을 네 입에서 떠나지 말게 하며 주야로 그것을 묵상하여 그 안에 기록된 대로 다 지켜 행하라 그리하면 네 길이 평탄하게 될 것이며 네가 형통하리라 내가 네게 명령한 것이 아니냐 강하고 담대하라 두려워하지 말며 놀라지 말라 네가 어디로 가든지 네 하나님 여호와가 너와 함께 하느니라 하시니라

(수1:5-9)

하나님께서 반복적으로 여호수아에게 약속하고 계신 것이 무엇입니까?(5, 9절)

하나님께서 그렇게 하셔서 여호수아에게 무엇을 주시겠다고 말씀하십니까?(6절)

그러면서 하나님의 말씀과 관련하여 하나님께서 여호수아에게 명하신 세 가지를 써보십시오(8절).

위 구절에 의하면, 말씀에 의한 삶을 사는데 있어 필수적인 한 가지는 요소는 무엇입니까?

하나님은 여호수아에게 모세와 함께 하셨던 것처럼 그와 함께 하실 것이라고 반복적으로 약속하십니다. 그리고 그렇게 하여 약속의 땅 가나안을 그와 그의 백성들에게 주시겠다고 하십니다. 그러면서 하나님은 여호수아가 철저하게 하나님의 말씀에 의한 삶을 살 것을 명하십니다. 하나님은 여호수아에게 하나님의 율법을 입에서 떠나지 말게 하고, 그것을 밤낮으로 묵상하고, 그 가운데 기록된 것을 모두 철저히 지키라고 명하십니다. 그 표현들과 비슷한 말의 반복된 횟수를 보면 하나님께서 그것을 얼마나 강하게 명하고 계신지를 알 수 있습니다. 그리고 하나님은

여호수아에게 그리한 삶을 살기 위해 강하고 담대하라고 말씀하십니다. 하나님은 이 짧은 구절에서 비슷한 표현을 무려 8번이나 하십니다. 하나님께서 우리와 함께 하시는 삶, 그리고 하나님의 유업이 우리에게 주어지는 삶을 위해 우리가 말씀에 의한 삶을 사는 것이 필수적입니다. 그리고 그렇게 살기 위해 우리에게 절실하게 필요한 것 중 하나가 바로 담대함입니다.

그런데 우리가 말씀에 의한 삶을 살려면 반드시 가져야 할 세 가지 자세가 있습니다. 만약 이 세 가지 자세를 가지고 있지 않으면, 아무리 입으로 하나님의 말씀을 강조한다 할지라도 실제로는 하나님의 말씀을 무시하게 됩니다. 그 세 가지 자세는 다음과 같습니다.

1. 성경이 우리의 신학과 삶과 사역 모두를 위한 기준이 되는 삶.
2. 하나님께서 말씀하신 의미와 의도와 목적 그대로의 말씀이 우리의 생명이 되는 삶.
3. 신학을 위한 네 가지 출처의 올바른 순서 위에 서는 삶.

성경이 우리의 신학과 삶과 사역 모두를 위한 기준이 되는 삶

우리가 말씀에 의한 삶을 살기 위해서는 성경이 우리의 신학과 삶과 사역 모두를 위한 기준이 되어야 합니다. 당연히 성경은 우리의 신학과 삶과 사역을 위한 하나님의 기준을 담고 있습니다. 이 말은 우리가 말씀에 의한 삶을 살려면 성경이 그 세 부분 모두에서 우리의 기준이 되어야 한다는 말입니다. 바꿔 말해서 만약 우리가 신학을 위한, 즉 교리를 위한 하나님의 기준으로서의 성경은 강조하면서, 우리의 삶과 사역을 위한 기준으로서의 성경을 소홀히 하면, 우리가 아무리 많이 성경을 강조한다 할지라도 그것은 실제로는 성경을 무시하고 멸시하는 태도입니다.

| 신앙이 타락하면 하나님의 백성들은 항상 하나님의 말씀을 버리게 됩니다

호세아 시대의 이스라엘 백성들은 하나님의 말씀을 어떻게 했습니까?(호 4:6)

예레미야 시대의 이스라엘 백성들은 하나님의 말씀을 어떻게 했습니까?(렘 6:19)

예수님 시대의 종교지도자들은 하나님의 말씀을 어떻게 했습니까?(요 5:38-39, 46-47)

내 백성이 지식이 없으므로 망하는도다 네가 지식을 버렸으니 나도 너를 버려 내 제사장이 되지 못하게 할 것이요 네가 네 하나님의 율법을 잊었으니 나도 네 자녀들을 잊어버리리라

(호 4:6)

땅이여 들으라 내가 이 백성에게 재앙을 내리리니 이것이 그들의 생각의 결과라 그들이 내 말을 듣지 아니하며 내 율법을 거절하였음이니라

(렘 6:19)

그 말씀이 너희 속에 거하지 아니하니 이는 그가 보내신 이를 믿지 아니함이라 너희가 성경에서 영생을 얻는 줄 생각하고 성경을 연구하거니와 이 성경이 곧 내게 대하여 증언하는 것이니라

(요 5:38-39)

모세를 믿었더라면 또 나를 믿었으리니 이는 그가 내게 대하여 기록하였음이라 그러나 그의 글도 믿지 아니하거든 어찌 내 말을 믿겠느냐 하시니라

(요 5:46-47)

시대를 막론하고 하나님의 백성들의 신앙이 타락하면 하나님의 말씀을 버리게 됩니다. 호세아서 4:6은 하나님의 백성이 하나님을 아는 지식을 떠난 것과 하나님의 법을 잊은 것을 연관시키고 있습니다. 하나님의 백성이 신앙의 본질인 하나님과의 친밀한 교제에서 떠나면 항상 하나님의 말씀을 버리게 되어 있습니다. 바리새인들의 경우에도 성경을 그렇게 많이 연구하고 묵상했는데도 그 말씀을 버렸습니다. 요한복음 5장의 하나님의 말씀이 너희 속에 거하지 않는다는 말과 너희가 하나님의 말씀을 버렸다는 말은 같은 뜻입니다.

| 하나님의 말씀을 버린다는 말의 의미

그런데 여기에서 중요한 것은 하나님의 말씀을 버린다는 말의 뜻입니다.

당신은 호세아 시대의 이스라엘 백성들이 율법을 버렸다는 뜻이 무엇이라고 생각합니까?

예수님 시대의 바리새인들은 자신들이 호세아 시대의 이스라엘 백성들처럼 하나님의 율법을 버렸다고 생각했을까요?

너희가 어찌 우리는 지혜가 있고 우리에게는 여호와의 율법이 있나 말하겠느냐 참으로 서기관의 거짓의 붓이 거짓되게 하였나니

(렘 8:8)

예레미야 시대의 유다 백성들은 자신들에 대해서 어떻게 생각했습니까?(렘 8:8)

성경이 말하는 하나님의 백성들이 하나님의 법을 버렸다는 말은 우리가 일반적으로 이해하듯이 그들이 하나님의 법을 알지도 못하고, 배우지도 않고, 믿지도 않았다는 말이 아닙니다. 예수님 시대의 바리새인들은 호세아나 예레미야에 나오는 그 말을 그렇게 이해했을 것입니다. 그래서 그들은 자신들이 호세아 시대의 이스라엘 백성들처럼 하나님의 법을 버렸다고 꿈에도 생각지 않았을 것입니다. 바리새인들은 누구보다 철저하게 율법을 연구했고, 율법을 잘 알았습니다. 또 성경의 모든 말씀을 하나님의 말씀으로 믿었습니다. 그런데 예수님은 그들이 호세아 시대와 동일하게 하나님의 법을 버렸다고 말씀하셨고, 그들이 하나님의 말씀을 믿지 않는다고 말씀하셨습니다. 그리고 우리는 하나님의 심판이 실제로 임한 예레미야 시대, 즉 하나님께서 그들이 하나님의 법을 버렸다고 말씀하신 그 시대에도, 자신들은 하나님의 율법을 가지고 있으니 지혜롭다고 자부했던 것을 볼 수 있습니다.

| 하나님은 우리 행동의 소리를 들으십니다

우리의 말이 아니라, 우리의 행동이 우리가 하나님이나 하나님의 말씀에 대해서 실제로 무엇을 믿는가를 드러냅니다. 따라서 하나님은 우리 행동의 소리를 들으십니다. 우리는 이러한 하나님의 관점을 알아야 하나님의 법을 버렸다는 말의 진정한 의미가 무엇인지를 알 수 있습니다. 이사야 시대의 이스라엘 백성들의 삶에서 이에 대한 좋은 예를 볼 수 있습니다.

이사야 30:9-11을 읽고, 이사야 시대의 이스라엘 백성들이 하나님의 말씀에 대해 어떤 자세를 가지고 있었으며, 선지자들에게 뭐라고 말했는지를 써보십시오.

이사야 1:10-15을 읽고, 그 당시 이스라엘 백성들이 얼마나 많은 예배와 희생과 기도를 하나님께 드렸는지를 써보십시오.

이사야 1:11-14과 출애굽기 20:18, 민수기 10:10, 민수기 23장, 레위기 22:17-22을 대조해 보고, 이사야 시대의 이스라엘 백성들은 자신들이 얼마나 철저하게 하나님의 말씀에 의한 삶을 살고 있다고 생각했을지 써보십시오.

이사야 29:13을 다음에 써보십시오.

하나님은 이사야 시대의 이스라엘 백성들이 하나님의 법을 싫어하고, 거짓을 좋아하고, 선지자들에게 거짓된 것을 요구했다고 말씀하십니다. 또한 하나님은 그들이 선지자들에게 자신들을 하나님의 길에서 벗어나게 만들어서 하나님으로 하여금 자신들을 떠나시게 하라고 요구했다고 말씀하십니다. 그런데 그 당시 이스라엘 백성들은 안식일은 물론 월삭, 모든 절기, 그리고 모든 대회를 철저히 지킬 만큼 하나님께 많은 예배를 드렸습니다. 그들은 수송아지, 수염소, 어린 양 등 많은 짐승들을, 그것도 그중에서 가장 살지고 좋은 짐승들을 무수히 하나님께 드릴 만큼 헌신적이었습니다. 또한 그들은 하나님께 많이 기도했습니다. 그렇다면 그들이 실제로 선지자들에게 자기들에게 거짓을 가르쳐서 자기들을 하나님의 길에서 벗어나게 만들고, 하나님으로 하여금 자기들을 떠나시게 만들어 달라고 말했겠습니까? 아마 그들은 그러한 일을 상상할 수도 없었을 것입니다. 뿐만 아니라, 그들은 철저하게 하나님의 말씀에 기초해서 그 모든 희생들과 예배들을 드렸습니다. 그들은 말라기 시대처럼 병든 짐승을 하나님께 드리지 않았습니다. 그들은 나귀와 같은 짐승을 드리지도 않았습니다. 그들은 철저하게 성경대로 안식일, 월삭,

대저 이는 패역한 백성이요 거짓말 하는 자식들이요 여호와의 법을 듣기 싫어하는 자식들이라 그들이 선견자들에게 이르기를 선견하지 말라 선지자들에게 이르기를 우리에게 바른 것을 보이지 말라 우리에게 부드러운 말을 하라 거짓된 것을 보이라 너희는 바른 길을 버리며 첩경에서 돌이키라 이스라엘의 거룩하신 이를 우리 앞에서 떠나시게 하라 하는도다

(사 30:9-11)

너희 소돔의 관원들아 여호와의 말씀을 들을지어다 너희 고모라의 백성아 우리 하나님의 법에 귀를 기울일지어다 여호와께서 말씀하시되 너희의 무수한 제물이 내게 무엇이 유익하뇨 나는 숫양의 번제와 살진 짐승의 기름에 배불렀고 나는 수송아지나 어린 양이나 숫염소의 피를 기뻐하지 아니하노라 너희가 내 앞에 보이러 오니 이것을 누가 너희에게 요구하였느냐 내 마당만 밟을 뿐이니라 헛된 제물을 다시 가져오지 말라 분향은 내가 가증히 여기는 바요 월삭과 안식일과 대회로 모이는 것도 그러하니 성회와 아울러 악을 행하는 것을 내가 견디지 못하겠노라 내 마음이 너희의 월삭과 정한 절기를 싫어하나니 그것이 내게 무거운 짐이라 내가 지기에 곤비하였느니라 너희가 손을 펼 때에 내가 내 눈을 너희에게서 가리고 너희가 많이 기도할지라도 내가 듣지 아니하리니 이는 너희의 손에 피가 가득함이라

(사 1:10-15)

뭇 백성이 우레와 번개와 나팔 소리와 산의 연기를 본지라 그들이 볼 때에 떨며 멀리 서서

(출 20:18)

또 너희의 희락의 날과 너희가 정한 절기와 초하루에는 번제물을 드리고 화목제물을 드리며 나팔을 불라 그로 말미암아 너희의 하나님이 너희를 기억하시리라 나는 너희의 하나님 여호와니라

(민 10:10)

주께서 이르시되 이 백성이 입으로는 나를 가까이하며 입술로는 나를 공경하나 그들의 마음은 내게서 멀리 떠났나니 그들이 나를 경외함은 사람의 계명으로 가르침을 받았을 뿐이라

(사 29:13)

모든 대회와 절기를 지켰을 뿐 아니라, 성경대로 소, 염소, 양 등 수컷을 드렸으며 흠 없는 좋은 것들을 드렸습니다. 그래서 그들은 당연히 자신들이 철저하게 하나님의 말씀대로 산다고 생각했을 것입니다.

문제는 그들의 삶에 있었습니다. 그들은 하나님께 많은 희생과 예배와 기도를 드렸을지 모르지만, 그들의 삶은 전혀 하나님의 말씀, 즉 하나님의 기준에 합한 삶이 아니었습니다. 그러면서 그들은 선지자들이 자기들이 듣기 좋아하는 부드러운 메시지를 전해주기를 원했습니다. 그리고 그들은 이사야 등을 통해 그들의 삶에서 근본적인 회개와 변화를 촉구하는 하나님의 메시지가 전파될 때, 그것을 싫어했습니다. 실제로 그들은 그러한 메시지를 전하는 이사야를 참다운 선지자로 받아들이지도 않았습니다. 그들은 자기들의 삶과 상관없이 그저 자기들이 원하는 축복을 전하는 거짓 선지자들을 참다운 선지자로 받아들였습니다. 그러한 그들의 태도와 삶의 결과로 그들은 하나님의 정로를 벗어나게 되었고, 하나님은 그들을 떠나시게 되었습니다. 하나님은 그러한 그들의 삶과 태도를 두고, 그들이 그렇게 말했다고 말씀하시는 것입니다. 왜냐하면 하나님은 우리 행동의 소리를 들으시기 때문입니다. 하나님에 대한 그들의 희생을 보아도 알 수 있듯이 그들은 하나님을 사랑한다고 수없이 고백했을 것입니다. 심지어 그들은 자신들이 하나님의 말씀대로 산다고 생각했을 것입니다. 그러나 하나님은 그들이 입술로는 하나님을 가까이 하고 존경하지만 그 마음은 멀다고 말씀하셨습니다.

다음의 질문에 답하십시오.

당신은 당신의 삶이 하나님의 기준에 합한 것이 되기 위해 고민하십니까?

□ 예　　□ 아니요

당신은 당신의 사업에서 더 많은 수익을 올리는 것과 하나님의 기준에 서는 것 중 어느 것이 실제로 더 중요합니까?

□ 더 많은 수익을 올리는 것　　□ 하나님의 기준에 서는 것

당신의 교회에서는 교회가 성장하는 것과 교회가 하나님의 기준에 서는 것 중 어느 것이 실제로 더 중요합니까?

□ 교회가 성장하는 것　　□ 교회가 하나님의 기준에 서는 것

위의 답변을 볼 때, 당신은 실질적으로 하나님의 말씀을 존중하는 자입니까? 아니면 멸시하는 자입니까?

□ 하나님의 말씀을 존중하는 자 □ 하나님의 말씀을 멸시하는 자

하나님께서 말씀하신 의미와 의도와 목적 그대로의 말씀이 우리의 생명이 되는 삶

말씀에 의한 삶을 살기 위해 우리가 가져야 할 또 하나의 중요한 자세는 하나님께서 말씀하신 의도와 의미와 목적 그대로의 말씀이 우리의 생명이 되는 자세입니다.

| 예수님과 사탄의 차이

사탄도 때로는 하나님의 말씀인 성경을 인용합니다. 그러나 사탄은 절대로 하나님께서 말씀하신 의도와 의미와 목적 그대로의 말씀을 인용하지 않습니다. 사탄은 자기 목적을 위해 하나님의 말씀을 왜곡합니다.

반면에 예수님은 하나님께서 말씀하신 의미와 의도와 목적 그대로의 말씀을 자신의 생명으로 아셨습니다.

마태복음 4:6, 시편 91:11-12을 읽고, 원래 시편의 구절과 사탄이 예수님께 인용한 그 구절 사이의 차이가 무엇인지를 써보십시오.

그렇게 함으로써 사탄은 지금 예수님에게 어떤 죄를 짓도록 유도하고 있습니까?(마 4:7 참조)

요한복음 12:50에서 예수님은 하나님의 말씀을 무엇으로 아셨습니까?

사탄은 시편 91:11-12을 예수님에게 인용하면서, "네 모든 길에서 너를 지키게 하심이라"는 문구를 생략합니다. 원래 시편 91편의 구절은 우리가 하나님을 거처 삼고, 하나님만을 의지하는 삶을 살아가면 하나님께서 우리 인생의 모든 길에서 천사를 동원해서라도 우리의 걸음을 지키시겠다는 말씀입니다. 그런데 사탄은 그 구절에서 그 일부를 생략함으로써, 그 구절이 마치 예수님께서 높은 곳에서 뛰어내리면 하나님께서 천사를 동원해서 그 발을 붙들어 줄 것을 의미하는 것처럼 왜곡시켜 버립니다. 그리고 그것을 가지고 예수님으로 하여금 하나님을 시험하는 죄를 짓도록 유도합니다. 그만큼 사탄은 교묘하며, 하나님의 말씀을 사용하되 그것을 자기 뜻에 맞도록 왜곡시켜 사용합니다.

이르되 네가 만일 하나님의 아들이어든 뛰어내리라 기록되었으되 그가 너를 위하여 그의 사자들을 명하시리니 그들이 손으로 너를 받들어 발이 돌에 부딪치지 않게 하리로다 하였느니라
(마 4:6)

그가 너를 위하여 그의 천사들을 명령하사 네 모든 길에서 너를 지키게 하심이라 그들이 그들의 손으로 너를 붙들어 발이 돌에 부딪히지 아니하게 하리로다
(시 91:11-12)

예수께서 이르시되 또 기록되었으되 주 너의 하나님을 시험하지 말라 하였느니라 하시니
(마 4:7)

나는 그의 명령이 영생인 줄 아노라 그러므로 내가 이르는 것은 내 아버지께서 내게 말씀하신 그대로니라 하시니라
(요 12:50)

반면에 예수님은 항상 하나님께서 말씀하신 의미와 의도와 목적 그대로의 말씀 위에 섭니다. 예수님께서 "기록되었으되" 라는 말과 함께 하나님의 말씀을 인용하시면, 그것은 항상 하나님께서 말씀하신 의미와 의도와 목적 그대로의 말씀이었습니다. 그리고 예수님은 그것을 영생으로 아셨습니다. 즉, 자기의 생명으로 아셨습니다.

| 예레미야 시대에 팽배한 거짓

이 부분과 관련하여 예레미야 시대에 팽배했던 거짓의 성격을 살펴보는 것은 오늘날 우리에게 중요한 의미를 가집니다. 그리고 그 거짓의 성격을 이해하는데 있어 먼저 성경이 말하는 복의 성격을 올바로 이해하는 것이 중요합니다.

1 자세한 설명을 원하시면, 저의 책 『거짓 신앙체계』(요단) 16장을 참조하십시오.

성경이 말하는 복을 요약하면 다음과 같습니다.[1]

1. 하나님이 복이시다(신 30:19-20).
2. 하나님은 하나님과 함께 하는 자와 함께 하시고,
   하나님을 버리는 자를 버리십니다(대하 15:2).
3. 하나님과 함께 한다는 말은 신앙의 본질 가운데 거하는 것을 말합니다.
   하나님과 함께 하는 삶 = 하나님을 알고 존재를 다하여 사랑하는 삶
   (예레미야 2장) = 하나님 중심적인 삶.
   = 하나님의 주권적인 통치 아래 거하는 삶.
   = 하나님을 경외하는 삶.
4. 우리가 하나님과 함께 하면, 우리 삶 속에 그분의 복이 넘칩니다.
   하나님 자신이 복이신데, 그분이 우리와 함께 하실 것이기 때문에.
   (복=생명=평강)
5. 반면에 우리가 하나님을 버리면, 하나님의 모든 복이 거두어집니다.

선지자들은 거짓을 예언하며 제사장들은 자기 권력으로 다스리며 내 백성은 그것을 좋게 여기니 마지막에는 너희가 어찌하려느냐

(렘 5:31)

그들의 피는 영영히 요압의 머리와 그의 자손의 머리로 돌아갈지라도 다윗과 그의 자손과 그의 집과 그의 왕위에는 여호와께로 말미암는 평강이 영원히 있으리라

(왕상 2:33)

이는 그들이 가장 작은 자로부터 큰 자까지 다 탐욕을 부리며 선지자로부터 제사장까지 다 거짓을 행함이라 그들이 내 백성의 상처를 가볍게 여기면서 말하기를 평강하다 평강하다 하나 평강이 없도다

(렘 6:13-14)

다음에 나오는 예레미야서의 구절들을 읽고, 질문에 답하십시오.

그 당시에 얼마나 거짓이 팽배했습니까?(렘 5:31, 6:13, 8:5, 8)

하나님은 무엇을 거짓이라고 말씀하셨습니까?(렘 6:13-14)

그 당시 선지자들은 무엇을 근거로 해서 평화를 외쳤습니까?(왕상 2:33, 삼하 7:12-17, 왕상 9:3, 대상 23:25)

그런데 그것이 왜 거짓이었습니까?(렘 2:13, 7:21-26, 23:16-18, 22)

그 당시 거짓 선지자들이 가지고 있었던 하나님의 말씀에 대한 자세는 예수님의 자세와 같았습니까? 아니면 사탄의 자세와 같았습니까?

ㅁ 예수님 ㅁ 사탄

예레미야 시대에는 참으로 거짓이 팽배했습니다. 제사장, 선지자, 서기관 할 것 없이, 가장 작은 자부터 가장 큰 자까지 다 거짓을 전했으며, 백성들은 그 거짓을 좋아하고 또한 그 거짓을 고집했습니다. 하나님께서 말씀하신 거짓은 평화가 없는 곳에 평화를 외쳤던 그 당시 종교지도자들의 자세와 말씀 선포를 두고 하신 말씀입니다. 그런데 그 당시 종교지도자들은 나름대로 성경에 기초해서 평화를 외쳤습니다. 하나님께서 다윗의 자손과 가문과 왕위와 나라에 영원한 평화를 약속하셨고, 예루살렘 성전에 영원히 거하시겠다고 약속하셨기 때문입니다. 문제는 하나님의 백성들이 지금 하나님을 떠나 하나님의 길을 버렸고, 자기들의 타락한 본성대로 살아가고 있는데도 불구하고, 그리고 그 결과 하나님의 심판이 그들의 코앞에까지 닥쳤는데도 불구하고, 그 당시 종교지도자들은 그 모든 것을 무시하고 백성들의 환심을 사기 위해 백성들이 원하는 좋은 구절들만 선별적으로 골라서 전했다는 데에 있습니다. 이러한 그들의 자세는 나름대로 성경을 인용했을지 모르지만, 정확하게 사탄이 하나님의 말씀에 대해 가지고 있는 자세와 똑같은 자세였습니다.

오늘날 만약 목회자가 성도들이 영적으로 어떠한 상태에 있든지 상관없이 성경에 나오는 온갖 좋은 약속에 관한 구절들을 그들에게 전하면서, 그들을 진정한 제자의 삶으로 인도하지 않는다면, 그것은 하나님의 말씀에 대해 누구와 같은 태도를 갖는 것입니까?

ㅁ 예수님 ㅁ 사탄

만약 어떤 성도가 예수님께서 마태복음 11:28에서 약속하신 안식과 쉼을 믿음으로 주장하면서, 정작 예수님께서 그 안식의 비결로 29절에서 말씀하신 주님이 온전히 우리의 삶을 다스리시는 것은 원치 않는다면, 그것은 하나님의 말씀에 대해 누구와 같은 태도를 갖는 것입니까?

ㅁ 예수님 ㅁ 사탄

내 백성이 두 가지 악을 행하였나니 곧 그들이 생수의 근원되는 나를 버린 것과 스스로 웅덩이를 판 것인데 그것은 그 물을 가두지 못할 터진 웅덩이들이니라

(렘 2:13)

수고하고 무거운 짐 진 자들아 다 내게로 오라 내가 너희를 쉬게 하리라 나는 마음이 온유하고 겸손하니 나의 멍에를 메고 내게 배우라 그리하면 너희 마음이 쉼을 얻으리니

(마 11:28-29)

| 돌아올 수 없는 길을 가는 것

하나님께서 말씀하신 의미와 의도와 목적 그대로의 말씀이 우리의 생명이 되는 자세는 "돌아올 수 없는 길을 가는 것"을 포함합니다. 하나님께서 말씀하시는 바가 우리 신앙에 대한 일반적인 이해와 다르고, 사람들이 원하는 것과 다르고, 그래서 그 결과 교회가 양적으로 성장하기보다 오히려 감소하는 것이 예상되고, 사업에서 큰 손해가 예상된다 할지라도, 하나님의 말씀이 그러하기 때문에 다른 선택의 여지가 없이 그 길을 갈 수 밖에 없는 것을 포함합니다. 마르틴 루터건, 요한 웨슬리건, 조나단 에드워드건 하나님과 동행했던 사람들은 다 그렇게 하나님을 따랐습니다.

오늘 배운 것을 복습하십시오. 오늘 배운 내용 중에서 하나님께서 당신으로 하여금 이해하고, 배우고, 실천하기 원하는 부분이나 성구를 한두 개 지적해 주시도록 기도하십시오. 그리고 난 후 다음의 질문에 답하십시오.

✣ 오늘 배운 내용 중에서 어떤 부분이나 성구가 가장 뜻있게 와 닿았습니까?

✣ 위의 부분이나 성구를 하나님께 대한 당신의 기도로 바꾸십시오.

✣ 오늘의 학습에 대한 반응으로 하나님은 당신이 무엇을 하기를 원하십니까?

이 과의 요점

- 우리 신앙은 처음부터 끝까지 말씀에 의한 삶입니다.
- 말씀에 의한 삶은 성경이 우리의 신학과 삶과 사역을 위한 기준이 되는 삶입니다.
- 신앙이 타락하면 하나님의 백성들은 항상 하나님의 말씀을 버립니다.
- 하나님의 말씀을 버린다는 말은 삶에서 그렇게 한다는 말입니다.
- 말씀에 의한 삶은 하나님께서 말씀하신 의미와 의도와 목적 그대로의 말씀이 우리의 생명이 되는 삶입니다.

제2과 성경과 전통

말씀에 의한 삶을 살기 위한 중요한 요소는 신학을 위한 네 가지 출처의 올바른 우선순위 위에 서는 것입니다.

신학 즉 하나님에 관한 지식을 위한 네 가지 근원이 있습니다. 그것들을 중요한 순서대로 나열하면 아래와 같습니다.

1. 성경. 2. 전통. 3. 이성. 4. 체험.

전통도 매우 중요합니다

우리가 하나님을 올바로 이해하는 데 있어 전통은 중요한 요소입니다. 그래서 학자들은 신학을 위한 출처 중 하나로 전통을 꼽습니다. 한 가지 예를 들어서, 삼위일체의 교리는 전통에 의한 것입니다. 물론 그 교리는 성경에 기초한 것입니다. 성경은 여러 곳에서 우리 하나님이 삼위일체 하나님이시라는 사실을 말하고 있습니다. 그러나 성경 어디에도 삼위일체라는 용어는 나오지 않습니다. 그래서 우리가 삼위일체 교리를 올바로 믿게 된 데는 전통이 중요한 역할을 했습니다.

기독교 역사만 하더라도 지난 2000년 동안 하나님은 수많은 하나님의 사람들에게 구원의 교리, 믿음에 의한 삶, 은혜에 의한 삶, 성령에 의한 삶 등 성경에 토대한 하나님의 위대한 진리들을 깨닫게 해주셨습니다. 그래서 그 진리들은 우리가 하나님을 올바로 아는 데 있어서 없어서는 안 될 보고(寶庫)입니다. 저의 경우에도, 제가 믿음에 의한 삶을 배우는 데 있어서 허드슨 테일러의 전기가 큰 도움이 되었습니다.

반면에 만약 어떤 사람이 지난 2천년 동안 지금까지 한 번도 깨달아지지 않은 새로운 진리를 성경을 통해 발견했다고 말한다면, 우리는 그것을 일단 의심해 보는 것이 좋습니다. 왜냐하면 하나님께서 그동안 하나님의 거의 모든 길을 이미 하나님의 사람들을 통해서 보이셨기 때문입니다. 그래서 우리가 이점을 유의한다면, 우리 주위에 있는 많은 이단들을 쉽게 분별할 수 있을 것입니다.

문제는 전통이 성경 위로 갈 때 발생합니다

전통은 매우 중요한 요소임에도 불구하고, 그것은 항상 성경 아래 있어야 합니다. 그리고 성경이 전통 위에 있어야 한다는 말은 전통도 늘 성경으로 비추어 보아야 한다는 말입니다. 만약 전통이 성경 위로 가면 문제가 발생합니다. 다시 말해서, 전통을 가지고 성경을 해석하려고 하면 그것은 우선순위에서 전통이 성경 위로 간 것으로서 잘못된 것입니다. 가톨릭에서는 마리아에게 기도를 합니다. 성경에 전혀 나와 있지 않은 내용입니다. 전통이 성경 위로 갔기 때문에 생긴 결과입니다.

석사와 박사를 칼빈에 대해서 전공하고, 지금 미국의 덴버 신학교에서 조직신학을 가르치는 정성욱 교수는 오늘날 신학자의 주장이 성경보다 우위에 있으면 성경의 권위를 약화시키는 것은 물론 신학을 인학(人學)으로 만드는 것이라고 지적합니다. 그러면서 그는 결국 (우리의 신앙이) 신학자의 주장보다 하나님의 말씀에 기초해야 하며, 모든 신학적 주장들이 성경에 근거한 것인지, 성경으로 지지할 수 있는 것인지 검증될 수 있어야 한다고 주장합니다. 교회의 비성경적인 전통들, 즉 '장로들의 유전' 에 대해서도 분명하게 성경적으로 분석, 비평하고 대안을 제시해야 한다는 것입니다.

전통이 성경 위로 갈 때 발생하는 문제들

전통이 성경 위로 갈 때, 발생할 수 있는 문제들은 다음과 같습니다.

1. 하나님의 말씀을 어길 수 있습니다.
2. 항상 성령을 대적합니다.
3. 하나님의 행하심을 보지 못합니다. 예배가 타락합니다.

1. 하나님의 말씀을 어길 수 있습니다

마태복음 15:1-9을 읽고, 다음의 물음에 답하십시오.

바리새인들의 신앙에 대한 이해는 어떤 것이었습니까?(2절)

그 결과 그들은 어떤 잘못을 범하고 있었습니까?(3절)

예수님은 그들의 예배가 무엇에 기초한 것이라고 하셨습니까?(9절)

그 때에 바리새인과 서기관들이 예루살렘으로부터 예수께 나아와 이르되 당신의 제자들이 어찌하여 장로들의 전통을 범하나이까 떡 먹을 때에 손을 씻지 아니하나이다 대답하여 이르시되 너희는 어찌하여 너희의 전통으로 하나님의 계명을 범하느냐 하나님이 이르셨으되 네 부모를 공경하라 하시고 또 아버지나 어머니를 비방하는 자는 반드시 죽임을 당하리라 하셨거늘 너희는 이르되 누구든지 아버지에게나 어머니에게 말하기를 내가 드려 유익하게 할 것이 하나님께 드림이 되었다고 하기만 하면 그 부모를 공경할 것이 없다 하여 너희의 전통으로 하나님의 말씀을 폐하는도다 외식하는 자들아 이사야가 너희에 관하여 잘 예언하였도다 일렀으되 이 백성이 입술로는 나를 공경하되 마음은 내게서 멀도다 사람의 계명으로 교훈을 삼아 가르치니 나를 헛되이 경배하는도다 하였느니라 하시고
(마 15:1-9)

예수께서 이르시되 일어나 네 자리를 들고 걸어가라 하시니

(요 5:8)

그 사람이 곧 나아서 자리를 들고 걸어가니라 이 날은 안식일이니

(요 5:9)

그러므로 안식일에 이러한 일을 행하신다 하여 유대인들이 예수를 박해하게 된지라

(요 5:16)

유대인들이 병 나은 사람에게 이르되 안식일인데 네가 자리를 들고 가는 것이 옳지 아니하니라

(요 5:10)

그러므로 예수께서 그들에게 이르시되 내가 진실로 진실로 너희에게 이르노니 아들이 아버지께서 하시는 일을 보지 않고는 아무 것도 스스로 할 수 없나니 아버지께서 행하시는 그것을 아들도 그와 같이 행하느니라 아버지께서 아들을 사랑하사 자기가 행하시는 것을 다 아들에게 보이시고 또 그보다 더 큰 일을 보이사 너희로 놀랍게 여기게 하시리라

(요 5:19-20)

목이 곧고 마음과 귀에 할례를 받지 못한 사람들아 너희도 너희 조상과 같이 항상 성령을 거스르는도다

(행 7:51)

예수님 당시 바리새인들은 그들의 신앙을 전통적으로 내려오는 몇 가지 규례와 규칙을 잘 지키는 것으로 이해하고 있었습니다. 그 결과, 그들은 전통으로 인하여 하나님의 말씀을 어기고 있었습니다. 부모를 잘 공경하라는 것은 성경에 나오는 하나님의 가장 주된 명령 중 하나인데, 공경이라는 말 속에는 부양의 의미도 포함되어 있습니다. 그런데 그 당시 바리새인들은 부모를 부양하는 데 들어가는 돈을 하나님께 드린다고 성전에서 맹세하면 부모에게 하지 않아도 된다고 가르쳤습니다. 그렇게 함으로써 그들은 전통을 가지고 성경을 범하고 있었던 것입니다. 그리고 바리새인들은 자신들의 예배가 철저하게 성경에 기초한 것이라고 생각했을지 몰라도 예수님은 그들의 예배가 실제로는 하나님의 말씀인 성경에 기초한 것이 아닌 사람의 계명 곧 전통에 기초한 것이라고 말씀하셨습니다.

2. 항상 성령을 대적합니다

요한복음 5장을 읽고 다음의 물음에 답하십시오.

베데스다 연못가에서 예수님은 38년 된 병자를 어떻게 고치셨습니까?(요 5:8)

그 날이 무슨 날이었습니까?(요 5:9)

그것을 본 유대인들이 예수님께 어떻게 했습니까? 그리고 그 이유는 무엇이었습니까?(요 5:16, 10)

만약 예수님을 핍박하는 유대인들에게 무슨 성경적인 근거로 그렇게 하느냐고 물으면 그들은 무엇이라고 대답했을까요?

예수님은 누구의 인도를 따라 그 병자를 그렇게 고치셨습니까?(요 5:19-20)

성경은 유대인들의 그러한 자세에 대해 무엇이라고 말씀하셨습니까?(행 7:51)

예수님은 안식일에 베데스다 연못가를 지나시면서, 그곳에 있던 38년 된 병자를 "일어나 자리를 들고 걸어가라"고 명하심으로써 고쳐주셨습니다. 그것을 알게 된 유대인들은 예수님께서 안식일을 범했다고 예수님을 핍박했습니다. 자리를 들고

옮기는 행위가 안식일을 범하는 일이라는 것이 그들의 주장이었습니다. 그들은 당연히 그들의 주장이 성경적이라고 생각했을 것입니다. 그리고 그들은 그 근거로 안식일에는 일을 하지 말라는 그 수많은 성경구절들을 제시했을 것입니다. 그러나 그들의 주장은 성경에 의한 것이 아니었습니다. 성경에 관한 그들의 전통에 의한 것이었습니다. 그들이 전통을 가지고 성경을 보았기 때문에 그러한 일이 발생했던 것입니다. 이러한 그들의 자세는 여러 곳에서 여러 형태로 나타났습니다.

특히 예수님은 항상 성령의 인도를 따라 행하셨습니다. 38년 된 환자를 고치신 것도 마찬가지였습니다. 그러나 유대인들은 전통에 집착한 나머지 성령을 대적했습니다. 당연히 그들은 그 사실을 깨닫지도 못하고 있었습니다. 성경은 그들의 그러한 자세에 대해서 "목이 곧고 마음과 귀에 할례를 받지 못한 사람들아 너희도 너희 조상과 같이 항상 성령을 거스르는도다" 라고 말하고 있습니다.

3. 하나님의 행하심을 보지 못합니다

마태복음 23:29-32을 읽고, 다음의 물음에 답하십시오.

예수님 당시 종교지도자들은 자기 조상들의 죄를 어떻게 뉘우쳤습니까?

이에 대해 예수님은 그들에게 무엇이라고 말씀하셨습니까?

예수님의 이러한 행동을 당신은 어떻게 이해할 수 있습니까?

예수님 시대의 종교지도자들은 자기 조상들이 죽인 선지자들의 무덤을 단장하고 수리하면서 자기 조상들의 죄를 뉘우쳤습니다. 그러면서 그들은 자기들이 그 시대에 살았더라면, 자기 조상들처럼 하지 않았을 거라고 말했습니다. 이에 대해 예수님은 그들의 이러한 행동이 그들 조상의 자손임을 스스로 증명하는 행동이라고 말하면서, 조상들이 못다한 양을 채우라고 그들을 신랄하게 비판하셨습니다. 심지어 그들을 "뱀들, 독사의 새끼들"이라고 불러가면서까지 그들을 비판하셨습니다. 언뜻 보기에 예수님의 이러한 행동이 우리에게는 이해가 잘 안될 수 있습니다. 그러나 우리는 그들의 열매만 보아도 그들이 그들의 조상들과 똑같은 상태에 있었다는 사실을 금방 알 수 있습니다. 그들의 조상들은 선지자들을 죽였습니다. 그러나 그들은 하나님의 아들을 죽입니다.

문제는 그들 조상들이나 그들이나 전통에 집착한 나머지 하나님의 행하심을 전혀

화 있을진저 외식하는 서기관들과 바리새인들이여 너희는 선지자들의 무덤을 만들고 의인들의 비석을 꾸미며 이르되 만일 우리가 조상 때에 있었더라면 우리는 그들이 선지자의 피를 흘리는 데 참여하지 아니하였으리라 하니 그러면 너희가 선지자를 죽인 자의 자손임을 스스로 증명함이로다 너희가 너희 조상의 분량을 채우라

(마 23:29-32)

보지 못했다는데에 있었습니다. 그래서 하나님께서 하나님의 선지자들을 보내시고, 심지어 하나님의 아들을 보내셨음에도 불구하고, 그들은 그들의 전통을 가지고 그 선지자들이나 예수님께서 하시는 모든 일들에 대해 하나하나 대적하고 반대했던 것입니다.

오늘날의 적용

다음의 문장들을 읽고, 옳은 답에 ∨표 하십시오.

□ 교단법을 성경으로 비추어 보아야 한다.
□ 교단법이 성경 보다 우선이다.

□ 칼빈의 기독교 강요를 토대로 성경을 이해한다.
□ 기독교 강요도 성경으로 비추어 보아야 한다.

□ 전통적으로 내려오는 방식대로 목회를 한다.
□ 목회의 모든 방식을 성경에 비추어 보아야 한다.

□ 전통적으로 내려오는 예배 형식과 모양을 고집한다.
□ 예배의 모든 형식도 성경에 비추어 본다.

□ 전통적으로 내려오는 몇 가지 규례와 규칙을 잘 지키는 것으로 우리의 신앙을 이해한다.
□ 우리의 신앙생활을 성경으로 점검한다.

하나님의 말씀 앞에 떠는 자세

사실 전통은 매우 중요한 요소 중 하나임에도 불구하고, 또한 우리의 눈을 가리는 가장 주된 요소 중 하나입니다. 예를 들어, 예수님 시대의 종교지도자들은 전통에 집착한 나머지 그들의 영적 분별력이 철저하게 어두워졌습니다. 그 결과, 누구보다 성경을 많이 연구하고, 성경을 많이 강조하고, 또 성경대로 산다고 자부한 그들이었지만, 실제로 그들은 전혀 말씀에 의한 삶을 살지 않았습니다. 그들은 전통에 의한 삶을 살았을 따름입니다.

한편으로 전통의 중요성을 소중히 여기면서, 또 한편으로 전통에 의한 삶을 살지 않고 성경에 의한 삶을 살려면 우리들이 가져야 할 중요한 자세가 있습니다. 그것은 하나님의 말씀 앞에 떠는 자세입니다. 하나님의 말씀 앞에 떠는 자세란 "주님, 정말 당신이십니까?" 라는 자세로 모든 하나님의 인도를 하나님의 말씀에 비추어보는 것을 말합니다. 그래서 하나님의 말씀 앞에 모든 전통도 내려놓고, 하나님의 말씀이 그러하면 순종하고자 하는 자세로 말씀 앞에 엎드리는 것을 말합니다.

마태복음 11:2-6을 읽고, 다음의 물음에 답하십시오.

요한이 옥에서 예수님에게 사람을 보내어 무엇이라고 물었습니까?

왜 요한이 그렇게 물었다고 당신은 생각합니까?

요한의 물음에 대한 예수님의 답변은 무엇이었습니까?

당신은 왜 이 구절이 마태복음의 이 부분에 기록되어 있다고 생각합니까?

요한은 옥에서 사람을 예수님께 보내어 예수님이 오시기로 되어 있는 메시야인지 아니면 자기가 다른 사람을 기다려야 하는지 물었습니다. 우리는 요한의 이러한 질문을 의아하게 생각할 수 있습니다. 요한은 예수님에 대해서 어려서부터 알았습니다(눅 1:39-40). 뿐만 아니라, 요한은 하나님께로부터 직접 예수님에 대한 계시를 받았습니다(요 1:31-33). 그래서 누구보다 열정적으로 예수님을 증거했던 사람이었습니다(요 3:28-30). 그런데 그러한 요한이 어떻게 예수님에게 이런 질문을 할 수 있습니까? 그에 대한 답변은 위 구절의 2절에 있습니다. 예수님께서 하시는 일을 감옥에서 들었을 때, 예수님이 자기가 생각했던 메시야와 달랐던 것입니다. 누가복음 3장에 나오는 요한의 메시지를 보아도 알 수 있듯이, 요한은 예수님을 알되 말세지말에 심판자로 오실 메시야로 알았던 것 같습니다(눅 3:3-9, 16-17). 예수님은 말세지말에 심판자로 오실 메시야가 맞습니다. 그러나 그 당시에는 우리의 구속을 위한 고난의 종으로 오셨죠. 이렇게 자기가 아는 바와 예수님의 행하심이 달랐을 때, 요한은 자기가 가지고 있는 관점으로 예수님을 판단하고 대적한 것이 아니라, 예수님께 사람을 보내어 물었던 것입니다. 이것이 바로 하나님의 말씀 앞에 떠는 자세입니다. 그 결과, 요한은 예수님을 말세지말의 심판자로 뿐 아니라, 고난의 종으로도 알게 됩니다. 예수님께서 요한의 제자들에게 자신이 하시는 일들에 대해 하신 말씀은 고난의 종으로 오실 메시야가 하게 되어 있는 일들이었습니다. 요한에 대한 이 구절이 마태복음의 여기에 기록된 것은 중요한 의미가 있습니다. 바로 11장부터 예수님과 그 당시 종교지도자들과의 충돌이 집중적으로 기록

요한이 옥에서 그리스도께서 하신 일을 듣고 제자들을 보내어 예수께 여짜오되 오실 그이가 당신이오니이까 우리가 다른 이를 기다리오리이까 예수께서 대답하여 이르시되 너희가 가서 듣고 보는 것을 요한에게 알리되 맹인이 보며 못 걷는 사람이 걸으며 나병환자가 깨끗함을 받으며 못 듣는 자가 들으며 죽은 자가 살아나며 가난한 자에게 복음이 전파된다 하라 누구든지 나로 말미암아 실족하지 아니하는 자는 복이 있도다 하시니라

(마 11:2-6)

되어 있는데, 그 당시 종교지도자들이 예수님을 대적한 것은 바로 요한이 가지고 있던 그러한 자세가 없었기 때문이었습니다.

말씀에 의한 삶과 담대함

말씀에 의한 삶을 살기 위해 한 가지 중요한 요소는 담대함입니다.

강하고 담대하라 너는 내가 그들의 조상에게 맹세하여 그들에게 주리라 한 땅을 이 백성에게 차지하게 하리라 오직 강하고 극히 담대하여 나의 종 모세가 네게 명령한 그 율법을 다 지켜 행하고 우로나 좌로나 치우치지 말라 그리하면 어디로 가든지 형통하리니 이 율법책을 네 입에서 떠나지 말게 하며 주야로 그것을 묵상하여 그 안에 기록된 대로 다 지켜 행하라 그리하면 네 길이 평탄하게 될 것이며 네가 형통하리라 내가 네게 명령한 것이 아니냐 강하고 담대하라 두려워하지 말며 놀라지 말라 네가 어디로 가든지 네 하나님 여호와가 너와 함께 하느니라 하시니라

(수 1:6-9)

여호수아 1:6-9에 보면 담대함이라는 단어와 이와 유사와 단어가 몇 차례나 나옵니까?

당신은 하나님께서 여호수아에게 왜 이렇게 담대함을 강조하셨다고 생각합니까?

- □ 여호수아가 심약한 사람이었으니까.
- □ 말씀에 의한 삶에 담대함이 필수니까.
- □ (   )

에베소서 6:19에 의하면, 사도 바울이 에베소 성도들에게 간절히 부탁한 기도 제목 두 가지가 무엇입니까?

또 나를 위하여 구할 것은 내게 말씀을 주사 나로 입을 열어 복음의 비밀을 담대히 알리게 하옵소서 할 것이니

(엡 6:19)

당신은 바울이 담대함을 위해 기도해 달라고 부탁한 이유가 어디에 있다고 생각합니까?

갈라디아서 5:11에 의하면 바울이 핍박을 받은 이유가 어디에 있었습니까?

당신은 바울의 그 말에 의해 그 당시의 전통이나 팽배한 신앙관이 어떠했다고 봅니까?

형제들아 내가 지금까지 할례를 전한다면 어찌하여 지금까지 박해를 받으리요 그리하였으면 십자가의 걸림돌이 제거되었으리니

(갈 5:11)

당신은 바울이 말한 "십자가의 걸림돌"은 무엇을 의미한다고 생각합니까?

갈라디아서 2:11 이하에 보면 바울이 복음의 진리를 따라 행동한 베드로를 면책하는 내용이 기록되어 있습니다. 그런데 12절에 의하면 베드로 자신은 복음에 대해 올바른 이해를 가지고 있었습니까? 아니면 잘못된 이해를 가지고 있었습니까?

12-13절에 의하면 베드로와 그의 일행들이 올바른 이해를 가지고 있었음에도 불구하고 그릇되게 행동한 주된 원인이 어디에 있었습니까?

당신은 베드로가 왜 할례자들을 두려워했다고 생각합니까?

하나님은 여호수아에게 매우 짧은 구절에서 담대함을 무려 8번이나 강조하셨습니다. 우리가 여호수아의 과거 행적을 볼 때 그는 전혀 심약한 사람이 아니었습니다. 말씀에 의한 삶을 강조하시면서, 그 삶을 위해 담대함이 필수적이기 때문에 하나님은 그렇게 담대함을 여러 차례 강조하신 것입니다.

바울은 에베소 교회 성도들에게 하나님께서 자신에게 복음의 비밀을 더욱 알려주시도록 그리고 담대함을 주시도록 기도해 달라고 부탁합니다. 바울은 또한 자신이 할례를 전하지 않기 때문에 핍박을 받고 있다고 말합니다. 바울의 이 말을 통해 우리는 그 당시의 전통이나 팽배한 신앙관이 갈라디아서나 다른 서신서에서 보는 것처럼 예수를 믿는 믿음에다 할례와 같은 유대인의 전통을 더한 혼합주의 신앙이었던 것을 볼 수 있습니다. 만약 바울이 그들처럼 할례를 포함한 혼합주의 복음을 전했더라면 아무런 핍박을 받지 않았을 것입니다. 그러나 만약 그가 그렇게 했더라면 십자가의 능력이 소멸되었을 것입니다. 여기서 말하는 십자가의 걸림돌은 십자가의 능력을 말합니다. 그래서 바울은 그 당시의 전통이나 팽배한 신앙관과 다르게 오직 그리스도의 복음을 전하기 위해 담대함이 필요했던 것입니다.

베드로 자신은 이방인들과 같이 식사를 하는 것이 자신을 하나님 앞에서 부정하게 만드는 그릇된 행동이라고 믿는 유대인의 전통을 받아들이지 않았습니다. 그러나 예루살렘에서 할례자들, 즉 유대인의 전통을 아직도 그대로 따르고 있는 유대 기독교인들이 안디옥에 방문했을 때 그들이 두려워서 복음이 아닌 전통을 따라 행동했습니다. 예루살렘 교회는 유대 기독교인들 중심으로 이루어져 있었는데, 그들에게 비쳐질 자신의 모습과 그들에게 받을 핍박을 두려워했기 때문입니다. 이것을 두고 바울은 사람들 앞에서 베드로를 면책하면서 "그가 복음의 진리를 따라 행치 않았다", "그가 외식했다"라고 강력하게 항의했습니다.

우리는 "오직 은혜, 오직 믿음, 오직 성경"의 기치를 내걸었던 종교개혁자 마르틴 루터의 이야기를 잘 압니다. 그 당시 전 세계에 막강한 영향력을 끼치고 있던 가톨릭교회의 모든 위협과 핍박 앞에서 오직 말씀 위에 서기 위해서 그에게는 목숨을 거는 담대함이 필요했습니다.

게바가 안디옥에 이르렀을 때에 책망 받을 일이 있기로 내가 그를 대면하여 책망하였노라 야고보에게서 온 어떤 이들이 이르기 전에 게바가 이방인과 함께 먹다가 그들이 오매 그가 할례자들을 두려워하여 떠나 물러가매 남은 유대인들도 그와 같이 외식하므로 바나바도 그들의 외식에 유혹되었느니라

(갈 2:11-13)

오늘 배운 것을 복습하십시오. 오늘 배운 내용 중에서 하나님께서 당신으로 하여금 이해하고, 배우고, 실천하기 원하는 부분이나 성구를 한두 개 지적해 주시도록 기도하십시오. 그리고 난 후 다음의 질문에 답하십시오.

✣ 오늘 배운 내용 중에서 어떤 부분이나 성구가 가장 뜻있게 와 닿았습니까?

✣ 위의 부분이나 성구를 하나님께 대한 당신의 기도로 바꾸십시오.

✣ 오늘의 학습에 대한 반응으로 하나님은 당신이 무엇을 하기를 원하십니까?

이 과의 요점

- 말씀에 의한 삶을 살기 위해서는 신학을 위한 네 가지 출처의 올바른 우선순위 위에 서야 합니다.
- 신학을 위한 네 가지 출처는 그 중요한 순서대로 성경, 전통, 이성, 체험입니다.
- 우리가 하나님을 올바로 이해하는데 있어 전통은 한 가지 중요한 요소입니다.
- 문제는 전통이 성경 위로 가면, 하나님의 말씀을 어기게 됩니다.
- 전통이 성경 위로 가면, 성령을 대적합니다.
- 전통이 성경 위로 가면, 예배가 타락합니다.
- 전통이 성경 위로 가면, 하나님의 행하심을 볼 수 없습니다.

제3과 성경과 이성

하나님에 관해서 올바로 아는 데 있어서 또 하나의 중요한 요소는 이성, 즉 합리적인 사고입니다.

우선 하나님은 합리적인 분이시며, 우리에게 합리적인 사고를 주셨습니다. 뿐만 아니라, 기독교 진리는 합리적인 진리입니다. 기독교를 세상의 일반 종교와 비교할 수 없지만, 기독교는 세상의 모든 종교 중에서 가장 합리적인 종교라 할 수 있습니다. 여기서 합리적이라 함은 당연히 하나님을 전제로 합리적인 것을 말합니다.

또한 우리의 합리적 사고는 하나님의 길을 발견하는 것, 하나님의 뜻을 분별하는 것 등 우리 신앙의 모든 면에서 중요한 요소입니다.

합리적 사고가 성경 위로 가면 문제가 발생합니다

합리적 사고가 중요함에도 불구하고 그것이 성경 위로 가면 문제가 발생합니다. 우리 신앙은 합리적이지만, 하나님을 전제한 합리적입니다. 그러나 합리적 사고가 성경 위로 가면 하나님을 전제하지 않는, 즉 하나님 없는 합리적이 됩니다. 그래서 합리적 사고의 관점에서 성경을 판단하고 분석합니다. 그리고 합리적 사고에 맞는 것은 받아들이고, 합리적 사고에 맞지 않는 것은 버립니다.

| 이성이 성경 위로 간 한가지 결과는 자유주의 신학입니다

하나님은 우리의 합리적인 사고를 초월하는 분이십니다. 그런데 자유주의 신학은 하나님과 하나님의 모든 역사를 인간의 합리적인 사고의 잣대로 판단하여, 그 사고에 맞지 않는 모든 것은 신화로 전락시켜 버렸습니다. 남는 것은 예수님의 몇 마디 윤리적인 가르침뿐입니다.

신학이 급속도로 자유화되게 된 원인 중 하나는 그것이 일반 대학에서 하나의 과목으로 가르쳐진데 있었습니다. 대학 과정의 근본 바탕은 합리적인 사고입니다. 그래서 합리적인 사고를 가지고 성경을 분석하고 이해하려고 하면서 신학이 급속도로 자유화되었습니다.

성경에 의하면 원래 인간이 하나님의 피조물인데, 이성이 성경 위로 가서 생긴 결과는 하나님이 인간의 피조물이 된 것입니다. 인간은 자기의 합리적 사고에 맞는 하나님을 만들어낸 것입니다.

| 합리적 사고가 성경 위로 가면 주님을 따라갈 수 없습니다

이는 내 생각이 너희의 생각과 다르며 내 길은 너희의 길과 다름이니라 여호와의 말씀이니라 이는 하늘이 땅보다 높음 같이 내 길은 너희의 길보다 높으며 내 생각은 너희의 생각보다 높음이니라
(사 55:8-9)

합리적 사고가 성경 위로 가는 문제는 자유주의 신학을 가진 사람들만의 문제가 아닙니다. 보수신앙을 가지고 있으면서도 합리적 사고를 성경 위로 놓는 잘못을 범할 수 있습니다. 그리고 그 경우, 하나님의 뜻을 분별하여 하나님과 동행하는 것은 불가능합니다.

우선 우리의 합리적인 사고로는 하나님의 뜻을 분별할 수 없습니다.

이사야 55:8-9에 의하면, 우리 뜻과 하나님의 뜻은 어떻게 다릅니까?

이 지혜는 이 세대의 통치자들이 한 사람도 알지 못하였나니 만일 알았더라면 영광의 주를 십자가에 못 박지 아니하였으리라 기록된 바 하나님이 자기를 사랑하는 자들을 위하여 예비하신 모든 것은 눈으로 보지 못하고 귀로 듣지 못하고 사람의 마음으로 생각하지도 못하였다 함과 같으니라 오직 하나님이 성령으로 이것을 우리에게 보이셨으니 성령은 모든 것 곧 하나님의 깊은 것까지도 통달하시느니라
(고전 2:8-10)

고린도전서 2:8-10에 의하면, 세상의 학문과 지식으로 하나님의 뜻을 알 수 있습니까?

그러면 하나님의 뜻을 알 수 있는 유일한 방법은 무엇입니까?

하나님의 생각과 길은 인간의 생각과 길과 다릅니다. 하늘이 땅에서 높은 것처럼 다릅니다. 그리고 그 하나님의 생각과 길은 인간의 어떠한 지혜나 학문이나 지식을 가지고도 알 수 없습니다. 그것은 오직 하나님의 성령께서 우리에게 계시해 주셔야만 합니다. 그러므로 우리의 합리적인 사고로는 절대로 하나님의 뜻을 알 수 없습니다. 또한 인간은 절대로 자기 스스로 하나님의 뜻에 맞도록 행동하지 않게 되어 있습니다.

사십 일 동안 땅을 정탐하기를 마치고 돌아와 바란 광야 가데스에 이르러 모세와 아론과 이스라엘 자손의 온 회중에게 나아와 그들에게 보고하고 그 땅의 과일을 보이고 모세에게 말하여 이르되 당신이

하나님을 따라가려면 믿음이 필수인데, 합리적 사고가 성경 위로 가면 믿음이 가능하지 않습니다

민수기 13:25-14:11까지 읽고 다음의 물음에 답하십시오.

한편으로 여호수아와 갈렙 그리고 다른 한편으로 나머지 이스라엘 백성들 중 누가 더 합리적이었습니까?

그렇다면 그 부류의 사람들의 차이는 무엇이었습니까?

이스라엘 백성들의 행동의 결과는 무엇이었습니까?

두 부류 모두 지극히 합리적이었습니다. 차이점은 여호수아와 갈렙은 하나님을 전제로 하는 합리적이었고, 나머지 이스라엘 백성들은 하나님 없이 합리적이었습니다. 하나님 없는 합리적인 사고에 토대한 이스라엘 백성들은 그들의 불신으로 인하여 하나님 앞에서 버림을 받게 됩니다. 이처럼 합리적인 사고가 성경 위로 가면 절대로 믿음이 가능하지 않습니다.

신약에도 이와 비슷한 예가 나오는데, 오병이어의 기적을 베푸시기 전에 예수님은 빌립을 시험하기 위해 그들에게 군중을 먹이라고 말씀하셨습니다(요 6:5-7, 막 6:37). 예수님의 명령에 대한 빌립의 대답은 너무나 합리적이었습니다. 그는 상황을 정확하게 판단하고 있었습니다. 그러나 문제는 그것이 하나님을 전제하지 않았다는 것이었습니다. 그래서 그는 실패했습니다.

당시의 팽배한 신앙관과 성경

말씀에 의한 삶을 살려면 반드시 당시에 팽배한 신앙관도 성경 아래서 검증되어야 합니다. 그렇지 않으면 자신들은 하나님의 말씀에 의한 삶을 산다고 생각하지만, 실제로는 사람들의 의견에 의한 삶을 살게 됩니다. 결국 하나님의 말씀과 상관없는 삶을 살게 됩니다.

1. 우리의 눈을 가리는 가장 주된 요인 중 하나는 당시에 팽배한 신앙관입니다

우리의 영적인 눈을 가리는 주된 요인 중 하나가 당시에 팽배한 신앙관입니다. 우리는 이에 대한 좋은 예를 예레미야 시대에서 찾아볼 수 있습니다.

예레미야 시대의 유다 백성들은 안식일이면 하나님께서 친히 자기 이름을 두시겠다고 맹세하신 예루살렘 성전에서 성대한 예배를 드렸습니다(렘 7:2). 그들은 많은 희생들을 드렸습니다(렘 7:21). 그들은 오늘날 남예멘 혹은 에티오피아에 해당하는 시바 그리고

우리를 보낸 땅에 간즉 과연 그 땅에 젖과 꿀이 흐르는데 이것은 그 땅의 과일이니이다 그러나 그 땅 거주민은 강하고 성읍은 견고하고 심히 클 뿐 아니라 거기서 아낙 자손을 보았으며 아말렉인은 남방 땅에 거주하고 헷인과 여부스인과 아모리인은 산지에 거주하고 가나안인은 해변과 요단 가에 거주하더이다 갈렙이 모세 앞에서 백성을 조용하게 하고 이르되 우리가 곧 올라가서 그 땅을 취하자 능히 이기리라 하나 그와 함께 올라갔던 사람들은 이르되 우리는 능히 올라가서 그 백성을 치지 못하리라 그들은 우리보다 강하니라 하고 이스라엘 자손 앞에서 그 정탐한 땅을 악평하여 이르되 우리가 두루 다니며 정탐한 땅은 그 거주민을 삼키는 땅이요 거기서 본 모든 백성은 신장이 장대한 자들이며 거기서 네피림 후손인 아낙 자손의 거인들을 보았나니 우리는 스스로 보기에도 메뚜기 같으니 그들이 보기에도 그와 같았을 것이니라 온 회중이 소리를 높여 부르짖으며 백성이 밤새도록 통곡하였더라 이스라엘 자손이 다 모세와 아론을 원망하며 온 회중이 그들에게 이르되 우리가 애굽 땅에서 죽었거나 이 광야에서 죽었으면 좋았을 것을 어찌하여 여호와가 우리를 그 땅으로 인도하여 칼에 쓰러지게 하려 하는가 우리 처자가 사로잡히리니 애굽으로 돌아가는 것이 낫지 아니하랴 이에 서로 말하되 우리가 한 지휘관을 세우고 애굽으로 돌아가자 하매 모

세와 아론이 이스라엘 자손의 온 회중 앞에서 엎드린지라 그 땅을 정탐한 자 중 눈의 아들 여호수아와 여분네의 아들 갈렙이 자기들의 옷을 찢고 이스라엘 자손의 온 회중에게 말하여 이르되 우리가 두루 다니며 정탐한 땅은 심히 아름다운 땅이라 여호와께서 우리를 기뻐하시면 우리를 그 땅으로 인도하여 들이시고 그 땅을 우리에게 주시리라 이는 과연 젖과 꿀이 흐르는 땅이니라 다만 여호와를 거역하지는 말라 또 그 땅 백성을 두려워하지 말라 그들은 우리의 먹이라 그들의 보호자는 그들에게서 떠났고 여호와는 우리와 함께 하시느니라 그들을 두려워하지 말라 하나 온 회중이 그들을 돌로 치려 하는데 그 때에 여호와의 영광이 회막에서 이스라엘 모든 자손에게 나타나시니라 여호와께서 모세에게 이르시되 이 백성이 어느 때까지 나를 멸시하겠느냐 내가 그들 중에 많은 이적을 행하였으나 어느 때까지 나를 믿지 않겠느냐

(민 13:25-14:11)

인도에 해당하는 원방에서 나오는 특별한 향품을 사다가 하나님께 번제로 드렸습니다(렘 6:20). 또한 그들은 율법을 가지고 있어서 지혜롭다고 자부했습니다(렘 8:8). 그리고 그들은 입만 벌리면 하나님 이야기를 할 만큼 하나님에 대해서 많은 이야기를 했습니다(렘 12:2).

거기다가 그 당시 선지자들, 제사장들, 서기관들, 율법사들 할 것 없이 모든 종교지도자들은 "평강"을 외쳐댔습니다(렘 6:13-14, 8:8, 18:18). 그들 모두는 우리가 이 단원 1과에서 살펴본 것처럼 나름대로 성경적인 근거를 가지고 그렇게 외쳤습니다. 그리고 유다 백성들의 상당수는 그 지도자들이 외친대로 "평강", 즉 그들이 원하던 세상적으로 안락하고 형통하는 복을 얻었습니다(렘 12:1-2). 물론 하나님께서 의미하신 평강은 다른 것이었습니다.

이런 상황에서 하나님은 예레미야를 보내셔서 안식일에 예루살렘 성전에서 성대한 예배를 드리고 나오는 유다 백성들에게 "이것이 여호와의 전이라는 거짓말을 믿지 말라"고 외치게 하셨습니다(렘 7:4). 그리고 그들이 믿는 그 성전을 파괴해 버릴 것이라고 외치게 하셨습니다. 그 당시 유다 백성들의 입장에서 볼 때, 이러한 예레미야의 말은 성전을 모독해도 보통 모독한 것이 아니었습니다. 뿐만 아니라, 자기들이 하나님을 믿는 것이 아니라, 성전을 믿는다니, 말도 안 되는 이야기였습니다. 하나님은 또한 예레미야를 통해 유다 백성들이 그 많은 정성과 희생을 들여서 하나님께 드린 시바나 원방에서 온 특별한 향품의 번제를 받지 않으신다고 전하게 하셨습니다(렘 6:20). 한 두 명도 아닌 그 당시 모든 종교지도자들이 나름대로 분명한 성경적인 근거를 가지고 전하는 "평강"의 메시지를 반복적으로 거짓이라고 외치게 하셨습니다. 그리고 그 많은 예배와 희생을 드리는 그들에게 하나님을 버렸다고 외치게 하셨습니다(렘 2:13).

만약 당신이 그 시대에 살았더라면, 당신은 예레미야의 말을 믿었겠습니까? 아니면 그 당시 종교지도자들의 말을 믿었겠습니까? 사실 하나님께서 역사를 통해 예레미야가 옳은 것을 증명하시고, 예레미야서가 하나님의 말씀으로 받아들여졌기 때문에, 오늘날 우리들이 예레미야가 옳은 것을 알지, 그 당시 사람들은 얼마나 그것을 알기 어려웠겠습니까! 이것이 당시의 팽배한 신앙관이 어떻게 하나님의 백성의 눈을 가리는가를 잘 보여주는 예입니다.

이것은 예수님 시대에도 마찬가지였습니다. 그래서 요한복음에 보면 "예수를 믿은 유대인들"이라고 하는 사람들이 순식간에 돌아서서 예수님을 사마리아 사람이라고 또는 귀신들렸다고 비방하기도 하고, 예수님을 돌로 쳐서 죽이려고까지 했습니다(요 8:31, 48, 59). 뿐만 아니라, 오병이어의 기적과 같은 예수님을 통한 그렇게 놀라운 하나님의 역사를 경험하고, 또 그렇게 사모함으로 예수님을 따르던 그들이 예수님께서 자신의 살과 피를 먹어야 산다고 가르쳤을 때 어려운 가르침이라고 불평하며 예수님을 떠나 다시는 예수님을 따르지 않았습니다. 그 주된 이유는 요한복음 1:5의 말씀처럼 "빛이

어두움에 비취되 어두움이 깨닫지 못했기" 때문입니다. 즉 그들의 영적 눈이 그 당시에 팽배한 신앙관으로 인하여 어두워졌기 때문이었습니다.

2. 영적인 눈이 가리어지면 하나님의 음성을 듣지 못합니다

하나님은 어느 시대건 하나님의 말씀과 하나님께서 보내신 선지자들을 통해 하나님의 뜻을 전하십니다. 그런데 당시의 팽배한 신앙관에 의하여 영적 분별력이 어두워지면 성경을 통해서건 하나님의 선지자를 통해서건 하나님의 음성을 듣지 못합니다. 이것이 무서운 점입니다. 예레미야 시대에도 그랬습니다.

다음의 두 구절을 읽고, 하나님께서 무엇을 통해 그 당시 유다 백성들에게 말씀하고 계셨는지를 써보십시오.

예레미야 6:16

예레미야 6:17(7:25-26 참조)

하나님은 성경을 통해서 말씀하고 계셨습니다. 여기에서 말하는 "옛적 길 곧 선한 길"은 하나님께서 그 이전에 주어진 성경을 통해 이미 말씀하신 하나님의 길을 말합니다. 만약 예레미야 시대의 유나 백성들이 그 당시까지 이미 주어졌던 성경을 올바로 이해하고 그 성경을 통해서 말씀하시는 하나님의 음성을 들었더라면 그들은 살았을 것입니다. 한 예를 들어, 신명기 30:15-20절만이라도 그들이 올바로 이해했더라면 그들은 하나님의 올바른 길로 돌이킬 수 있었을 것입니다. 또한 하나님은 그 시대에 예레미야와 같은 선지자를 보내셔서 새벽부터 부지런히 외치셨습니다(렘 7:13). 그러나 그들은 당시의 팽배한 신앙관으로 인하여 눈이 어두워져 있었기 때문에 하나님의 음성을 들을 수 없었습니다.

예수님 시대에도 마찬가지였습니다. 이미 기록된 성경이 예수님에 대해서 증거하고 있었습니다. 그리고 그 당시 유대인들은 그 성경을 열심히 연구하고 상고했습니다(요 5:39). 하나님은 또한 예수님을 통한 놀라운 권능의 역사들을 통해 예수님을 증거하고 계셨습니다(요 5:35, 요 10:37-38). 그리고 그 당시 유대인들은 그 놀라운 하나님의 역사를 눈으로 보고 직접 경험하기도 했습니다. 하나님은 침(세)례 요한과 같은 선지자를 통해서도 예수님을 증거하고 계셨습니다(요 5:33). 그러나 그 당시 너무나 많은 유대인들이 성경을 통한 하나님의 음성이나 하나님의 아들을 통한 하나님의 음성을 전혀 듣지 못했습니다. 왜냐하면 그 당시 팽배한 신앙관으로 인하여 그들의 영적인 눈이 어두워져 있었기 때문입니다.

여호와께서 이와 같이 말씀하시되 너희는 길에 서서 보며 옛적 길 곧 선한 길이 어디인지 알아보고 그리로 가라 너희 심령이 평강을 얻으리라 하나 그들의 대답이 우리는 그리로 가지 않겠노라 하였으며

(렘 6:16)

내가 또 너희 위에 파수꾼을 세웠으니 나팔 소리를 들으라 하나 그들의 대답이 우리는 듣지 않겠노라 하였도다

(렘 6:17)

3. 오늘날의 적용

저는 저의 책 『십자가의 복음』에 기록된 것과 같은 하나님의 길을 배워가면서 성도들이 도대체 이해가 되지 않는다고 불평하는 소리를 매우 많이 들었습니다. 저는 크게 낙심이 되기도 했습니다. 그러다가 저는 특히 요한복음을 보면서 예수님 시대에도 똑같은 일이 일어났던 것을 볼 수 있었습니다.

그 과정에서 저는 오늘날 많은 성도들의 신앙이 하나님의 말씀인 성경에 기초하고 있는 것이 아니라, 여러 목회자들의 설교에서 들은 내용에 기초하고 있다는 사실을 발견하게 되었습니다. 당연히 본인들은 자신의 신앙이 성경에 기초하고 있다고 생각할 것입니다. 그러나 실제로 그들의 신앙은 그동안 자신들이 신앙생활 해 오면서 여러 목회자들에게 들은 설교, 그 중에서도 특히 "자기 마음에 와 닿는 것" 위주로 형성된 가치관에 기초하고 있었습니다. 어떤 경우에는 서로 반대되는 입장의 견해들이 그들의 가치관 속에서 선별적으로 서로 공존하고 있었습니다. 그러면서 제가 그들이 가지고 있던 이해와 다른 내용을 가르치면 그들은 곧 바로 "○○○목사님은 이렇게 말하던데요." 라고 말하면서 받아들이지 않았습니다. 그들은 큰 교회를 담임하는 목회자일수록 그 목회자의 말에 더 큰 신빙성을 두었습니다. 결국 그들은 성경을 가지고 말하지 않았습니다. 그 결과, 우리 신앙의 기준과 공통분모는 성경인데, 성경을 가지고 말하는 것이 아니었기 때문에 그들과 접촉점을 찾을 수가 없었습니다. 실제로 그들은 그들의 신앙을 성경이 아니라, 사람들의 의견에 기초하고 있었습니다.

성도들은 당연히 모든 목회자의 설교를 받아들이되, 성경에 기초해서 그것을 받아들여야 할 것입니다. 그 목회자가 말하는 내용이 과연 성경의 가르침과 합한 것인가? 그 목회자가 무슨 성경적인 근거를 가지고 그렇게 주장하는가? 그리고 그 성경적인 근거는 타당한 것인가? 아니면 그 목회자가 자기 입장을 주장하기 위해 성경을 억지로 가져다 붙이는가? 이러한 점 등을 살펴서 성경적으로 합당한 내용은 받아들이되, 성경에 기초해서 그것을 받아들이고, 그렇지 않은 것은 버려야 할 것입니다. 성경에 나오는 베뢰아 성도들처럼 말입니다.

사도행전 17:10-11을 읽고 다음의 물음에 답하십시오.

베뢰아 지역에서 누가 성경을 그들에게 가르쳤습니까?

그 지역 성도들은 그 말씀을 어떤 자세로 받아들였습니까?

밤에 형제들이 곧 바울과 실라를 베뢰아로 보내니 그들이 이르러 유대인의 회당에 들어가니라 베뢰아에 있는 사람들은 데살로니가에 있는 사람들보다 더 너그러워서 간절한 마음으로 말씀을 받고 이것이 그러한가 하여 날마다 성경을 상고하므로
(행 17:10-11)

바울과 실라가 베뢰아 지역에서 하나님의 말씀을 가르쳤습니다. 우리가 아는 바대로 바울은 사도 중 가장 훌륭한 사도였습니다. 특히 그의 가르침은 누구보다 뛰어났습니다. 그런데 그러한 바울이 가르쳤음에도 불구하고, 베뢰아 지역의 성도들은 그 말이 하나님의 말씀에 합한가 하여 성경을 상고했습니다. 이것이 우리 모두가 가져야 할 자세입니다. 그런데 오늘날 많은 성도들에게 이 자세가 부족한 것이 사실인 것 같습니다.

4.하나님의 말씀이 그러하면 순종함으로 따라나서야 합니다

예수님은 요한복음에서 영적 분별력이 어두워 예수님의 말씀을 깨닫지 못하는 사람들에게 다음과 같은 말씀을 자주 하셨습니다. "사람이 하나님의 뜻을 행하려 하면 이 교훈이 하나님께로부터 왔는지 내가 스스로 말함인지 알리라"(요 7:17). "그러므로 예수께서 자기를 믿은 유대인들에게 이르시되 너희가 내 말에 거하면 참으로 내 제자가 되고 진리를 알지니 진리가 너희를 자유롭게 하리라"(요 8:31-32). 이처럼 당시의 팽배한 신앙관으로 인하여 우리의 영적인 눈이 어두워져 있을 때, 그것을 극복할 수 있는 길은 하나님의 말씀이 그러하면 순종함으로 하나님을 따라나서는 것입니다.

우리가 하나님을 따라갈 때, 절대로 처음부터 전체적인 그림이 보이지 않습니다. 하나님의 말씀은 우리 발의 등이라고 말한 것처럼(시 119:105), 하나님은 우리가 순종해야 할 한 부분씩 말씀하십니다. 그리고 우리가 순종하며 주님을 따라갈 때, 주님은 그 다음 단계를 우리에게 보이십니다. 그렇게 우리가 지속적으로 주님을 따라갈 때, 나중에는 전체적인 그림도 보입니다.

물 위로 걷는 것과 같은 경험

주님께서 저를 제가 신앙의 본질이라고 표현하는 삶으로 인도하실 때, 처음에는 마치 제가 물 위로 걷는 것처럼 느껴졌습니다. 뒤로 돌아다 보니 이미 너무 멀리 왔습니다. 하나님의 길을 몰랐으면 몰라도, 알고 나서 옛날로 돌아갈 수는 없었습니다. 그렇다고 앞으로 가자니 어디에 이르게 될지 전혀 알 수 없었습니다. 이렇게 해서 교회가 세워지기나 할지, 사람들이 교회에 오기나 할지 전혀 알 수 없었습니다. 그렇다고 가만히 있을 수도 없었습니다. 그렇게 되면 마치 물에 빠지는 것처럼 아무것도 되지 않을 것이었기 때문입니다. 그래서 저는 "징징" 울면서 하나님께서 인도하시는 대로 한 발자국씩 앞으로 나갈 수밖에 없었습니다. 그런데 그 때 제가 앞으로 한 발자국씩 나갈 수 있었던 것은 하나님의 인도하심이 분명히 성경에 합한 것이었기 때문입니다. 다시 말해서, 하나님께서 하나님의 말씀인 성경을 통해서 하나님의 길을 하나씩 분명하게 보여주고 계셨기 때문입니다. 그래서 저에게는 다른 선택의 여지가 없었습니다. 이렇게 줄기차게 주님을 따라간 지 수년이 지나자 비로소 전체적인 윤곽이 보였습니다. 그리고 전체적인 윤곽이 보인 후에는 주님을 따라가는 것이 훨씬 쉬웠습니다.

“저를 좀 믿으세요, 왜 안 믿으십니까?”

초기에 저는 제가 잘 인도하지 못했던, 그 당시 제가 담임하던 교회 성도들에게 자주 “저를 좀 믿으세요, 왜 안 믿으십니까?” 라고 말하곤 했습니다. 제 말은 그들에게 저를 믿고 제가 인도하는 대로 따라 오라는 것이었습니다. 그러나 그들은 인간적으로 저를 믿을지는 모르지만, 신앙적인 면에서 자기들이 알고 있는 그 선 너머로 한 발자국도 더 나가려고 하지 않았습니다. 그들은 자기들이 기존에 알고 있는 지식의 선에 멈추어 서서 제가 인도하는 방향의 전체적인 윤곽이 전혀 보이지 않는다고 아우성하면서 한 발자국도 떼려고 하지 않았습니다. 우리는 우리가 이미 아는 지식 너머의 것을 절대로 알 수 없습니다. 우리는 그 인도가 하나님의 말씀에 합한 것이면 순종함으로 따라 나아가야 그 진리를 경험적으로 알 수 있고, 하나님의 길을 더욱 알 수 있는 것입니다. 만약 그렇지 않으면 우리는 하나님과의 관계에서 한 발자국도 더 전진할 수 없을 것입니다.

오늘 배운 것을 복습하십시오. 오늘 배운 내용 중에서 하나님께서 당신으로 하여금 이해하고, 배우고, 실천하기 원하는 부분이나 성구를 한두 개 지적해 주시도록 기도하십시오. 그리고 난 후 다음의 질문에 답하십시오.

✣ 오늘 배운 내용 중에서 어떤 부분이나 성구가 가장 뜻있게 와 닿았습니까?

✣ 위의 부분이나 성구를 하나님께 대한 당신의 기도로 바꾸십시오.

✣ 오늘의 학습에 대한 반응으로 하나님은 당신이 무엇을 하기를 원하십니까?

이 과의 요점

- 하나님을 올바로 이해하는데 있어 이성, 즉 합리적인 사고는 중요한 요소입니다.
- 문제는 이성이 성경 위로 갈 때 발생합니다.
- 이성이 성경 위로 간 결과는 자유주의 신학입니다.
- 우리의 합리적인 사고로는 하나님의 뜻을 알 수 없습니다.

제4과 말씀과 경험

우리의 신학을 위한 마지막 출처는 개인의 경험입니다. 오늘날 계몽주의 영향으로 합리적인 사고가 중요시되는 반면, 개인의 감정이나 체험이 등한시 되는 경향이 있습니다. 그래서 일부에서는 체험을 터부시하기까지 합니다. 그러나 경험 혹은 체험은 우리 신앙에서 매우 중요한 요소입니다.

어떤 사람들은 신비한 경험을 나누는 그 자체를 신비주의로 몰아세웁니다. 그러나 그것은 옳지 않은 자세입니다. 우리 하나님은 초월적인 하나님이실 뿐 아니라, 신앙에는 많은 신비적인 요소들이 있습니다.

다음의 선지자와 사도들이 동일한 경험을 오늘날의 성도들에게 나눴다면 오늘날 많은 사람들은 그것에 대해 어떻게 반응하리라고 생각합니까?

에스겔(겔 1:1-28)
베드로(행 10:9-20)
요한(계 1:9-20)

어쩌면 오늘날 많은 교회 리더들과 일반 성도들은 그들을 신비주의니, 이단이니 하면서 몰아세울 것입니다.

경험과 체험 그 자체가 신비주의가 아닙니다. 경험이 성경 위로 갈 때, 그것이 신비주의입니다.

체험의 중요성

우리 신앙에서 체험이 얼마나 중요한 것인가는 한 가지 예만 들어보아도 쉽게 알 수 있습니다. 우리 신앙에서 가장 중요한 요소는 하나님을 아는 것입니다. 하나님을 아는 것은 우리의 구원 등 우리 신앙의 모든 면에서 필수이고, 우리가 하나님을 아는 지식 가운데 있을 때 거기에 하나님의 생명이 넘칩니다. 반대로 우리에게 하나님을 아는 지식이 없을 때, 하나님의 심판이 임합니다. 그런데 하나님을 아는 것에 있어서도 중요한 것은 하나님을 안다는 말의 의미입니다.

제1단원 1과를 간단히 복습하고 다음의 빈 칸을 채워 넣으십시오.

하나님에 관한 지식	하나님을 아는 지식
하나님에 관해서 이론적으로 아는 것, 신학적인 지식	
자서전적인 지식	저자와의 교제
교육과 공부를 통해서 습득	
신앙의 본질을 위한 수단	신앙의 본질
삶에 변화를 주지 않는다	삶에 근본적인 변화를 가져 온다

하나님을 아는 것에 포함하는 요소들
1.
2.
3. 하나님의 말씀이 우리 속에 거하는 것

답 : 인격체이신 하나님을 개인적으로 아는 것, 성령의 소명으로 습득, 하나님의 음성을 듣는 것, 하나님의 형용을 보는 것

성경에서 말하는 하나님을 아는 것은 하나님에 관해서 교리적으로, 이론적으로 아는 것을 말하는 것이 아니라, 성경이 말하는 인격체이신 하나님을 개인적으로 아는 것을 말합니다. 그리고 이렇게 하나님을 알기 위해서는 체험이 필수적인 요소입니다. 이렇게 우리의 신앙을 올바로 이해할 때, 우리는 체험이 우리 신앙에서 얼마나 중요한 요소인가를 분명하게 알 수 있을 것입니다.

| 우리 신앙은 실제입니다

또한 우리의 신앙을 올바로 이해하기 위해 가져야 할 한 가지 중요한 개념은 우리 신앙은 실제라는 것입니다. 우리 신앙은 단순한 이론이나 가르침이 아닙니다. 우리 신앙은 살아계신 하나님과 실제적으로 동행하는 실제입니다.

나는 우리 신앙의 본질을 다음과 같이 요약했습니다.

그 날에 그들 중 둘이 예루살렘에서 이십오 리 되는 엠마오라 하는 마을로 가면서 이 모든 된 일을 서로 이야기하더라 그들이 서로 이야기하며 문의할 때에 예수께서 가까이 이르러 그들과 동행하시나 그들의 눈이 가리어져서 그인 줄 알아보지 못하거늘 예수께서 이르시되 너희가 길 가면서 서로 주고받고 하는 이야기가 무엇이냐 하시니 두 사람이 슬픈 빛을 띠고 머물러 서더라 그 한 사람인 글로바라 하는 자가 대답하여 이르되 당신이 예루살렘에 체류하면서도 요즘 거기서 된 일을 혼자만 알지 못하느냐 이르시되 무슨 일이냐 이르되 나사렛 예수의 일이니 그는 하나님과 모든 백성 앞에서 말과 일에 능하신 선지자이거늘 우리 대제사장들과 관리들이 사형 판결에 넘겨주어 십자가에 못 박았느니라 우리는 이 사람이 이스라엘을 속량할 자라고 바랐노라 이뿐 아니라 이 일이 일어난 지가 사흘째요 또한 우리 중에 어떤 여자들이 우리로 놀라게 하였으니 이는 그들이 새벽에 무덤에 갔다가 그의 시체는 보지 못하고 와서 그가 살아나셨다 하는 천사들의 나타남을 보았다 함이라 또 우리와 함께 한 자 중에 두어 사람이 무덤에 가 과연 여자들이 말한 바와 같음을 보았으나 예수는 보지 못하였느니라 하거늘 이르시되 미련하고 선지자들이 말한 모든 것을 마음에 더디 믿는 자들이여 그리스도가 이런 고난을 받고 자기의 영광에 들어가야 할 것이 아니

1. 하나님과의 친밀한 교제.
    1) 하나님을 아는 것.
    2) 하나님을 사랑하는 것.
        ■ 하나님의 얼굴을 구하는 삶.
2. 하나님의 행하심을 보고 우리의 온 삶으로 동참하는 것.
    1) 전적인 순종.
    2) 온전한 신뢰.
        ■ PLO의 삶.

그런데 여기서 중요한 것은 우리 신앙은 실제라는 사실입니다. 다시 말해서 우리가 우리 신앙의 본질이 이것이라는 사실을 아는 것이 우리 신앙이 아닙니다. 물론 이 사실을 아는 것도 중요합니다. 그러나 그것은 실제로 그렇게 살기 위한 수단일 따름입니다. 만약 우리가 이 사실을 아무리 잘 알고, 또 아무리 잘 가르친다 할지라도, 우리가 실제로 그렇게 살지 않으면, 이 지식은 우리에게 아무런 의미가 없습니다. 그리고 우리는 전혀 올바른 신앙생활을 하고 있지 않는 것입니다. 이론이 실제를 대체해 버린 것, 그것이 바로 거짓 신앙체계인 율법주의입니다. 로이드 존스 목사님의 표현을 빌리자면, 죽은 정통주의입니다. 거기에는 어떠한 하나님의 생명도 없습니다.

우리의 신앙은 실제로 이 삶을 사는 것입니다. 그리고 우리가 실제로 이 삶을 살아갈 때, 우리는 하나님의 놀라운 은혜와 생명을 경험하게 될 것입니다. 하나님의 놀라운 승리가 우리의 삶 속에 넘치게 될 것입니다. 하나님의 뜻이 우리 삶 속에서 그리고 우리의 삶을 통해 놀랍게 성취될 것입니다. 이것은 우리 신앙의 모든 면에서 그렇습니다. 이처럼 우리 신앙은 실제이기 때문에 체험은 우리 신앙에서 필수적인 요소입니다.

그리고 우리의 신앙을 점검할 때도 우리는 늘 이 토대 위에서 우리 자신을 점검해야 합니다. 지금 우리 신앙은 실제라는 관점에서 자신의 신앙을 한 번 점검해 보십시오. 그리고 다음의 해당 사항에 ∨표 하십시오.

- □ 나는 신앙생활을 잘 하고 있다.
- □ 나는 전혀 올바른 신앙생활을 하고 있지 않다.
- □ 나는 중간이다.
- □ 무슨 말인지 도무지 모르겠다.

성경이 체험 위에 있어야 합니다

체험이 중요함에도 불구하고 하나님은 우리의 신앙이 우리의 체험이 아닌 철저하게 하나님의 말씀인 성경에 기초하기를 원하십니다.

이에 대한 좋은 예가 제자들에게 자신의 부활에 대해 증거하시는 부활하신 예수님의 모습입니다. 누가복음 24:13-31을 읽고, 물음에 답하십시오.

예수님의 죽음에 대해 슬퍼하며 엠마오로 내려가던 제자들 곁에 누가 동행했습니까?(15절)

예수님은 그들에게 무엇에 대해서 증거하려고 노력하셨습니까?

예수님은 무엇을 가지고 자신의 부활을 증거하려고 노력하셨습니까?(25-27절)

예수님의 죽음을 슬퍼하며 엠마오로 내려가던 두 제자들 곁에 부활하신 예수님께서 나타나셨습니다. 물론 제자들은 그분이 예수님이신 것을 알지 못했습니다. 예수님은 그들에게 자신의 부활에 대해서 증거하셨습니다. 그런데 예수님은 성경을 가지고 자신의 부활을 증거하시려고 노력하셨습니다. 부활하신 예수님께서 자신의 모습을 그들에게 분명하게 드러내시는 것보다 더 확실한 증거가 어디 있겠습니까? 그러나 예수님은 그렇게 하지 않으셨습니다. 그만큼 예수님은 우리의 신앙이 개인의 체험이 아닌 성경에 기초하기를 원하십니다.

자신의 소명을 분명하게 이해하는 사도 바울의 경우에도 마찬가지였습니다. 사도 바울은 자신이 이방인을 위한 사도인 것을 명백하게 이해하고 있었습니다(롬 11:13, 갈 2:8-9). 또한 그는 자신이 이방인을 위한 사도 중에서도 교회의 기초를 놓는 사도인 것을 알았습니다(고전 3:6, 10-11). 우리가 우리의 소명을 분명히 아는 것은 매우 중요합니다. 우리가 우리의 부르심 가운데 행할 때, 하나님의 뒷받침을 경험할 수 있기 때문입니다. 그런데 사도 바울은 놀라운 체험을 통해 자신의 소명에 대해 들었지만, 결국 성경을 기초로 해서 자신의 소명을 분명하게 이해하고 있었습니다.

사도행전 9:1-19을 읽고, 다음의 물음에 답하십시오.

예수 믿는 사람들을 잡아 가두기 위해 다메섹으로 가던 바울(사울)에게 누가 직접 나타나셨습니까?(3-5절).

예수님은 앞으로 사도 바울이 할 일을 어떻게 알리실 것이라고 하셨습니까?(6절)

냐 하시고 이에 모세와 모든 선지자의 글로 시작하여 모든 성경에 쓴 바 자기에 관한 것을 자세히 설명하시니라 그들이 가는 마을에 가까이 가매 예수는 더 가려 하는 것 같이 하시니 그들이 강권하여 이르되 우리와 함께 유하사이다 때가 저물어가고 날이 이미 기울었나이다 하니 이에 그들과 함께 유하러 들어가시니라 그들과 함께 음식 잡수실 때에 떡을 가지사 축사하시고 떼어 그들에게 주시니 그들의 눈이 밝아져 그인 줄 알아 보더니 예수는 그들에게 보이지 아니하시는지라

(눅 24:13-31)

사울이 주의 제자들에 대하여 여전히 위협과 살기가 등등하여 대제사장에게 가서 다메섹 여러 회당에 가져갈 공문을 청하니 이는 만일 그 도를 따르는 사람을 만나면 남녀를 막론하고 결박하여 예루살렘으로 잡아오려 함이라 사울이 길을 가다가 다메섹에 가까이 이르더니 홀연히 하늘로부터 빛이 그를 둘러 비추는지라 땅에 엎드러져 들으매 소리가 있어 이르시되 사울아 사울아 네가 어찌하여 나를 박해하느냐 하시거늘 대답하되 주여 누구시니이까 이르시되 나는 네가 박해하는 예수라 너는 일어나 시내로 들어가라 네가 행할 것을 네게 이를 자가 있느니라 하시니 같이 가던 사람들은 소리만 듣고 아무도 보지 못하여 말을 못하고 서 있더라 사울이 땅에서 일어나 눈은 떴으

나 아무 것도 보지 못하고 사람의 손에 끌려 다메섹으로 들어가서 사흘 동안 보지 못하고 먹지도 마시지도 아니하니라 그 때에 다메섹에 아나니아라 하는 제자가 있더니 주께서 환상 중에 불러 이르시되 아나니아야 하시거늘 대답하되 주여 내가 여기 있나이다 하니 주께서 이르시되 일어나 직가라 하는 거리로 가서 유다의 집에서 다소 사람 사울이라 하는 사람을 찾으라 그가 기도하는 중이니라 그가 아나니아라 하는 사람이 들어와서 자기에게 안수하여 다시 보게 하는 것을 보았느니라 하시거늘 아나니아가 대답하되 주여 이 사람에 대하여 내가 여러 사람에게 듣사온즉 그가 예루살렘에서 주의 성도에게 적지 않은 해를 끼쳤다 하더니 여기서도 주의 이름을 부르는 모든 사람을 결박할 권한을 대제사장들에게서 받았나이다 하거늘 주께서 이르시되 가라 이 사람은 내 이름을 이방인과 임금들과 이스라엘 자손들에게 전하기 위하여 택한 나의 그릇이라 그가 내 이름을 위하여 얼마나 고난을 받아야 할 것을 내가 그에게 보이리라 하시니 아나니아가 떠나 그 집에 들어가서 그에게 안수하여 이르되 형제 사울아 주 곧 네가 오는 길에서 나타나셨던 예수께서 나를 보내어 너로 다시 보게 하시고 성령으로 충만하게 하신다 하니 즉시 사울의 눈에서 비늘 같은 것이 벗어져 다시 보게 된지라 일어나 세례를 받고 음식을 먹으매 강건하여지니라 사울이

예수님은 바울에게 또한 환상을 통해 무엇을 보여주셨습니까?(12절)

예수님은 다메섹의 아나니아라는 제자에게 어떻게 나타나셔서 무엇을 하라고 말씀하셨습니까?(10-11절)

예수님은 바울의 소명과 관련하여 아나니아에게 무엇이라고 말씀하셨습니까?(15-16절)

아나니아가 바울을 찾아가서 기도해주면서 무엇이라고 말했습니까?(17절)

바울의 소명과 관련해서 그 때 예수님께서 직접 바울에게 말씀하신 것은 무엇이었습니까?(행 26:16-18)

바울이 직접 쓴 글에 의하면, 그는 궁극적으로 무엇에 기초하여 자신의 소명을 이해하고 있습니까?(행 13:46-47)

바울은 참으로 극적으로 구원뿐 아니라, 그의 소명을 받았습니다. 예수 믿는 하나님의 교회를 핍박하던 그에게 부활하신 예수님께서 정오의 태양보다 더 강한 영광의 빛으로 바울에게 직접 나타나셨습니다. 바울은 그 영광의 빛에 의해 눈이 멀어 볼 수 없게 되었습니다. 그러한 바울에게 예수님은 자신이 누구인가를 알리실 뿐 아니라, 그가 앞으로 하게 될 일을 직접 알리셨습니다. 또한 그 소명을 다른 사람을 통해서도 알리실 것이라고 말씀하셨습니다. 그리고 예수님은 그에게 환상을 통해서 아나니아라는 사람이 와서 그를 위해 기도해줌으로써 그가 치유되는 것을 보여주셨습니다. 이제 예수님은 환상을 통해 아나니아에게 나타나셨습니다. 그리고 바울이 있는 위치와 장소 그리고 그의 상태를 정확하게 말씀해주셨습니다. 그리고 바울이 앞으로 예수님을 위해 어떤 일을 하게 될 것인지도 정확하게 말씀해 주셨습니다. 그 내용은 예수님께서 직접 바울에게 하신 말씀과 동일한 맥락의 것이었습니다. 아나니아는 예수님의 명령을 따라 바울이 있는 곳으로 찾아가 그를 위해 기도해 주었습니다. 아나니아는 바울이 말하지도 않았는데, 이미 그가 오는 도중에 예수님을 만났다는 사실을 알고 있었습니다. 그리고 바울에게 보여주신 환상대로 아나니아가 그를 위해 기도해 줄 때 그의 눈에서 비늘 같은 것이 떨어지고 그는 다시 보게 되었습니다. 이 얼마나 극적인 장면들입니까! 참으로 놀라운

하나님의 주권적인 역사입니다. 그런데 이렇게 구원을 받을 뿐 아니라, 그의 소명을 처음부터 알게 된 사도 바울도 궁극적으로 성경에 기초하여 자신의 소명을 분명하게 이해하고 있는 것을 볼 수 있습니다. 우리의 모든 신앙은 그만큼 철저하게 하나님의 말씀인 성경에 기초해야 합니다.

말씀의 중요성은 여호수아 1장에도 뚜렷하게 나와 있습니다. 여호수아 1장 이전의 여호수아는 그 당시 모세를 제외하고는 누구보다 그 놀라운 하나님의 역사들을 가장 가까이서 경험하였습니다. 그런데 하나님은 그러한 여호수아에게 그토록 말씀을 강조하셨던 것입니다.

경험을 성경에 기초하는 삶

우리 신앙생활에서 체험이 매우 중요함에도 불구하고, 그것이 말씀보다 앞서면 그 결과는 심각합니다. 그것이 바로 신비주의입니다. 그리고 신비주의는 잘못된 것입니다.

체험을 중요시 하는 사람들이 범하기 쉬운 잘못이 있습니다. 첫째 성경을 소홀히 하는 것입니다. 이런 사람들은 자기가 체험한 것만을 신뢰하고, 모든 성경을 자기가 체험한 것에 가져다 맞춥니다. 둘째 영적인 지도자들의 조언을 소홀히 합니다. 그들은 소위 자기가 들은 하나님의 음성만을 신뢰하고, 영적 지도자들의 가르침이나 권면을 받아들이려고 하지 않습니다. 그러한 사람들은 필연적으로 미혹됩니다. 그러므로 우리는 우리의 체험을 철저하게 성경에 기초하는 삶을 살아야 합니다.

1. 성경이 경험을 검증합니다

우리의 모든 경험은 성경에 의해 검증되어야 합니다.

베드로후서 1:16-21을 읽고 다음의 물음에 답하십시오.

베드로는 여기서 변화산에서의 경험을 이야기하고 있습니다. 그곳에서 어떤 일들이 일어났었는지 간단히 써보십시오(마 17:1-5 참조).

베드로가 19절에서 말한 "더 확실한 예언"은 무엇을 의미합니까?

변화산에서 베드로는 예수님께서 부활의 몸으로 변화되시는 것을 보았습니다. 엘리야와 모세가 나타나서 예수님과 대화하는 것을 보았습니다. 하나님의 영광의

다메섹에 있는 제자들과 함께 며칠 있을새
(행 9:1-19)

일어나 너의 발로 서라 내가 네게 나타난 것은 곧 네가 나를 본 일과 장차 내가 네게 나타날 일에 너로 종과 증인을 삼으려 함이니 이스라엘과 이방인들에게서 내가 너를 구원하여 그들에게 보내어 그 눈을 뜨게 하여 어둠에서 빛으로, 사탄의 권세에서 하나님께로 돌아오게 하고 죄 사함과 나를 믿어 거룩하게 된 무리 가운데서 기업을 얻게 하리라 하더이다
(행 26:16-18)

바울과 바나바가 담대히 말하여 이르되 하나님의 말씀을 마땅히 먼저 너희에게 전할 것이로되 너희가 그것을 버리고 영생을 얻기에 합당하지 않은 자로 자처하기로 우리가 이방인에게로 향하노라 주께서 이같이 우리에게 명하시되 내가 너를 이방의 빛으로 삼아 너로 땅 끝까지 구원하게 하리라 하셨느니라 하니
(행 13:46-47)

우리 주 예수 그리스도의 능력과 강림하심을 너희에게 알게 한 것이 교묘히 만든 이야기를 따른 것이 아니요 우리는 그의 크신 위엄을 친히 본 자라 지극히 큰 영광 중에서 이러한 소리가 그에게 나기를 이는 내 사랑하는 아들이요 내 기뻐하는 자라 하실 때에 그가 하나님 아버지께

임재가 그 산을 가득 채우는 것을 보았습니다. 그리고 하늘로부터 하나님의 음성이 들려서 예수님을 증거하시는 것을 들었습니다. 이것을 혼자만 보고 들은 것이 아니라, 야고보와 요한과 함께 보고 들었습니다. 이 얼마나 놀라운 체험입니까? 베드로가 한 체험에 비하면 오늘날 대부분의 우리들이 하는 체험은 아무것도 아닐 것입니다. 그런데 베드로는 그것보다 더 확실한 예언이 있으니, 그것이 바로 성경이라고 말합니다. 이처럼 성경은 그 어떤 체험보다 더 확실한 예언입니다. 그러므로 우리는 모든 체험을 성경에 비추어보아야 합니다.

또한 우리의 경험을 성경적인 지식으로 잘 무장되어 있을 뿐 아니라, 하나님과의 관계 등 영적으로 성숙한 지도자들의 조언을 참고하여 올바로 이해하도록 노력해야 합니다. 우리가 경험한 것이 실제로 하나님께로부터 온 것이라 할지라도, 그것을 이해하고 받아들이는 것은 우리가 가지고 있는 가치관과 신앙관을 통해서이기 때문입니다. 그래서 우리가 가지고 있는 신앙관과 가치관이 잘못되어 있으면, 우리는 하나님께서 의도하신 것과 전혀 다르게, 심지어 정반대로 그 경험을 이해하고 받아들일 수 있기 때문입니다.

존귀와 영광을 받으셨느니라 이 소리는 우리가 그와 함께 거룩한 산에 있을 때에 하늘로부터 난 것을 들은 것이라 또 우리에게는 더 확실한 예언이 있어 어두운 데를 비추는 등불과 같으니 날이 새어 샛별이 너희 마음에 떠오르기까지 너희가 이것을 주의하는 것이 옳으니라 먼저 알 것은 성경의 모든 예언은 사사로이 풀 것이 아니니 예언은 언제든지 사람의 뜻으로 낸 것이 아니요 오직 성령의 감동하심을 받은 사람들이 하나님께 받아 말한 것임이라
(벧후 1:16-21)

이에 대한 좋은 예 또한 베드로의 삶에서 찾아볼 수 있습니다. 사도행전 10장을 읽고 다음의 물음에 답하십시오.

베드로가 이 말을 할 때에 성령이 말씀 듣는 모든 사람에게 내려오시니 베드로와 함께 온 할례 받은 신자들이 이방인들에게도 성령 부어 주심으로 말미암아 놀라니
(행 10:44-45)

베드로가 고넬료의 집에 가게 된 경위를 간단히 써보십시오.

베드로가 그곳에 가서 예수님을 전했을 때, 어떤 일이 일어났습니까?(44-45절 참조).

사도행전 11:1-18에 의하면, 베드로는 그 경험을 가지고 누구 앞에 섭니까?

베드로가 고넬료의 집에 가게 된 것은 강권적인 하나님의 인도하심에 의해서였습니다. 하나님께서 베드로에게 환상을 통해 세 번씩이나 말씀하실 뿐 아니라, 하늘에서 직접적인 음성으로 말씀하셨습니다. 또한 성령의 감동으로 베드로에게 말씀하셨습니다. 고넬료에게는 하나님께서 천사를 보내서 하나님의 의도를 알려주셨습니다. 그리고 베드로가 고넬료의 집에 들어가서 예수님을 전할 때에 성령께서 오순절날 마가의 다락방에 임하신 것처럼 그곳에 있던 모든 사람들에게 임하셨습니다. 베드로는 사도 중의 사도였습니다. 그러한 베드로가 이토록 놀라운 하나님의 인도를 따라 고넬료의 집에 갔고, 놀라운 하나님의 뒷받침이 있었음에도 불구하고, 베드로는 자신의 경험을 가지고 예루살렘 교회 앞에 섰습니다.

2. 성경을 토대로 하나님께 나아가야 합니다

지속적으로 하나님의 얼굴을 구하는 삶에 대해 복습하십시오. (7단원 4과 참조)

우리가 하나님께 나아갈 때, 반드시 하나님은 성경이 말씀하신 그대로의 하나님임을 신뢰하고 나아가야 합니다. 우리를 향한 그분의 사랑, 그분의 열정, 그분이 우리의 아버지 되심, 그분의 신실함과 긍휼, 은혜와 용서 등을 신뢰하고 나아가야 합니다.

만약 하나님을 더욱 알기 원하고 구하면서, 하나님을 신뢰하고 나아가지 않으면 우리는 파괴적인 자성 내지는 파괴적인 강박관념에 빠질 수 있습니다.

3. 성경이 말하는 삶의 실제를 경험하기를 추구해야 합니다

우리 신앙은 단순한 교리나 이론이 아니라, 실제입니다. 그러므로 우리는 성경이 말하는 그 삶을 실제로 살고 경험하기를 추구해야 합니다. 만약 우리가 하나님과 하나님의 목적과 하나님의 길에 대해서 이론적으로 혹은 교리적으로 아무리 많이 안다 할지라도 실제로 그 삶을 살고 있지 않으면 우리는 전혀 신앙생활 하고 있지 않는 것입니다. 그리고 그 모든 지식들은 하나님 앞에서 아무런 의미가 없습니다. 그 지식들은 그 삶을 살기 위한 수단이기 때문입니다.

우리 신앙은 실제라는 관점에서 위에서 점검한 당신의 신앙은 어떠했습니까? 이제 당신은 당신이 알고 있는 그 많은 성경적인 지식대로 살기 위해 고민하면서 발을 내디뎌야 합니다. 어쩌면 당신은 성경적인 지식의 면에서는 대학원생 수준이지만, 실제 삶의 면에서는 유치원생일지 모릅니다. 지금부터 가장 기본적인 부분부터, 다시 말해서 유치원 수준부터 실제로 그대로 살기 위해 시작해야 합니다. 만약 그렇게 시작하지 않는다면, 당신은 하나님과 동행하면서 하나님의 생명이 넘치는 삶을 살 수 없을 것입니다. 그리고 막상 그렇게 시작하려고 하면 당신은 하나님의 길에 대해 여태까지 많이 알았다고 생각했었는데, 실제로는 전혀 알지 못하고 있는 자신의 모습을 발견할 것입니다.

하나님께서 말씀하시는 삶을 실제로 살고 경험하기 위해 중요한 요소 중 하나는 애통하는 마음입니다. 성경이 말하는 삶과 내가 실제로 살고 있는 삶 사이에 있는 큰 간격을 발견하고 그리고 내 스스로의 자원과 노력으로 그 삶을 살 수 없는 자신의 모습을 발견하고, 그 삶을 살기 위해 필요한 하나님의 은혜와 도움과 성령의 충만함과 하나님의 얼굴을 간절히 구하여 하나님 앞에 서는 애통함입니다. 만약 오늘 당신에게 이 애통함이 없다면 당신의 신앙은 근본적으로 옳지 않은 상태에 있습니다. 하나님은 이러한 애통함을 가지고 하나님 앞에 서는 자를 기뻐하십니다(사 57:15, 66:2, 마 5:4, 6). 그리고 그러한 자들에게 은혜를 주셔서 실제로 하나님과 동행하는 삶으로 하나하나 세워가십니다.

오늘 배운 것을 복습하십시오. 오늘 배운 내용 중에서 하나님께서 당신으로 하여금 이해하고, 배우고, 실천하기 원하는 부분이나 성구를 한두 개 지적해 주시도록 기도하십시오. 그리고 난 후 다음의 질문에 답하십시오.

✣ 오늘 배운 내용 중에서 어떤 부분이나 성구가 가장 뜻있게 와 닿았습니까?

✣ 위의 부분이나 성구를 하나님께 대한 당신의 기도로 바꾸십시오.

✣ 오늘의 학습에 대한 반응으로 하나님은 당신이 무엇을 하기를 원하십니까?

이 과의 요점

- 신학을 위한 마지막 출처는 경험입니다.
- 경험은 우리의 신앙생활에서 중요한 요소입니다.
- 우리의 신앙은 실제입니다.
- 경험이 성경 위로 가면 신비주의 신앙이 됩니다.
- 우리는 우리의 모든 경험을 성경에 비추어 보아야 합니다.
- 우리는 성경이 말하는 삶의 실제를 경험하기를 추구해야 합니다.

제 10단원

성령에 의한 삶

Power of the Cross

제1과 신약의 삶

우리의 신앙을 그림으로 요약하면 다음과 같습니다.

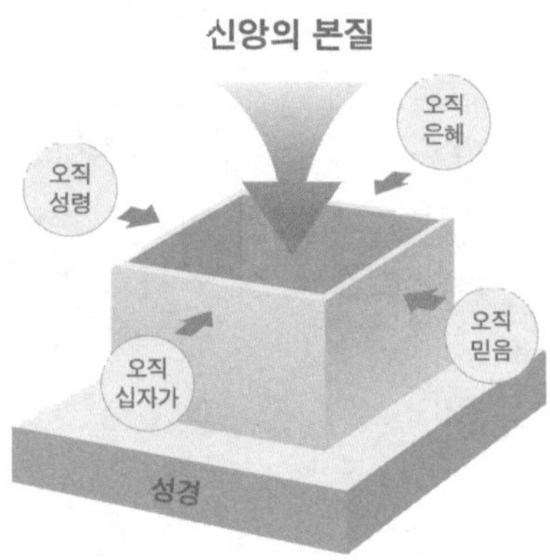

우선 우리 신앙은 말씀에 기초한 삶입니다. 성경은 하나님의 말씀으로 우리의 신앙과 사역과 삶을 위한 하나님의 기준을 담고 있습니다. 그러므로 우리의 모든 신앙은 철저하게 하나님의 말씀 위에 세워져야 합니다.

우리 신앙은 하나님의 말씀의 토대 위에서 네 가지 특징을 가지고 있습니다. 그 특징들은 오직 성령에 의한 삶, 오직 은혜에 의한 삶, 오직 십자가에 의한 삶, 그리고 오직 믿음에 의한 삶입니다. 그런데 이 네 가지 특징들은 각기 별개가 아닙니다. 한 사각형의 네 면처럼, 한 신앙을 이루는 네 가지 특징으로서 서로 깊은 관계가 있습니다. 그래서 이 네 가지 특징 중 한 가지 삶이 가능하려면, 다른 세 가지의 삶이 이루어져야 합니다. 그 중 하나가 없으면, 다른 하나도 없습니다.

이 네 가지 특징들은 우리 신앙을 이루는 필수적인 요소들이지만, 그 자체가 목적이 아닙니다. 그것들은 신앙의 본질을 담는 그릇과 같습니다. 그래서 오직 성령에 의한 삶, 오직 은혜에 의한 삶, 오직 십자가에 의한 삶, 그리고 오직 믿음에 의한 삶은 우리 신앙의 본질인 하나님을 알고 사랑하며, 하나님의 행하심을 보고 온 삶으로 동참하는 삶을 위한 수단입니다.

"말씀, 말씀"

다음의 말 중 옳은 것에 ∨표 하십시오.

- □ 성경은 하나님의 말씀이다.
- □ 성경은 우리의 신앙과 삶과 사역을 위한 하나님의 기준을 담고 있다.
- □ 성경을 잘 연구하여 우리의 삶 속에 잘 적용하는 것이 중요하다.
- □ 우리의 신앙 생활은 성경을 잘 연구하여 최선을 다해 그것을 우리의 삶에 잘 적용하는 것이다.

언뜻 보기에는 네 개가 다 맞는 말 같습니다. 그러나 마지막 문장은 틀린 말입니다.

어떤 사람들은 소위 "말씀, 말씀"만을 강조합니다. 그리고 그 말씀이라는 단어에 강한 엑센트를 넣어서 말합니다. 그들은 이렇게 말합니다. "하나님의 뜻을 담고 있는 하나님의 말씀인 성경이 여기에 있다. 그러므로 우리는 이 성경을 잘 연구해서 그것을 우리의 삶에 잘 적용하면 된다. 우리는 그 이상 아무 것도 필요하지 않다."

성경이 하나님의 말씀인 것은 분명히 맞습니다. 성경이 우리의 신앙과 사역과 삶의 기준을 담고 있는 것도 맞습니다. 그러므로 성경을 잘 연구하여 그것을 우리 삶에 잘 적용해야 하는 것도 맞습니다. 그러나 우리의 신앙생활이 그저 성경을 잘 연구하여 그것을 우리의 삶에 잘 적용하는 것이라는 말은 틀립니다.

우리의 신앙생활은 전적으로 성령에 의한 삶입니다. 우리의 신앙은 당연히 하나님의 말씀에 기초해야 합니다. 그래서 무엇이 성령의 역사인지 혹은 성령의 역사가 아닌지도 하나님의 말씀에 나오는 기준을 통해 분별할 수 있습니다. 그러나 그럼에도 불구하고 우리 신앙은 단순하게 말씀에 의한 삶이 아니라, 말씀에 기초한 성령에 의한 삶입니다.

우리의 신앙이 오직 성령에 의한 삶인 것은 구약의 삶과 신약의 삶을 대조해 보면 확실히 알 수 있습니다.

구약의 삶 : 문자에 의한 삶

하나님의 말씀인 성경을 잘 연구하여 그것을 우리의 삶에 우리의 최선을 다해 적용하는 것, 특히 그렇게 함으로써 하나님 앞에 의롭게 서려고 했던 것, 그것이 바로 구약의 삶이었습니다.

그가 또한 우리를 새 언약의 일꾼 되기에 만족하게 하셨으니 율법 조문으로 하지 아니하고 오직 영으로 함이니 율법 조문은 죽이는 것이요 영은 살리는 것이니라

(고후 3:6)

이제는 우리가 얽매였던 것에 대하여 죽었으므로 율법에서 벗어났으니 이러므로 우리가 영의 새로운 것으로 섬길 것이요 율법 조문의 묵은 것으로 아니할지니라

(롬 7:6)

여호와의 말씀이니라 보라 날이 이르리니 내가 이스라엘 집과 유다 집에 새 언약을 맺으리라 이 언약은 내가 그들의 조상들의 손을 잡고 애굽 땅에서 인도하여 내던 날에 맺은 것과 같지 아니할 것은 내가 그들의 남편이 되었어도 그들이 내 언약을 깨뜨렸음이라 여호와의 말씀이니라 그러나 그 날 후에 내가 이스라엘 집과 맺을 언약은 이러하니 곧 내가 나의 법을 그들의 속에 두며 그들의 마음에 기록하여 나는 그들의 하나님이 되고 그들은 내 백성이 될 것이라 여호와의 말씀이니라 그들이 다시는 각기 이웃과 형제를 가리켜 이르기를 너는 여호와를 알라 하지 아니하리니 이는 작은 자로부터 큰 자까지 다 나를 알기 때문이라 내가 그들의 악행을 사하고 다시는 그 죄를 기억하지 아니하리라 여호와의 말씀이니라

(렘 31:31–34)

고린도후서 3:6을 읽고, 빈칸을 채우십시오.

"그가 또한 우리를 새 언약의 일꾼 되기에 만족하게 하셨으니 (　　　　　　　)으로 하지 아니하고 오직 (　　　) 으로 함이니 (　　　　　　　)은 죽이는 것이요 (　　　)은 살리는 것이니라."

여기에서 율법 조문은 무엇을 가리킬까요?(롬 7:6 참조)

답 : 율법 조문, 영, 율법 조문, 영. 여기에서 영은 모두 성령이라고도 번역할 수 있는 단어들입니다. NIV 영어성경은 실제적으로 모두 성령이라고 번역하고 있습니다. 그리고 여기에서 율법 조문은 문자라는 말로서 구약을 가리킵니다. 로마서 7:6과 대조하여 보면, 선명하게 알 수 있습니다. 보십시오. 말씀을 잘 연구하여 최선을 다해 그대로 살려고 노력하는 것, 그것이 바로 문자에 의한 삶이며, 그것이 구약의 삶입니다.

| 구약은 실패했습니다

우리가 잘 알다시피 구약은 이미 실패했습니다. 그래서 하나님은 이미 구약에서부터 새 언약을 세우실 것을 약속하고 계십니다.

예레미야 31:31–34을 읽고, 다음의 물음에 답하시오.

"내가 그들의 열조의 손을 잡고 애굽 땅에서 인도하여 내던 날에 세운 것"(32절)은 어떤 언약을 가리킵니까?

하나님은 이스라엘 백성들에게 어떤 관계가 되셨다고 말씀하십니까?(32절)

그런데 이스라엘 백성들이 그 언약을 어떻게 했습니까?(32절)

여기에서 말하는 언약은 구약을 가리킵니다. 그 언약에서 하나님은 그들의 남편이 되셨습니다. 그만큼 하나님은 그들에게 가까이 오셨습니다. 그러나 이스라엘 백성들은 그 언약을 파하였습니다. 이처럼 구약은 실패했습니다. 그래서 하나님은 새 언약을 세우실 것을 말씀하고 계십니다.

| 구약이 실패한 이유

그럼 왜 구약이 실패했습니까? 구약이 실패한 이유는 하나님의 말씀에 있지 않았습니다. 하나님의 말씀은 온전하고 거룩합니다. 문제는 사람에게 있었습니다. 사람이 타락하여, 하나님의 말씀대로 다 살아 그것을 가지고 하나님 앞에 설 수 있는 능력을 가지고 있지 않았습니다. 로마서 7장은 이 점을 우리에게 잘 보여주고 있습니다.

고린도후서 3:6에서 율법 조문은 사람을 어떻게 하는 것이라고 말하고 있습니까?

로마서 7:12은 하나님의 말씀을 어떻게 표현하고 있습니까?

로마서 7:10-14은 왜 거룩한 하나님의 말씀이 우리에게 사망이 되었다고 말하고 있습니까?

생명에 이르게 할 그 계명이 내게 대하여 도리어 사망에 이르게 하는 것이 되었도다 죄가 기회를 타서 계명으로 말미암아 나를 속이고 그것으로 나를 죽였는지라 이로 보건대 율법은 거룩하고 계명도 거룩하고 의로우며 선하도다 그런즉 선한 것이 내게 사망이 되었느냐 그럴 수 없느니라 오직 죄가 죄로 드러나기 위하여 선한 그것으로 말미암아 나를 죽게 만들었으니 이는 계명으로 말미암아 죄로 심히 죄 되게 하려 함이라 우리가 율법은 신령한 줄 알거니와 나는 육신에 속하여 죄 아래에 팔렸도다
(롬 7:10-14)

고린도후서 3:6의 율법 조문은 구약의 삶을 가리킵니다. 그런데 그 문자는 우리에게 죽음을 가져왔습니다. 하나님의 말씀에 문제가 있어서가 아닙니다. 하나님의 말씀은 거룩하고 의롭습니다. 문제는 인간에게 있었습니다. 인간이 타락하여 그 속에 선한 것이 없기 때문에, 하나님의 말씀을 나 지킬 수 없었던 것입니다. 그래서 그 말씀을 지키는 것으로 하나님 앞에 서려고 했을 때, 생명을 가져오기로 되어 있었던 하나님의 말씀이 오히려 사람들에게 죽음을 가져 왔던 것입니다.

그러므로 하나님의 말씀을 잘 연구하여 최선을 다해 우리 힘으로 그대로 살려고 노력하는 것, 그것은 구약의 삶입니다. 그리고 반드시 실패하게 되어 있습니다. 바리새인들처럼 정해놓은 몇 가지 규칙들을 지킬 수 있을지 몰라도, 절대로 중심에서부터 근본적으로 변화될 수 없습니다. 그 이유는 한마디로 말해서 우리에게 그렇게 살아갈 수 있는 능력이 없기 때문입니다. 만약 우리들이 우리 스스로의 힘으로 하나님의 말씀을 다 지킬 수 있었다면, 예수님의 십자가가 전혀 필요하지 않았을 것입니다. 그런데 오늘날 많은 성도들은 신약시대에 살고 있으면서도 구약의 삶을 살려고 노력합니다. 즉, 이미 실패한 삶을 살려고 노력합니다.

신약의 삶 : 성령에 의한 삶

구약이 말씀에 의한 삶이라면, 신약은 성령에 의한 삶입니다.

고린도후서 3:6을 다시 한 번 읽고, 다음의 물음에 답하시오.

신약의 특징을 한마디로 어떻게 표현하고 있습니까?

성령은 사람을 어떻게 합니까?

사도 바울은 새 언약의 특징을 한마디로 성령에 의한 삶이라고 말하고 있습니다. 여기에서 영은 성령을 가리킵니다. 그래서 NIV 영어성경은 그렇게 번역하고 있습니다. 특히 이 구절은 구약의 삶과 신약의 삶을 대조하고 있는 구절입니다. 그래서 구약이 문자에 의한 삶으로서 실패한 삶이라면, 신약은 성령에 의한 삶으로서 사는 삶입니다. 성령은 사람을 살리기 때문입니다.

신약의 삶은 철저하게 성령에 의한 삶입니다. 그러므로 세계적인 성서학자인 F. F. 부르스는 이렇게 말했습니다. *"그리스도의 부활과 기독교인의 부활 사이의 현재 시간은 성령의 시대이다"*(New Century Bible Commentary, 고후 1:22 주석).

| 사람이 할 수 없는 것을 성령이 하게 하십니다

그러나 그 날 후에 내가 이스라엘 집과 맺을 언약은 이러하니 곧 내가 나의 법을 그들의 속에 두며 그들의 마음에 기록하여 나는 그들의 하나님이 되고 그들은 내 백성이 될 것이라 여호와의 말씀이니라 (렘 31:33)

예레미야 31:33은 새 언약(신약)의 특징으로서 하나님은 하나님의 법을 하나님의 백성들 어디에 기록할 것이라고 말하고 있습니까?

우리를 너희와 함께 그리스도 안에서 굳건하게 하시고 우리에게 기름을 부으신 이는 하나님이시니 그가 또한 우리에게 인치시고 보증으로 우리 마음에 성령을 주셨느니라 (고후 1:21-22)

고린도후서 1:21-22에 의하면, 우리를 그리스도 안에서 세우시는 분이 누구입니까?

이를 위해 하나님은 어떤 일을 하셨습니까?

답: 마음에, 하나님, 성령을 우리 속에 주셨다.

우리는 그리스도 안에 서는 것이 우리의 결단과 노력 등 우리 자신에게 달려 있다고 생각합니다. 그러나 성경은 그렇게 말하고 있지 않습니다. 성경은 그것이 하나님의 일이라고 말하고 있습니다. 그렇습니다. 우리를 그리스도 안에서 세우시는 분은 하나님이십니다. 우리의 구원은 칭의, 성화, 그리고 영화의 세 가지 측면을 가지고 있습니다. 칭의는 예수님을 구주로 영접하는 순간 하나님의 앞에서 의롭게 되어 하나님의 자녀가 되는 것을 말하고, 성화는 그리스도의 형상으로 변화되는 것을 말하고, 영화는 주님이 다시 오실 때 영화로운 몸으로 변화되어 그 분 앞에 서는 것을 말합니다. 그런데 구원의 세 가지 측면 모두 전적으로 하나님의 일입니다. 그것은 우리의 일이 아닙니다. 그것들을 우리 힘으로 이루려고 애쓸 때, 그것은 율법주의이며, 실패할 수밖에 없습니다.

칭의와 영화에 대해서는 그것이 하나님의 일이라는 것을 우리가 잘 압니다. 그러나 많은 사람들이 성화는 우리의 일이라고 생각합니다. 그러나 그렇지 않습니다. 우리가 앞에서 살펴본 것처럼 성화 또한 하나님의 일입니다. 성령의 일입니다.

그리고 하나님은 우리 안에서 이 일을 이루시기 위해 우리에게 성령으로 기름 부으시고, 우리 속에 성령을 주셨습니다. 그래서 성령께서 우리 속에서 칭의, 성화, 그리고 영화의 모든 과정을 이루어 가십니다. 다시 말해서, 우리의 거듭남에서부터 영화까지 우리의 모든 신앙 생활은 전적으로 성령께서 이루시는 삶입니다.

이렇게 볼 때, 구약에서 새 언약의 특징으로서 하나님의 법을 우리 속에 두며, 우리 마음에 기록할 것이라고 하신 것은 우리 속에 성령을 주실 것이라는 뜻이었던 것을 알 수 있습니다.

성령님과 동행하는 삶이 관건입니다

우리의 모든 신앙생활은 전적으로 성령께서 이루십니다. 그러나 우리의 협조가 필수적입니다. 우리의 신앙생활은 자동적으로 이루어지는 것이 아닙니다. 우리들이 성령께 민감하여 그분의 인도에 순종하는 삶을 살 때, 성령께서 우리 안에서, 그리고 우리를 통해서 하나님의 뜻을 이루십니다. 그러므로 성령님과 동행하는 삶이 관건입니다.

갈라디아서 5:16-26을 읽고, 다음의 물음에 답하십시오.

성경은 육신의 삶을 이기기 위해 어떤 삶을 살아야 한다고 권면하고 있습니까?(16절)

우리의 육신의 정욕을 근본적으로 해결하신 사건은 무엇입니까?(24절)

거듭난 성도의 삶으로서 성경은 어떤 삶을 권하고 있습니까?

에베소서 4:30은 성령에 대해서 무엇을 경고하고 있습니까?

내가 이르노니 너희는 성령을 따라 행하라 그리하면 육체의 욕심을 이루지 아니하리라 육체의 소욕은 성령을 거스르고 성령은 육체를 거스르나니 이 둘이 서로 대적함으로 너희가 원하는 것을 하지 못하게 하려 함이니라 너희가 만일 성령의 인도하시는 바가 되면 율법 아래에 있지 아니하리라 육체의 일은 분명하니 곧 음행과 더러운 것과 호색과 우상숭배와 주술과 원수 맺는 것과 분쟁과 시기와 분냄과 당 짓는 것과 분열함과 이단과 투기와 술 취함과 방탕함과 또 그와 같은 것들이라 전에 너희에게 경계한 것 같이 경계하노니 이런 일을 하는 자들은 하나님의 나라를 유업으로 받지 못할 것이요 오직 성령의 열매는 사랑과 희락과 화평과 오래 참음과 자비와 양선과 충성과 온유와 절제니 이같은 것을 금지할 법이 없느니라 그리스도 예수의 사람들은 육체와 함께 그 정욕과 탐심을 십자가에 못 박았느니라 만일 우리가 성령으로 살면 또한 성령으로 행할지니 헛된 영광을 구하여 서로 노엽게 하거나 서로 투기하지 말지니라
(갈 5:16-26)

하나님의 성령을 근심하게 하지 말라 그 안에서 너희가 구원의 날까지 인치심을 받았느니라
(엡 4:30)

우리로 하여금 육신의 정욕을 이기게 하기 위해 하나님께서 취하신 근본적인 조치는 우리의 옛 사람을 그 정욕과 함께 예수님의 십자가 위에서 함께 멸하신 것입니다(롬 6:3, 6). 그러므로 이제 우리가 할 일은 예수님의 십자가의 공로를 믿음으로 의지하여 서는 것과 성령을 좇아 행하는 것입니다.

성령과 육신은 서로 싸우기 때문에 우리들이 성령을 좇아 행하면, 육신을 이길 수 있습니다. 특히 성경은 거듭난 성도들의 삶을 성령님과 동행하는 삶으로 표현하고 있습니다. 여기에서 성령으로 행한다는 말은 성령님과 함께 걷는 것, 즉 동행하는 것을 의미합니다.

우리가 살펴 본 것처럼, 우리가 할 수 없는 것을 하나님께서 우리 안에서 이루시기 위해서 우리를 성령으로 인치셨습니다. 그 성령님이 우리를 구속의 날, 곧 영화의 날까지 인도하실 것입니다. 그런데 만약 우리들이 우리 안에 계신 성령님을 반복적으로 근심케 하면, 우리는 이제 우리 스스로의 힘만으로 그 날에 이르도록 수고해야 할 것입니다. 그리고 그 결과는 파멸이 될 것입니다. 그러므로 성경은 감히 성령을 근심케 하지 말라고 강하게 경고하고 있습니다.

예수님은 승천하시면서 우리에게 책을 한 권 남겨두고 가신 것이 아닙니다. 그분은 우리에게 다른 보혜사이신 성령님을 보내주셨습니다.

오늘 배운 것을 복습하십시오. 오늘 배운 내용 중에서 하나님께서 당신으로 하여금 이해하고, 배우고, 실천하기 원하는 부분이나 성구를 한두 개 지적해 주시도록 기도하십시오. 그리고 난 후 다음의 질문에 답하십시오.

✣ 오늘 배운 내용 중에서 어떤 부분이나 성구가 가장 뜻있게 와 닿았습니까?

✣ 위의 부분이나 성구를 하나님께 대한 당신의 기도로 바꾸십시오.

✣ 오늘의 학습에 대한 반응으로 하나님은 당신이 무엇을 하기를 원하십니까?

이 과의 요점

- 우리의 신앙은 말씀에 기초하여 성령에 의한 삶을 사는 것입니다.
- 구약의 삶은 문자에 의한 삶이었습니다. 문자에 의한 삶은 실패했습니다.
- 문자에 의한 삶이 실패한 이유는 우리 스스로의 힘만으로 하나님의 말씀을 다 지킬 수 없기 때문입니다.
- 신약의 삶은 성령에 의한 삶입니다.
- 우리가 할 수 없는 일을 하나님께서 성령을 통해 가능케 하십니다.
- 승리하는 삶을 위해 성령과 동행하는 삶이 필수입니다.

제2과

말씀과 성령의 조화

우리의 신앙생활은 처음부터 끝까지 말씀과 성령의 조화의 삶입니다. 말씀과 성령의 조화가 처음부터 하나님의 방법이었습니다. 그리고 하나님께서 놀랍게 역사하실 때마다 거기에는 항상 말씀과 성령의 조화가 있었습니다. 특히 오늘날 말세지말의 놀라운 하나님의 역사를 앞에 두고 있는 시점에서 말씀과 성령의 조화는 어느 때보다 시급하게 요청됩니다.

여호수아 시대에 나타난 말씀과 성령의 조화

다음의 여호수아 1:7-8을 읽고, 하나님께 여호수아에게 말씀의 중요성을 강조하고 계신 부분에 밑줄을 그으십시오.

"오직 강하고 극히 담대하여 나의 종 모세가 네게 명령한 그 율법을 다 지켜 행하고 우로나 좌로나 치우치지 말라 그리하면 어디로 가든지 형통하리니 이 율법책을 네 입에서 떠나지 말게 하며 주야로 그것을 묵상하여 그 안에 기록된 대로 다 지켜 행하라 그리하면 네 길이 평탄하게 될 것이며 네가 형통하리라."

여호수아는 하나님의 놀라운 역사를 경험한 사람입니다. 그는 모세를 가장 가까이서 본 사람이고, 모세 다음으로 하나님의 모든 역사들을 가장 가까이서 직접 목도한 사람입니다.

그런데 하나님은 그러한 여호수아에게 하나님의 말씀의 중요성을 이토록 강조하셨습니다. 하나님은 여호수아에게 하나님의 말씀을 입에서 떠나지 말게 하라고 하셨고, 그것을 밤낮으로 묵상하라고 하셨고, 그 가운데 기록된 대로 다 지켜 행하라고 하셨습니다.

우리가 앞 단원에서 살펴본 것처럼, 우리 신앙생활은 이토록 철저하게 하나님의 말씀에 기초해야 합니다. 특히 오늘날 일부에서는 옳은 교리에만 집착하여 하나님의 말씀을 실천하는 일에는 소홀히 하는데, 하나님의 말씀을 아는데 그칠 것이 아니라, 철저하게 그 말씀대로 사는 삶이 되어야 합니다. 이것은 아무리 강조해도 지나침이 없습니다.

반면에 하나님께서 여호수아에게 말씀의 중요성에 대해서 이렇게 강조하셨음에도 불구하고, 여호수아의 삶은 단지 말씀에 의한 삶이 아니었습니다. 그의 삶과 사역에는 말씀과 성령이 온전한 조화를 이루었습니다.

신명기 34:9에 의하면, 모세가 여호수아에게 안수할 때 어떤 일이 일어났습니까?

> 모세가 눈의 아들 여호수아에게 안수하였으므로 그에게 지혜의 영이 충만하니 이스라엘 자손이 여호와께서 모세에게 명령하신 대로 여호수아의 말을 순종하였더라
> (신 34:9)

여호수아가 가나안 땅을 정복한 것은 성경을 잘 연구해서 그대로 잘 실천한 결과입니까? 아니면 성령께 민감해서 순종한 결과입니까?

여호수아의 삶은 철저하게 말씀에 기초한 삶이었습니다. 그럼에도 불구하고 그가 가나안 땅을 정복한 것은 성경을 잘 연구해서 그대로 실천한 결과가 아니었습니다. 그 당시 성경인 모세오경에는 어디에도 요단강을 건너는 방법이나 여리고 성을 무너뜨리는 방법 등이 나와 있지 않았습니다. 여호수아는 철저하게 성령께 민감하여 그 인도대로 순종함으로써 가나안 땅을 정복할 수 있었습니다.

예수님의 삶에 나타난 말씀과 성령의 조화

예수님의 삶은 특히 우리에게 중요합니다. 왜냐하면 예수님은 우리의 신앙과 사역과 삶을 위한 완벽한 모델이기 때문입니다. 그런데 예수님의 삶과 사역에는 어느 누구의 삶과 사역보다 말씀과 성령의 온전한 조화가 있었습니다.

| 말씀과 성령의 조화

마가복음 1:21-27을 읽고, 사람들이 놀란, 예수님을 통해 나타난 두 가지 종류의 권세가 무엇이었는지 써 보십시오.

마가복음 1:38에서 예수님께서 "전도(선포)"라고 말씀하셨을 때, 그것은 무엇을 의미했습니까?(39절)

> 이르시되 우리가 다른 가까운 마을들로 가자 거기서도 전도하리니 내가 이를 위하여 왔노라 하시고 이에 온 갈릴리에 다니시며 그들의 여러 회당에서 전도하시고 또 귀신들을 내쫓으시더라
> (막 1:38-39)

마가복음 1:21 이하의 사건은 마가가 기록한 예수님 공생애의 첫 번째 사건입니다. 그러나 다른 복음서들을 살펴보면 이것이 예수님 공생애의 첫 번째 사건이 아닌 것을 알 수 있습니다. 그런데 마가가 이 사건을 첫 번째로 기록한 것은 예수님의 사역을 이러한 관점에서 보고 있기 때문입니다. 그런데 이 사건에 의하면 많은 사람들이 예수님에게 나타나는 말씀의 권세와 성령의 권세를 보고 놀랐습니다.

마가복음 1:38에서 예수님께서 전도하러 오셨다는 말은 말씀을 선포하러 오셨다는 뜻입니다. 그런데 바로 그 다음 절을 보아도 알 수 있듯이 예수님께서 말씀하신 선포는 단순히 말씀을 전하는 것이 아니라, 말씀을 전하고 성령의 사역을 하시는 것이었습니다. 이처럼 예수님의 사역에는 말씀의 권세와 성령의 능력의 권세가 정확하게 조화를 이루고 있었습니다. 예수님의 삶과 사역에서 이 두 가지는 각기 별개의 두 가지가 아니었습니다. 그것들은 마치 동전의 양면처럼 한 사역의 양면이었습니다. 그래서 예수님께서 그 중 한 가지만 언급하셔도, 그 속에는 나머지 한 가지도 자동적으로 포함되어 있었습니다. 그 만큼 예수님의 삶과 사역 속에는 말씀과 성령이 하나였습니다. 이러한 사실은 다른 복음서에 나오는 예수님의 사역에 대한 요약을 보아도 확실히 알 수 있습니다(예, 마 4:23, 9:35)

| 예수님께서 전하신 하나님의 말씀

예수님의 삶과 사역 속에 나타난 말씀과 성령의 조화를 이해함에 있어서 말씀과 성령의 성격에 대해서 살펴보는 것이 매우 중요합니다. 우선 예수님은 우리가 앞 단원에서 살펴본 것과 같은 말씀에 의한 삶을 사셨을 뿐 아니라, 그러한 성격의 말씀을 전하셨습니다. 예수님께서 전하신 말씀의 성격을 한 마디로 요약하면, 그것은 하나님 나라의 말씀이었습니다. 하나님 나라는 하나님의 주권적인 통치를 가리키는 말로써 하나님께서 우리 삶의 모든 영역에 임재하셔서 왕으로 다스리시고 통치하시는 삶을 말합니다.

이르시되 때가 찼고 하나님의 나라가 가까이 왔으니 회개하고 복음을 믿으라 하시더라 (막 1:15)

마가복음 1:15에 의하면 예수님께서 전하신 말씀의 가장 주된 주제는 무엇이었습니까?(마 3:2, 4:17, 4:23, 행 1:3 참조)

천국은 마치 밭에 감추인 보화와 같으니 사람이 이를 발견한 후 숨겨 두고 기뻐하며 돌아가서 자기의 소유를 다 팔아 그 밭을 사느니라 또 천국은 마치 좋은 진주를 구하는 장사와 같으니 극히 값진 진주 하나를 발견하매 가서 자기의 소유를 다 팔아 그 진주를 사느니라

(마 13:44-46)

마태복음 13:44-46 사이에서 예수님은 하나님 나라를 무엇과 무엇에 비유하셨습니까?

이 구절에서 그것들을 사는 값은 무엇이었습니까?

예수님은 그분의 공생에뿐 아니라, 부활하신 후에도 승천하시기 전까지 집중적으로 하나님 나라를 전했습니다. 예수님은 하나님 나라를 숨겨진 보화와 가장 값진 진주로 비유하셨습니다. 그리고 그것들을 사는 값은 우리가 가진 모든 것입니다. 이 말은 우리가 하나님의 나라를 값을 주고 산다는 말이 아닙니다. 우리는 오직 믿음으로만 하나님 나라에 들어갈 수 있습니다. 이 말은 우리 믿음의 성격을 잘 말해주고 있습니다. 우리의 믿음은 단순히 예수님에 관한 몇 가지 사실들을 지식적으로 동의하는 것이 아닙니다. 우리의 믿음은 성령의 조명으로 가장 값진 보화와 진주되시는 예수님을 발견하고, 그분을 우리의 모든 것으로 신뢰하는 것을 말합니다. 다시 말해서, 예수님이 우리의 모든 것 되시는 것을 말합니다. 이처럼 예수님은 신앙의 본질, 하나님 중심적인 삶, 하나님의 주권적인 통치를 전하셨습니다. 한마디로 말해서 하나님 나라를 전하셨습니다. 이러한 부분은 복음서 전체를 보아도 명백하게 알 수 있습니다.

| 예수님의 삶과 사역 속에 나타난 성령

예수님의 삶과 사역 속에 나타난 성령 사역의 성격을 잘 이해하는 것 또한 중요합니다. 예수님의 삶과 사역 속에 나타난 성령의 사역은 두 가지 측면을 가지고 있습니다. 먼저 예수님은 성령의 능력으로 사역을 감당하셨습니다. 그리고 예수님은 철저하게 성령께 민감하여 사역을 감당하셨습니다. 우리가 성령의 사역을 감당함에 있어서도 이 두 가지의 조화는 필수적입니다.

예수님은 성령의 능력으로 사역을 감당하셨습니다

예수님은 하나님의 아들이셨음에도 불구하고, 이 땅에 계시는 동안에 성령의 능력으로 사역을 감당하셨습니다. 사도행전 10:38은 예수님의 사역을 한마디로 요약한 구절입니다. 그 구절을 읽고 ( )를 채우십시오.

> "하나님이 나사렛 예수에게 (   ) 과 (   ) 을 기름 붓듯 하셨으매 그가 두루 다니시며 선한 일을 행하시고 마귀에게 눌린 모든 사람을 고치셨으니 이는 하나님이 함께 하셨음이라"

답 : 성령, 능력

하나님이 나사렛 예수에게 성령과 능력을 기름 붓듯 하셨으매 그가 두루 다니시며 선한 일을 행하시고 마귀에게 눌린 모든 사람을 고치셨으니 이는 하나님이 함께 하셨음이라 (행 10:38)

따라서 예수님의 삶 속에는 다양한 성령의 은사들이 나타났습니다. 다음은 예수님의 삶 속에 나타난 성령의 은사들 중 일부를 나열한 것입니다. 각 은사와 그것이 나타난 성경구절을 서로 연결해 보십시오.

지식의 말씀의 은사 • • 요한복음 11:43-44
지혜의 말씀의 은사 • • 마태복음 16:16-17, 22-23
영분별의 은사 • • 요한복음 8:7-9
능력 행함의 은사 • • 마태복음 9:35
치유의 은사 • • 요한복음 4:16-19

예수님은 성령께 민감해서 사역을 감당하셨습니다

예수님은 성령의 능력으로 사역을 감당하실 뿐 아니라, 성령께 민감하셔서 사역을 감당하셨습니다. 즉, 성령의 능력으로 사역을 감당하시되, 철저하게 하나님과의 친밀한 교제 가운데서 성령의 인도를 따라 사역을 감당하셨습니다.

다음의 성경 구절들을 읽고, 예수님께서 성령께 민감하여 사역을 감당하신 것을 보여주는 부분에 밑줄을 그으십시오.

요한복음 5:19-20
"그러므로 예수께서 그들에게 이르시되 내가 진실로 진실로 너희에게 이르노니 아들이 아버지께서 하시는 일을 보지 않고는 아무 것도 스스로 할 수 없나니 아버지께서 행하시는 그것을 아들도 그와 같이 행하느니라 아버지께서 아들을 사랑하사 자기가 행하시는 것을 다 아들에게 보이시고 또 그보다 더 큰 일을 보이사 너희로 놀랍게 여기게 하시리라"

요한복음 10:37-38
"만일 내가 내 아버지의 일을 행하지 아니하거든 나를 믿지 말려니와 내가 행하거든 나를 믿지 아니할지라도 그 일은 믿으라 그러면 너희가 아버지께서 내 안에 계시고 내가 아버지 안에 있음을 깨달아 알리라 하시니"

요한복음 14:10-11
"내가 아버지 안에 거하고 아버지는 내 안에 계신 것을 네가 믿지 아니하느냐 내가 너희에게 이르는 말은 스스로 하는 것이 아니라 아버지께서 내 안에 계셔서 그의 일을 하시는 것이라 내가 아버지 안에 거하고 아버지께서 내 안에 계심을 믿으라 그렇지 못하겠거든 행하는 그 일로 말미암아 나를 믿으라"

사도들의 삶에 나타난 말씀과 성령의 조화

사도들의 삶과 사역은 예수님의 삶과 사역 그대로였습니다. 즉, 사도들은 예수님에게서 배운 그대로 행했습니다. 말씀과 사역의 조화뿐 아니라, 말씀과 성령의 성격에 있이서도 사도들은 정확하게 예수님의 것과 똑같았습니다. 이것은 우리에게 있어서도 의미하는 바가 큽니다. 왜냐하면, 이 말은 우리의 삶과 사역도 예수님과 사도들의 삶과 사역과 똑같아야 함을 의미하게 때문입니다.

| 말씀과 성령의 조화

다음의 성경 구절들을 읽고, 사도들의 삶 속에 말씀과 성령이 조화를 이루었던 것을 보여주는 부분에 밑줄을 그으십시오.

사도행전 14:3
"두 사도가 오래 있어 주를 힘입어 담대히 말하니 주께서 그들의 손으로 표적과 기사를 행하게 하여 주사 자기 은혜의 말씀을 증언하시니"

로마서 15:18-19
"그리스도께서 이방인들을 순종하게 하기 위하여 나를 통하여 역사하신 것 외에는 내가 감히 말하지 아니하노라 그 일은 말과 행위로 표적과 기사의 능력으로 성령의 능력으로 이루어졌으며 그리하여 내가 예루살렘으로부터 두루 행하여 일루리곤까지 그리스도의 복음을 편만하게 전하였노라"

고린도전서 2:1-2, 4-5
"형제들아 내가 너희에게 나아가 하나님의 증거를 전할 때에 말과 지혜의 아름다운 것으로 아니하였나니 내가 너희 중에서 예수 그리스도와 그가 십자가에 못 박히신 것 외에는 아무 것도 알지 아니하기로 작정하였음이라"
"내 말과 내 전도함이 설득력 있는 지혜의 말로 하지 아니하고 다만 성령의 나타나심과 능력으로 하여 너희 믿음이 사람의 지혜에 있지 아니하고 다만 하나님의 능력에 있게 하려 하였노라"

데살로니가전서 1:5
"이는 우리 복음이 너희에게 말로만 이른 것이 아니라 또한 능력과 성령과 큰 확신으로 된 것임이라 우리가 너희 가운데서 너희를 위하여 어떤 사람이 된 것은 너희가 아는 바와 같으니라"

| 사도들이 전한 메시지

사도들이 전한 메시지는 그 성격에 있어서 예수님이 전한 메시지와 똑같았습니다. 사도들도 예수님처럼 하나님 나라를 전했습니다(행 8:12, 14:22, 19:8, 20:25, 28:23, 31 등 참조). 그러나 그들의 초점은 점차적으로 하나님 나라에서 하나님 나라의 왕이신 예수님으로 옮겨가기 시작했습니다. 그래서 사도들은 십자가에 못 박힌 예수 그리스도를 전

우리는 십자가에 못 박힌 그리스도를 전하니 유대인에게는 거리끼는 것이요 이방인에게는 미련한 것이로되

(고전 1:23)

오직 부르심을 받은 자들에게는 유대인이나 헬라인이나 그리스도는 하나님의 능력이요 하나님의 지혜니라 하나님의 어리석음이 사람보다 지혜롭고 하나님의 약하심이 사람보다 강하니라 형제들아 너희를 부르심을 보라 육체를 따라 지혜로운 자가 많지 아니하며 능한 자가 많지 아니하며 문벌 좋은 자가 많지 아니하도다 그러나 하나님께서 세상의 미련한 것들을 택하사 지혜 있는 자들을 부끄럽게 하려 하시고 세상의 약한 것들을 택하사 강한 것들을 부끄럽게 하려 하시며 하나님께서 세상의 천한 것들과 멸시 받는 것들과 없는 것들을 택하사 있는 것들을 폐하려 하시나니 이는 아무 육체도 하나님 앞에서 자랑하지 못하게 하려 하심이라 너희는 하나님으로부터 나서 그리스도 예수 안에 있고 예수는 하나님으로부터 나와서 우리에게 지혜와 의로움과 거룩함과 구원함이 되셨으니

(고전 1:24-30)

내가 너희 중에서 예수 그리스도와 그가 십자가에 못 박히신 것 외에는 아무것도 알지 아니하기로 작정하였음이라

(고전 2:2)

하나님이 바울의 손으로 놀라운 능력을 행하게 하시니 심지어 사람들이 바울의 몸에서 손수건이나

했습니다. 그 예수님이 우리의 모든 것 되시는 삶을 전했습니다. 다시 말해서, 그들은 십자가의 복음을 전했습니다. 예수님이 전한 하나님 나라의 메시지와 사도들이 전한 십자가의 복음은 정확하게 같은 성격의 메시지였습니다. 십자가의 복음은 예수님의 구속의 사건을 토대로 한 하나님 나라의 메시지라고 할 수 있습니다.

고린도전서 1:23에 의하면 사도 바울이 전한 복음은 무엇이었습니까?

고린도전서 1:24-30에 의하면, 누가 우리에게 하나님의 지혜, 하나님의 능력, 의로움, 거룩함이었습니까?

고린도전서 2:2에 의하면 바울의 유일한 열망은 무엇이었습니까?

바울이 전한 메시지의 초점은 십자가에 못 박힌 예수 그리스도였습니다. 예수 그리스도가 우리에게 모든 것이 되시는 삶이었습니다. 그래서 사도 바울의 유일한 열망은 그 예수님을 아는 것이었습니다. 사도들의 메시지는 십자가에 못 박히신 예수 그리스도만이 우리의 보화요, 우리의 모든 것이 되는 삶이었습니다.

| 사도들이 감당한 성령의 사역

사도들이 감당한 사역에도 성령의 능력(기름부음)과 성령께 민감한 삶이 조화를 이루고 있었습니다.

사도행전 19:11-12을 읽고, 사도 바울을 통해 나타난 성령의 능력을 당신의 말로 표현해 보세요.

동시에 사도 바울은 누구의 인도를 따라 행했으며(행 20:22-23), 또 우리에게 누구의 인도를 따르라고 말하고 있습니까?(갈 5:16, 25)

사도 바울을 통해 나타난 성령의 능력은 참으로 놀라운 것이었습니다. 동시에 사도 바울은 철저하게 성령의 인도를 따라 행했습니다. 개역성경에 "심령에 매임을 받아" 라는 말은 "성령에 매임을 받아" 라고 번역해야 더 옳은 말입니다. 그래서 개역개정판은 그렇게 번역하고 있습니다. 그리고 사도 바울은 우리에게 철저하게 성령께 민감하여 동행하는 삶을 살라고 말합니다.

초대 교회 나타난 성령과 말씀의 조화

이 땅에서의 그리스도의 몸은 교회입니다. 그러므로 무엇보다 교회 가운데 말씀과 성령의 조화가 있어야 합니다. 초대 교회는 그랬습니다.

안디옥 교회는 최소한 외모적으로는 그 당시 다른 교회들에 비해 왜소한 교회였습니다. 다른 대부분의 교회들은 사도들이나 예루살렘 교회에서 파송된 사람들에 의해서 세워진 반면, 안디옥 교회는 평신도들의 자발적인 전도에 의해서 세워졌습니다. 또한 그 당시 다른 모든 교회들은 유대인 중심으로 세워진 교회인 반면, 안디옥 교회는 이방인 중심으로 세워진 교회였습니다(행 11:19-21). 그런데 하나님은 그 안디옥 교회를 통해서 그 당시 세계복음화를 이루셨습니다.

안디옥 교회는 말씀과 성령이 철저하게 조화를 이루고 있는 교회였습니다. 사도행전 13:1-4을 읽고 다음 물음에 답하십시오.

하나님 앞에 모여 있던 두 부류의 지도자들은 어떤 사람들이고, 그들은 무엇을 대변합니까?

누가 바울과 바나바를 따로 세우라고 말씀하셨습니까?

성경은 바울과 바나바가 누구의 보내심을 받았다고 말하고 있습니까?

사도행전 11:26에 의하면, 안디옥 교회는 무엇으로 철저하게 무장되었습니까?

안디옥 교회의 지도자들은 교사들과 선지자들로 구별되었습니다. 그들은 각각 말씀과 성령을 대변하는 자들이었습니다. 그런데 그들이 하나가 되어 하나님 앞에 엎드렸습니다. 그때 성령께서 그들에게 바나바와 바울을 따로 세우라고 말씀하셨습니다. 지도자들뿐 아니라, 안디옥 교회는 그 성령의 음성을 분별했고, 그 말씀대로 순종했습니다. 그러자 성경은 교회가 그들을 안수하여 보냈음에도 불구하고, 그 두 사람이 성령의 보내심을 받았다고 말하고 있습니다. 또한 안디옥 교회는 바울과 바나바를 통해서 말씀으로 철저하게 무장된 교회입니다. 이처럼 안디옥 교회에는 말씀과 성령이 철저하게 조화를 이루고 있었습니다.

앞치마를 가져다가 병든 사람에게 얹으면 그 병이 떠나고 악귀도 나가더라

(행 19:11-12)

보라 이제 나는 성령에 매여 예루살렘으로 가는데 거기서 무슨 일을 당할는지 알지 못하노라 오직 성령이 각 성에서 내게 증언하여 결박과 환난이 나를 기다린다 하시나

(행 20:22-23)

내가 이르노니 너희는 성령을 따라 행하라 그리하면 육체의 욕심을 이루지 아니하리라

(갈 5:16)

만일 우리가 성령으로 살면 또한 성령으로 행할지니

(갈 5:25)

안디옥 교회에 선지자들과 교사들이 있으니 곧 바나바와 니게르라 하는 시므온과 구레네 사람 루기오와 분봉 왕 헤롯의 젖동생 마나엔과 및 사울이라 주를 섬겨 금식할 때에 성령이 이르시되 내가 불러 시키는 일을 위하여 바나바와 사울을 따로 세우라 하시니 이에 금식하며 기도하고 두 사람에게 안수하여 보내니라 두 사람이 성령의 보내심을 받아 실루기아에 내려가 거기서 배 타고 구브로에 가서

(행 13:1-4)

만나매 안디옥에 데리고 와서 둘이 교회에 일 년간 모여 있어 큰 무리를 가르쳤고 제자들이 안디옥에서 비로소 그리스도인이라 일컬음을 받게 되었더라

(행 11:26)

오늘날의 교회 안에도 철저하게 말씀과 성령의 조화가 이루어져야 합니다. 즉, 교회가 철저하게 하나님의 말씀으로 무장되어야 할 뿐 아니라, 성령께 민감하여 그분의 인도에 순종하여야 합니다. 또한 성령의 능력을 적극적으로 환영해야 합니다. 만약 안디옥 교회가 성령께 민감하지 않았다면, 그 당시 지도자들 중 가장 중요한 위치를 차지하는 바울과 바나바를 절대로 내보내지 않았을 것입니다. 그리고 그랬더라면, 하나님의 뜻은 이루어지지 않았을 것입니다. 말씀과 성령의 조화가 다가오는 하나님의 역사를 위한 준비 중 필수적인 하나의 요소입니다.

말씀과 성령의 조화의 관점에서 우리는 교회를 다음과 같은 네 부류로 분류할 수 있습니다.

(1) 말씀도 없고, 성령도 없는 교회.
(2) 말씀은 없고, 성령의 능력만 있는 교회.
(3) 말씀과 성령께 민감함이 있는 교회.
(4) 말씀과 성령의 능력과 성령께 민감함이 조화를 이루는 교회.

첫 번째 종류의 교회는 사두개인들과 같은 교회입니다. 사두개인들은 말씀도 성령도 없었습니다(마 22:29). 말씀이 없다는 말은 하나님 중심적인 메시지, 신앙의 본질이 전파되지 않는 것을 말합니다. 그저 자기 유익을 위한 자기 중심적인 메시지를 성경은 거짓이라고 부릅니다.

두 번째 종류의 교회는 말씀은 없이 성령의 능력과 은사만을 추구하는 교회입니다. 성령의 은사는 사모하는 자에게 주어지기 때문에 말씀이 없이도 성령의 은사는 나타날 수 있습니다. 그러나 올바른 말씀이 같이 가지 않으면 성도들의 삶은 변하지 않습니다. 그리고 은사가 성경에서 말하는 대로 교회의 덕을 세우는 데 사용되지 못합니다. 고린도 교회는 모든 은사가 부족함이 없이 나타나는 교회였는데, 동시에 가장 어린, 육적인 교회였습니다.

세 번째 종류의 교회는 참으로 귀한 교회입니다. 그러나 아쉽게도 이러한 교회는 성령의 능력과 기름부음을 소홀히 하거나 무시함으로써 성령을 소멸하는 죄를 범합니다.

예수님께서 세우시기 원하시는 교회는 네 번째 종류의 교회입니다. 이러한 교회가 정확하게 예수님과 사도들의 삶과 사역을 그대로 본받는 교회입니다.

오늘 배운 것을 복습하십시오. 오늘 배운 내용 중에서 하나님께서 당신으로 하여금 이해하고, 배우고, 실천하기 원하는 부분이나 성구를 한두 개 지적해 주시도록 기도하십시오. 그리고 난 후 다음의 질문에 답하십시오.

✣ 오늘 배운 내용 중에서 어떤 부분이나 성구가 가장 뜻있게 와 닿았습니까?

✣ 위의 부분이나 성구를 하나님께 대한 당신의 기도로 바꾸십시오.

✣ 오늘의 학습에 대한 반응으로 하나님은 당신이 무엇을 하기를 원하십니까?

이 과의 요점

- 우리 신앙은 처음부터 끝까지 말씀과 성령의 조화입니다.
- 개인뿐 아니라, 교회 안에 반드시 말씀과 성령의 조화가 있어야 합니다.
- 우리 신앙의 모델이신 예수님의 삶 속에 말씀과 성령의 조화가 있었습니다.
- 사도들과 초대 교회의 삶에도 마찬가지였습니다.
- 우리는 사두개인들처럼 되지 말아야 합니다.

제3과 성령에 의한 삶

우리의 신앙생활은 처음부터 끝까지 오직 성령으로 가능합니다. 성령의 도움이 없이, 우리의 신앙생활 중 가능한 것은 아무 것도 없습니다.

성령의 필수성

우리 신앙생활의 각 부분을 위해 어떻게 성령이 필수적인지 해당하는 성경구절을 연결해 보십시오.

우리의 구원을 위해 •	• 로마서 8:26, 에베소서 6:18
우리의 성화를 위해 •	• 요한복음 5:19-20
하나님 아는 것을 위해 •	• 에베소서 6:17, 마태복음 4:4, 7, 10
하나님의 뜻을 알기 위해 •	• 빌립보서 3:3
우리의 사역을 위해 •	• 고린도후서 3:18
우리의 믿음을 위해 •	• 요한복음 16:8
우리의 예배를 위해 •	• 요한복음 3:5, 고린도후서 4:4-5
우리의 기도를 위해 •	• 에베소서 1:17
영적 전쟁의 승리를 위해 •	• 고린도전서 2:9-10
우리의 회개를 위해 •	• 로마서 10:10

하나님을 아는 것이 왜 필수적인지에 대해서는 제 5단원 2과~4과를 간단히 훑어보십시오. 그 일들 중 성령이 없이 가능한 것은 단 한 가지가 없습니다.

성령과의 교제

성령에 의한 삶의 한 중요한 부분은 성령과의 교제입니다.

다음의 성경구절에서 (　)안에 들어갈 옳은 단어를 써넣으십시오.

그러므로 그리스도 안에 무슨 권면이나 사랑에 무슨 위로나 (   )나 긍휼이나 자비가 있거든(빌 2:1)

주 예수 그리스도의 은혜와 하나님의 사랑과 (   )이 너희 무리와 함께 있을지어다(고후 13:13)

내가 이르노니 너희는 (   ) 그리하면 육체의 욕심을 이루지 아니하리라(갈 5:16)

만일 우리가 성령으로 살면 또한 (   )(갈 5:25)

답 : 성령의 무슨 교제, 성령의 교통하심, 성령을 따라 행하라, 성령으로 행할지니

이 모든 구절들은 우리가 성령과의 친밀한 교제 가운데 거하면서, 그분의 인도하심에 순종하는 삶을 살아야 할 것을 말하고 있습니다.

성령 하나님과의 친밀한 교제를 위해 중요한 요소들을 요약하면 다음과 같습니다.

1. 지속적으로 PLO의 삶을 삽니다.
2. 하나님의 말씀이 우리 속에 거하는 삶을 삽니다.
3. 성령을 근심케 하지 않습니다.

| 첫째, 성령 하나님과 동행하는 삶을 위해 지속적으로 PLO의 삶을 사는 것이 필수입니다

7단원 5과를 복습하십시오.

하나님(성령)께서 주도권을 가지시고, 우리를 하나님(성령)께로 인도하십니다. 여기에서 중요한 부분은 하나님(성령)께서 주도권을 가지시고 우리를 인도하신다는 것입니다. 이제 우리가 해야 할 일은 날마다 하나님의 얼굴을 구하는 것입니다. 하나님을 더욱 알기를 구하고, 하나님의 의중과 의도를 알기를 구하여 날마다 하나님 앞에 서는 것입니다. 그리고 하나님의 의중과 의도를 발견하면 온 삶으로 그 일에 동참하는 것입니다.

이러한 삶을 살기 위해서 우리는 순간순간 자기 중심적인 삶을 내려놓아야 합니다. 자기는 이미 십자가에서 죽었음을 인식해야 합니다. 그리고 순간순간 성령께 주도권을 드려야 합니다. 우리는 순간순간 우리의 육신에 우리 자신을 순복할 것인가 아니면 성령께 우리 자신을 순복할 것인가를 결정해야 합니다.

그러므로 우리가 그의 죽으심과 합하여 세례를 받음으로 그와 함께 장사되었나니 이는 아버지의 영광으로 말미암아 그리스도를 죽은 자 가운데서 살리심과 같이 우리로 또한 새 생명 가운데서 행하게 하려 함이라

(롬 6:4)

이와 같이 너희도 너희 자신을 죄에 대하여는 죽은 자요 그리스도 예수 안에서 하나님께 대하여는 살아 있는 자로 여길지어다 그러므로 너희는 죄가 너희 죽을 몸을 지배하지 못하게 하여 몸의 사욕에 순종하지 말고 또한 너희 지체를 불의의 무기로 죄에게 내주지 말고 오직 너희 자신을 죽은 자 가운데서 다시 살아난 자 같이 하나님께 드리며 너희 지체를 의의 무기로 하나님께 드리라

(롬 6:11-13)

육신을 따르는 자는 육신의 일을, 영을 따르는 자는 영의 일을 생각하나니 육신의 생각은 사망이요 영의 생각은 생명과 평안이니라 육신의 생각은 하나님과 원수가 되나니 이는 하나님의 법에 굴복하지 아니할 뿐 아니라 할 수도 없음이라 육신에 있는 자들은 하나님을 기쁘시게 할 수 없느니라 만일 너희 속에 하나님의 영이 거하시면 너희가 육신에 있지 아니하고 영에 있나니 누구든지 그리스도의 영이 없으면 그리스도의 사람이 아니라

(롬 8:5-9)

로마서 6:4, 11-13을 읽고 다음의 물음에 답하십시오.

우리의 옛 사람은 예수님과 함께 어떻게 되었습니까?

사도 바울은 우리 옛 사람이 어떻게 되었음을 순간순간 인식하라고 우리에게 말합니까?

사도 바울은 우리 자신을 무엇에게 드리지 말고, 누구에게 드려 순복하라고 말합니까?

우리의 옛 사람은 예수님과 함께 이미 십자가에서 못 박혀 죽었습니다. 그러므로 사도 바울은 우리 옛 사람이 이미 죽었음을 순간순간 인식하라고 말합니다. 그리고 이제 우리 몸(삶)을 순간순간 우리의 죄된 본성(옛 사람)에 순복하지 말고 하나님(성령)께 순복하라고 말합니다.

로마서 8:5-9을 읽고 다음의 물음에 답하십시오.

육신에 자신을 순복하는 사람은 그 중심에 무엇이 있습니까?

육신의 일들은 어떤 것들이 있습니까?(갈 5:19-21 참조)

성령께 자신을 순복하는 사람은 그 중심에 무엇이 있습니까?

육신에 자신을 순복한 결과는 무엇입니까?

성령께 자신을 순복한 결과는 무엇입니까?

하나님의 영을 그 속에 가진 하나님의 백성은 누구에게 순간순간 자신을 순복해야 합니까?

육신에 자신을 순복하는 사람은 그 중심에 육신의 것들을 추구합니다. 갈라디아서 5장에 나오는 육신의 일들은 그 일부에 불과합니다. 육신에 자신을 순복한 결과는 죽음입니다. 한 번 넘어진다고 해서 지옥에 떨어진다는 말은 아니지만, 육신에 자신을 순복할 때 거기에는 하나님의 생명이 함께 하지 않습니다. 죽음만 함께 합니다. 반면에 성령께 자신을 순복하는 사람은 그 중심에 하나님의 일들을 추구합니다. 그리고 그 결과는 생명입니다. 그러한 삶에 성령의 열매가 넘칩니다(갈 5:22-23 참조).

또한 하나님은 이렇게 성령께 순복하고 자신의 삶을 성령께 드리는 자들에게 자신을 계시하시고, 그들을 하나님(성령)과의 친밀한 교제 가운데로 인도하십니다(요 14:20-21, 23, 요일 2:5-6 참조).

| 둘째, 성령과의 친밀한 교제를 위해 하나님의 말씀이 우리 속에 거하는 삶을 사는 것이 중요합니다

성령과의 친밀한 교제와 하나님의 말씀이 우리 속에 거하는 삶은 밀접한 관계를 가지고 있습니다.

에베소서 5:18-21과 골로새서 3:16-18을 대조해서 읽으십시오. 두 구절에 나오는 열매들은 정확하게 같은 것들입니다. 에베소서 5장은 우리가 성령의 충만함을 입을 때 나타나는 열매들입니다. 골로새서의 열매들은 우리가 무엇에 충만할 때 나타나는 열매들입니까?

요한1서 2:24에 의하면, 무엇이 우리 속에 거할 때 우리가 하나님(성령)과의 친밀한 교제 가운데 거하게 된다고 말하고 있습니까?

사도 바울은 둘 다 비슷한 시기에 쓴 에베소서와 골로새서에서 성령의 충만함을 입는 것과 하나님의 말씀이 우리 속에 충만히 거하는 것을 직접적으로 연결시키고 있습니다. 또한 사도 요한도 우리가 처음부터 들은 하나님의 말씀이 우리 안에 충만히 거하게 될 때, 우리가 하나님과의 친밀함 가운데 거하게 될 것이라고 말하고 있습니다.

| 셋째, 성령을 근심케 하지 말아야 합니다

성령과의 친밀한 교제를 위해서 가장 중요한 요소 중 하나는 성령을 근심케 하지 않는 것입니다. 물론 성령을 한 번도 근심케 하지 않는 것은 우리에게 가능하지 않을 것입

술 취하지 말라 이는 방탕한 것이니 오직 성령으로 충만함을 받으라 시와 찬송과 신령한 노래들로 서로 화답하며 너희의 마음으로 주께 노래하며 찬송하며 범사에 우리 주 예수 그리스도의 이름으로 항상 아버지 하나님께 감사하며 그리스도를 경외함으로 피차 복종하라

(엡 5:18-21)

그리스도의 말씀이 너희 속에 풍성히 거하여 모든 지혜로 피차 가르치며 권면하고 시와 찬송과 신령한 노래를 부르며 감사하는 마음으로 하나님을 찬양하고 또 무엇을 하든지 말에나 일에나 다 주 예수의 이름으로 하고 그를 힘입어 하나님 아버지께 감사하라 아내들아 남편에게 복종하라 이는 주 안에서 마땅하니라

(골 3:16-18)

너희는 처음부터 들은 것을 너희 안에 거하게 하라 처음부터 들은 것이 너희 안에 거하면 너희가 아들과 아버지 안에 거하리라

(요일 2:24)

니다. 그러나 우리는 즉시 성령을 근심케 하는 것에서 돌이켜야 합니다. 그리고 성령을 근심케 하지 않으려고 힘써야 합니다. 수시로 성령을 근심케 하면서 "안녕하세요, 성령님"이라고 부르는 것과 성령님을 근심케 하지 않으면서 "안녕하세요, 성령님"이라고 부르는 것은 전혀 다를 것입니다.

성령을 근심케 하는 것들을 간단하게 요약하면 다음과 같습니다.

1) 성령을 의식하지 않는 것.
2) 성령을 단순한 능력이나 감화 정도로 취급하는 것.
3) 거짓 신앙체계에 빠지는 것.
4) 육체의 일.
5) 다양한 죄들.

1) 성령을 의식하지 않는 것

모든 기도와 간구를 하되 항상 성령 안에서 기도하고 이를 위하여 깨어 구하기를 항상 힘쓰며 여러 성도를 위하여 구하라
(엡 6:18)

에베소서 6:18은 우리에게 어떻게 성령 안에서 기도하라고 명령합니까?

당신은 어떻게 항상 성령 안에서 기도할 수 있다고 생각합니까?

성경은 항상 성령 안에서 기도하라고 명령합니다. 여기서 말하는 성령 안에서 기도하는 것은 방언기도를 말하는 것이 아닐 것입니다. 그렇다면 우리가 어떻게 아무것도 하지 않고 항상 방언으로 기도하겠습니까? 여기서 말하는 항상 성령 안에서 기도하는 것은 우리가 항상 성령을 의식하는 것, 다시 말해서 항상 성령께 열려져 있는 것을 말합니다. 성령과 동행하는 삶을 살기 위해 가장 중요한 요소 중 하나는 항상 성령께 열려져 있는 것입니다.

반면에 우리가 성령을 의식하지 않게 될 때 성령을 근심케 합니다. 『제자도』라는 책에 보면 이러한 예화가 나옵니다. 그 저자가 한 번은 한 성도의 집에 심방을 갔습니다. 밖에서 초인종을 누르고 문을 두드렸으나 아무도 문을 열어주지 않았습니다. 안에서 가족들이 즐거운 시간을 가지고 있는 소리가 밖으로 새어나왔습니다. 몇 차례 문을 두드린 끝에, 다행이 문이 열려져 있어서 문을 열고 안으로 들어갔습니다. 아내는 부엌에서 저녁을 준비하고 있었고, 남편은 거실에서 자녀들과 이야기를 나누며 좋은 시간을 가지고 있었습니다. 그런데 그 저자가 들어가서 식구들에게 인사를 해도 그들 중 아무도 아는 체를 하지 않았습니다. 그 저자가 말을 걸어도 대답하는 사람이 아무도 없었습니다. 식구들은 그 저자를 완전히 무시한 채 자기들끼리 좋은 시간을 가지고 있었습니다. 결국 그 저자는 실망한 채 집으로 돌아왔습니다. 그 다음 주일이었습니다. 그 식

구들 모두 교회에 나왔습니다. 교회에서 저자를 만나서 그들은 "목사님 참 반갑습니다." 라며 손을 내밀며 반갑게 인사를 건넸습니다. 물론 이 예화는 지어낸 예화입니다. 그러나 오늘날 너무나 많은 성도들이 성령께 대해서 이렇게 합니다. 우리의 일상생활에서는 성령을 전혀 의식하지 않다가, 철저하게 무시하다가 주일에 교회에 나와서는 "오, 하나님(성령님) 반갑습니다." 라고 인사하는 식입니다.

2) 성령을 단순한 능력이나 감화 정도로 취급하는 것

예수님은 요한복음 14:16에서 성령을 무엇이라고 부릅니까?

내가 아버지께 구하겠으니 그가 또 다른 보혜사를 너희에게 주사 영원토록 너희와 함께 있게 하리니 (요 14:16)

지금까지 보혜사는 누구였습니까?

고린도후서 3:17에서 사도 바울은 주님(예수님)을 무엇이라고 부르고 있습니까?

주는 영이시니 주의 영이 계신 곳에는 자유가 있느니라 (고후 3:17)

답 : 다른 보혜사, 예수님, 성령

성령은 단순한 능력이나 감화가 아닙니다. 성령은 하나님이십니다. 그러므로 우리가 성령을 대할 때 하나님을 경외함으로 대해야 합니다. 그 앞에 엎드려야 합니다. 그런데 성령을 단순한 능력이나 감화 정도로 취급할 때, 우리는 성령을 근심케 합니다.

3) 거짓 신앙체계에 빠지는 것

개인과 교회가 율법주의에 빠질 때, 즉 거짓 신앙체계에 빠질 때, 성령을 근심케 하고 또 성령을 소멸합니다. 사실, 성령을 근심시키고 소멸하는 가장 큰 요인 중 하나가 율법주의입니다. 그래서 사도 바울은 율법주의에 빠진 갈라디아 교회를 향해서 이렇게 외쳤습니다. "어리석도다 갈라디아 사람들아 예수 그리스도께서 십자가에 못 박히신 것이 너희 눈 앞에 밝히 보이거늘 누가 너희를 꾀더냐 내가 너희에게서 다만 이것을 알려 하노니 너희가 성령을 받은 것이 율법의 행위로냐 혹은 듣고 믿음으로냐 너희가 이같이 어리석으냐 성령으로 시작하였다가 이제는 육체로 마치겠느냐 너희가 이같이 많은 괴로움을 헛되이 받았느냐 과연 헛되냐 너희에게 성령을 주시고 너희 가운데서 능력을 행하시는 이의 일이 율법의 행위에서냐 혹은 듣고 믿음에서냐"(갈 3:1-5). 오늘날 한국 교회에서 성령을 근심시키고 소멸하는 가장 큰 요인이 바로 이 부분이라고 나는 생각합니다.

4) 육체의 일

육체의 소욕은 성령을 거스르고 성령은 육체를 거스르나니 이 둘이 서로 대적함으로 너희가 원하는 것을 하지 못하게 하려 함이니라

(갈 5:17)

갈라디아서 5:17에 의하면 성령과 육체는 서로 어떻게 합니까?

우리가 육체의 소욕을 따르게 되면 그 결과는 어떻게 됩니까?

당신의 삶에서 성령을 근심케 하는 육체의 소욕은 무엇입니까?

성령과 육체는 서로 싸웁니다. 그래서 우리가 성령과 동행하는 만큼 육체를 이기게 되고, 육체의 소욕을 따르는 만큼 성령을 근심케 합니다. 육체의 소욕은 그 종류가 수없이 많습니다. 모든 종류의 죄가 여기에 포함되지만, 육체의 소욕은 그것만이 아닙니다. TV를 보는 것, 인터넷, 오락, 취미생활 등 그 자체는 죄가 아니지만, 그것이 과도하면 육체의 소욕이 될 수 있습니다. 육체의 소욕은 결국 자기를 기쁘게 하고자 하는 데서 나옵니다. 그리고 육체의 소욕은 성령을 근심케 하고, 우리의 영적 분별력을 가려서 우리로 하여금 성령께 민감하지 못하게 만들고, 우리 속에 있는 성령의 불 혹은 주를 향한 열정을 꺼뜨립니다.

5) 다양한 죄들

사도 바울은 에베소서 4장에서 성령을 근심케 하지 말라고 말하면서, 그 문맥에서 다양한 죄들을 언급합니다(엡 4:17-32). 당연히 우리가 지은 다양한 죄들이 성령을 근심케 합니다.

그런데 죄를 세 가지 종류로 나누어 이해하면 그것을 조금 더 잘 이해할 수 있습니다.

(1) 윤리적인 죄들.
(2) 관계적인 죄들.
(3) 불순종의 죄.

당연히 윤리적인 죄들이 성령을 근심케 하는 죄들입니다. 살인, 도적질, 간음, 우상숭배등 많은 죄들이 여기에 속합니다. 우리는 이러한 것들이 죄인 것을 잘 압니다.

그런데 성령을 근심케 하는 죄 중에는 관계적인 죄들이 있습니다. 관계적인 죄들은 윤리적인 죄들 못지않게 성령을 근심케 하는 심각한 죄들입니다. 그래서 에베소서 4장에서 사도 바울은 윤리적인 죄들뿐 아니라, 관계적인 죄들도 언급하고 있습니다. 관계적

인 죄들은 상대방을 용서하지 않는 것, 후욕, 판단하는 것, 상대방에게 서운한 마음을 품는 것 등 다른 사람과의 관계에서 짓는 다양한 죄들을 말합니다. 오늘날 우리나라의 많은 성도들의 경우, 관계적인 죄들에 대해서는 죄의식조차 가지지 않는 심각한 상황 가운데 있습니다.

윤리적인 죄들, 관계적인 죄들뿐 아니라, 불순종이 성령을 근심케 하는 큰 죄입니다.

지금 당신의 삶 속에 성령을 지속적으로 근심케 하는 죄들이 어떤 것들이 있는지 나열해 보고, 그것들을 하나하나 하나님 앞에서 회개하고 돌이키십시오.

윤리적인 죄들:

관계적인 죄들:

불순종의 죄들:

오늘 배운 것을 복습하십시오. 오늘 배운 내용 중에서 하나님께서 당신으로 하여금 이해하고, 배우고, 실천하기 원하는 부분이나 성구를 한두 개 지적해 주시도록 기도하십시오. 그리고 난 후 다음의 질문에 답하십시오.

✣ 오늘 배운 내용 중에서 어떤 부분이나 성구가 가장 뜻있게 와 닿았습니까?

✣ 위의 부분이나 성구를 하나님께 대한 당신의 기도로 바꾸십시오.

✣ 오늘의 학습에 대한 반응으로 하나님은 당신이 무엇을 하기를 원하십니까?

이 과의 요점

- 우리 신앙의 모든 부분은 오직 성령의 도움으로 가능합니다.
- 온전한 성령에 의한 삶을 위해 성령의 능력과 성령과의 교제의 조화가 필수입니다.
- 성령과의 친밀한 교제를 위해 지속적인 PLO의 삶이 필수입니다.
- 성령과의 친밀한 교제를 위해 하나님의 말씀이 우리 속에 풍성히 거해야 합니다.
- 성령과의 친밀한 교제를 위해 성령을 근심케 하지 말아야 합니다.

제4과 성령의 기름부음과 스티그마

그가 내게 대답하여 이르되 여호와께서 스룹바벨에게 하신 말씀이 이러하니라 만군의 여호와께서 말씀하시되 이는 힘으로 되지 아니하며 능력으로 되지 아니하고 오직 나의 영으로 되느니라

(슥 4:6)

예수께서 그 자라나신 곳 나사렛에 이르사 안식일에 늘 하시던 대로 회당에 들어가사 성경을 읽으려고 서시매 선지자 이사야의 글을 드리거늘 책을 펴서 이렇게 기록된 데를 찾으시니 곧 주의 성령이 내게 임하셨으니 이는 가난한 자에게 복음을 전하게 하시려고 내게 기름을 부으시고 나를 보내사 포로된 자에게 자유를, 눈 먼 자에게 다시 보게 함을 전파하며 눌린 자를 자유롭게 하고 주의 은혜의 해를 전파하게 하려 하심이라 하였더라 책을 덮어 그 맡은 자에게 주시고 앉으시니 회당에 있는 자들이 다 주목하여 보더라 이에 예수께서 그들에게 말씀하시되 이 글이 오늘 너희 귀에 응하였느니라 하시니

(눅 4:16-21)

성령에 의한 삶의 또 한 부분은 성령의 능력으로 사역을 감당하는 것입니다. 다시 말해서 성령의 기름부음과 관련된 부분입니다. 우리는 예수님처럼 사도들처럼 성령께 민감하여 그분과 동행하는 삶을 살 뿐 아니라, 성령의 능력으로 사역을 감당해야 합니다.

성령의 기름부음

하나님의 일은 성령의 기름부음으로 이루십니다. 스가랴 4:6을 읽고 하나님의 일은 무엇으로 가능한지 ∨표 하십시오.

□ 인간의 힘과 능력.
□ 인간의 지혜.
□ 인간의 조직과 방법.
□ 성령의 능력.

예수님은 철저하게 성령의 능력으로 사역을 감당하셨습니다. 누가복음은 그것을 처음부터 강조하고 있습니다. 그리고 예수님은 제자들에게도 그렇게 하라고 명령하셨습니다.

누가복음 4:16-21을 읽으십시오. 당신은 이 구절이 말하고자 하는 바가 무엇이라고 생각합니까? 그리고 당신은 왜 누가가 이 부분을 여기에 기록하였다고 생각합니까?

누가복음 24:49에 의하면, 예수님께서 제자들에게 대위임령을 주시면서 무엇을 명령하십니까?

이 구절의 핵심은 예수님께서 성령의 능력으로 사역을 감당하셨다는 것입니다.

보지어다 내가 내 아버지께서 약속하신 것을 너희에게 보내리니 너희는 위로부터 능력으로 입혀질 때까지 이 성에 머물라 하시니라 (눅 24:49)

특히 누가는 이 부분을 예수님의 공생애에 관한 기록의 가장 첫 부분에 기록하고 있습니다. 이 말은 누가는 예수님의 사역 전체를 이러한 관점에서 보면서 이 부분을 강조하고 있다는 것입니다. 이 점은 누가복음에 나오는, 예수님께서 제자들에게 주신 대위임령 가운데도 잘 나타나 있습니다. 예수님은 부활하신 후 승천하시기에 앞서 제자들에게 가장 큰 명령을 주십니다. 그것은 온 민족에게 가서 예수님을 증거하라는 것이었습니다. 그런데 예수님은 그 일을 위해 성령의 능력으로 옷입기를 기다리라고 제자들에게 명령하셨습니다. 그리고 우리가 잘 아는 대로 사도행전에 2장에서 오순절 날 성령이 제자들에게 임했고, 그들은 성령의 능력으로 온 세계에 복음을 전했습니다.

제가 집회를 인도하고 나면 어떤 사람들은 제게 와서 은혜를 많이 받았다고 고마움을 표시합니다. 또 어떤 사람들은 저를 통해 하나님의 놀라운 만지심을 경험했다고 해서 저에게 식사를 대접해 주기도 합니다. 그러나 그들을 만지고, 그들을 회복시킨 것은 제가 아닙니다. 거기에서 제가 받을 것은 아무것도 없습니다. 그것들은 저와 함께 하는 성령의 기름부음이 이룬 일입니다. 성령께서 역사하시지 않으면 제가 할 수 있는 일은 아무것도 없습니다.

그런데 여기에서 한 가지 심각한 사실은 하나님과의 친밀함이 없이도 성령의 기름부음을 통한 하나님의 놀라운 일들이 나타날 수 있다는 사실입니다. 그 대표적인 예 중 하나가 사울의 경우입니다. 하나님께서 사울을 부르셨을 때 그에게 놀라운 성령의 능력이 임했습니다. 그래서 "사울도 선지자 중 한 사람이냐" 라는 말이 전국에 퍼질 만큼 그에게 강력한 예언의 은사가 나타났습니다(삼상 10:9-11). 그러나 사울의 거듭되는 불순종으로 인하여 하나님은 사울을 버리셨습니다(삼상 15:11). 그런데 하나님께서 사울을 버리신 이후에도 사울은 20년 동안 이스라엘을 다스렸습니다. 뿐만 아니라, 하나님께서 그를 버린 이후에도 그는 예언을 했습니다(삼상 19:23-24). 바로 이 점이 심각한 점입니다. 그러므로 성령에 의한 삶을 살되, 성령께 민감한 삶과 성령의 능력으로 사역을 감당하는 삶이 조화를 이루는 것이 필수입니다.

성령의 기름부음에도 하나님과의 친밀한 교제에서 나오는 신선한 기름부음이 늘 필요합니다. 예를 들어, 제게 가르침의 사역이 주어졌다고 가정하십시다. 그러면 제가 하나님과의 친밀한 관계 가운데 있지 않을지라도, 제가 가르칠 때, 제게 있는 성령의 기름부음으로 인하여 놀라운 일들이 일어날 것입니다. 물론 제가 지속적으로 하나님과의 친밀한 교제 가운데로 돌이키지 아니하면, 마치 기계가 낡아지는 것처럼, 그 기름부음도 점점 쇠퇴할 것입니다. 반면에 제가 하나님과의 친밀한 교제 가운데 거하며, 거기에서 나오는 신선한 기름부음이 저와 늘 함께 하면, 마치 기계에 윤활유를 바른 것처럼, 제게 있는 가르침의 사역은 더 강력하게 역사할 것입니다.

성령을 소멸하지 말아야 합니다

성령의 능력과 관련하여 중요한 한 가지는 성령을 소멸하지 말아야 한다는 것입니다. 성령을 소멸하는 것은 우리가 앞에서 살펴본 성령을 근심케 하는 것과 다릅니다. 성령을 근심케 하는 것은 성령과의 친밀한 교제와 관련이 있습니다. 반면에 성령을 소멸하는 것은 성령의 능력과 관련이 있습니다. 성령을 소멸한다는 말은 문자 그대로 성령의 불을 끈다는 말입니다.

데살로니가전서 5:19-22 을 읽으십시오.

> 성령을 소멸하지 말며 예언을 멸시하지 말고 범사에 헤아려 좋은 것을 취하고 악은 어떤 모양이라도 버리라
> (살전 5:19-22)

성령을 소멸하지 말라는 말이 무슨 말과 함께 나옵니까?(20절)

당신은 왜 사도 바울이 데살로니가 교회에 예언을 멸시치 말라고 권면했다고 생각합니까?

사도 바울은 성령을 소멸치 말라는 말을 예언을 멸시치 말라는 말과 함께 사용합니다. 이 문맥을 보아도 알 수 있듯이 성령을 소멸하는 것은 성령의 은사, 능력, 기름부음과 관련이 있습니다. 데살로니가 교회는 고린도 교회와 정반대의 상황이었던 것 같습니다. 고린도 교회에는 모든 은사가 부족함이 없이 나타났습니다(고전 1:7). 그러나 그들의 문제는 무분별한 은사의 사용과 남용이었습니다. 그래서 사도 바울은 고린도전서 12장부터 14장에서 올바른 은사의 길을 그들에게 상세하게 권면합니다. 반면에 데살로니가 교회의 문제는 그 정반대였던 것 같습니다. 그들은 예언과 같은 성령의 은사들을 아예 차단해 버렸던 것 같습니다. 그래서 사도 바울은 예언을 멸시치 말되, 철저히 분별해서 취하라고 말하면서 성령을 소멸치 말 것을 그들에게 권면합니다.

성령을 소멸하는 가장 주된 방법 중 하나는 성령께서 역사하실 수 있는 자리를 드리지 않는 것입니다.

고린도전서 14:26을 읽고, 초대교회의 예배가 어떠했는지를 써보십시오.

> 그런즉 형제들아 어찌할까 너희가 모일 때에 각각 찬송시도 있으며 가르치는 말씀도 있으며 계시도 있으며 방언도 있으며 통역함도 있나니 모든 것을 덕을 세우기 위하여 하라
> (고전 14:26)

당신의 교회의 예배는 초대교회의 예배와 같이 성령의 역사를 환영합니까?

초대교회의 예배에는 성령께서 택하시는 바에 따라 성령의 은사들이 자유롭게 나타났습니다. 또한 예배 가운데 성령께서 자유롭게 역사하실 수 있는 자리가 주어졌습니다.

스티그마를 지는 것

성령을 소멸하지 않기 위해서 우리가 반드시 해야 할 일 중 하나는 스티그마를 지는 것입니다. 성령의 능력의 나타나심은 오순절 날 그랬던 것처럼 종종 다양한 현상들을 동반합니다. 하나님의 부흥이 있었던 때마다 다양한 현상들이 나타났던 이유도 여기에 있습니다. 일부 성도들은 이 현상의 문제 때문에 성령의 역사에 대해서 마음을 닫습니다. 하나님의 부흥이 일어날 때마다 일부 성도들은 이러한 현상들 때문에 부흥을 대적하기도 했습니다.

| 스티그마

주님을 따라가는 길에는 스티그마를 져야 하는 부분이 있습니다. 사도 바울은 그리스도의 스티그마를 지니고 다닌다고 말했습니다(갈 6:17). 여기 우리말에 흔적이라고 번역된 단어가 헬라어로 '스티그마' 입니다.

스티그마는 헬라어의 '스티그마' 라는 단어에서 나왔습니다. 스티그마의 동사형인 '스티조' 는 '문신을 새기다', '날카로운 도구로 표시를 하다' 라는 뜻을 가지고 있습니다.

고대 헬라 세계에서 스티그마는 뜨거운 쇠도장으로 몸에 새겨진 문신이나 표시를 의미했습니다. 그것은 주로 도망하거나 물건을 훔친 노예들에게 새겨졌습니다. 그래서 스티그마를 지니는 사람은 부정직한 사람으로 인식되었습니다.

여기서 우리들이 성령의 능력으로 사역을 감당하면서, 더 나아가 주님과 동행하면서 스티그마를 져야 한다는 것은 우리 삶에 예수 믿는 흔적 혹은 열매가 보여야 한다는 말이 아닙니다. 그것은 주님의 종된 "수치의 요소"를 기꺼이 지녀야 한다는 것을 의미합니다. 바울은 그 스티그마를 부끄러워하지 않았습니다.

그렇게 볼 때, 스티그마는 성경에 나오는 '스칸달론' 과 유사한 것입니다. '스칸달론' 이라는 헬라어 단어에서 스캔들이라는 영어 단어가 나왔습니다. '스칸달론' 은 사람들로 하여금 걸려 넘어지게 만드는 것입니다. 성경은 그리스도의 십자가에는 '스칸달론,' 즉 걸림돌이 있다고 말하고 있습니다(고전 1:23, 갈 5:11).

| 삼위일체 하나님의 스티그마

삼위일체 하나님은 모두 스티그마를 가지고 계십니다. 영국 웨스터민스터 채플의 담임목사였던 켄달(R. T. Kendall) 목사는 그의 책 『Anointing』에서 이 점을 잘 말해주고 있습니다.

성부 하나님의 스티그마는 그 분의 주권입니다. 하나님은 주권자로서 하나님께서 원하시는 것을 행하시고, 하나님께서 원하실 수 있는 것을 말씀하실 수 있는 권리를 가지고 계십니다. 그리고 하나님 앞에 나아가는 길은 오직 하나님의 기준을 따라서만 가능합니다. 그런데 이것이 많은 사람들에게 걸림돌이 됩니다.

성자 예수님의 스티그마는 예수님의 십자가입니다. 하나님께 나아가는 길은 오직 예수 그리스도 밖에 없습니다. 그리고 하나님 앞에 나아감에 있어서도 철저하게 자기 의를 버리고 오직 십자가의 공로를 믿음으로만 가능합니다. 이것이 많은 사람들에게 기독교를 편협한 것이라고 비방하게 만드는 스티그마입니다.

성령 하나님의 스티그마는 그 분 자신입니다. 그 분의 임재 자체가 많은 사람을 넘어지게 만듭니다.

그런데 삼위일체 하나님 안에 온전한 연합이 있듯이, 각 스티그마도 서로 깊은 연관을 가지고 있습니다. 그래서 하나님의 주권 아래 살며, 오직 십자가의 공로만을 의지하고 서 있는 사람은 성령의 행하심에 대해서도 열린 마음을 가지고 환영합니다. 반면에 전통적인 이해에 따라 소위 신앙생활을 잘 하지만 하나님의 주권 아래 있지 아니하고, 율법주의적인 사고를 가지고 있는 사람은 성령의 역사에 의해 걸려 넘어집니다. 심지어 성령의 역사를 대적합니다. 결국 어떤 사람이 성령께 대해 어떠한 반응을 보이느냐 하는 것은 아버지 하나님과 예수님에 대한 그 사람의 진정한 자세를 나타내 보여줍니다.

| 스티그마의 목적

스티그마의 목적은 사람들의 중심을 드러내기 위한 것입니다.

누가복음 2:34-35을 읽고, 다음의 물음에 답하십시오.

예수님께서 많은 사람들의 어떻게 됨을 위하여 세움을 입었다고 말하고 있습니까?

시므온이 그들에게 축복하고 그의 어머니 마리아에게 말하여 이르되 보라 이는 이스라엘 중 많은 사람을 패하거나 흥하게 하며 비방을 받는 표적이 되기 위하여 세움을 받았고 또 칼이 네 마음을 찌르듯 하리니 이는 여러 사람의 마음의 생각을 드러내려 함이니라 하더라
(눅 2:34-35)

예수님이 또한 무엇이 될 것이라고 말하고 있습니까?

예수님께서 그렇게 된 이유는 무엇입니까?

성경은 예수님께서 많은 사람의 패함과 흥함을 위해 세움을 입었다고 말하고 있습니다. 예수님께서 많은 사람의 흥함을 위해 세움을 입었다는 말은 쉽게 이해가 됩니다. 그러나 예수님께서 많은 사람으로 하여금 패하게 하기 위해서 세움을 입었다니 무슨 말입니까? 하나님의 방문은 그것이 무엇이든지 축복과 심판을 동반합니다. 하나님의 행하심에 대해서 사람들이 어떠한 자세를 취하느냐에 따라 축복과 심판으로 갈릴 것입니다.

하나님의 역사는 항상 사람들을 걸려 넘어지게 하는 것이 있습니다(사 8:13-15). 그래서 올바른 중심을 가지고 겸손한 마음으로 하나님께 나오지 않는 자들은 자기들이 가지고 있는 선입견과 편견을 가지고 하나님의 하시는 일을 판단하게 될 것이고, 그것을 비판하고 심지어 대적하게 될 것입니다. 성경은 바로 이러한 자들에게 예수님께서 비방 받는 표적이 될 것을 말씀하시고, 또 그러한 자들이 바로 패함을 입을 자들인 것을 말하고 있습니다. 그런데 하나님께서 이렇게 하시는 이유는 사람들의 중심을 드러내기 위한 것입니다.

우리가 앞에서 살펴본 대로 예수님 당시 유대인들이 그렇게 넘어지는 자들이었습니다. 그들은 자기들이 가진 지식과 전통을 가지고 예수님을 판단하고 평가하고 대적했기 때문에, 그들의 영적인 눈은 더욱 어두워졌을 뿐 아니라, 그들에게 결국 하나님의 심판이 임했습니다.

베데스다 연못가의 예

요한복음 5장에 보면, 예수님께서 베데스다 연못가에서 삼십 팔년 된 병자를 고쳐주셨습니다. 고치실 때, 예수님은 그에게 일어나 자리를 들고 걸어가라고 말씀하셨고, 그는 즉시 고침을 받고 그대로 순종했습니다. 그런데 그 날이 안식일이었습니다. 그러자 그것을 본 유대인들이 예수님을 더욱 핍박하기 시작했습니다. 예수님께서 그에게 자리를 들고 걸어가게 함으로써, 안식일을 범했다는 것입니다. 그 당시 유대인들은 하나님을 섬김에 있어서 안식일을 거룩하게 지키는 것을 가장 중요한 부분 중 하나로 여겼습니다. 그리고 그들은 안식일에는 일을 하지 말라는 명령을 철저하게 지키기 위해 그 날에는 어떠한 물건도 옮기지 않았습니다. 그런데 예수님이 안식일을 범한 것입니다. 그래서 그들은 예수님을 대적하고 핍박했습니다. 물론 예수님께서 안식일을 범한 것이 아니었습니다. 성경에 하나님께서 안식일에 일하지 말라고 하신 것은 그러한 것을 말하는 것이 아니었습니다. 예수님은 그 당시 사람들이 가지고 있던 전통적인 안식일 관을 어겼을 따름입니다.

그런데 문제는 왜 예수님께서 그렇게 하면 유대인들이 예수님을 더욱 대적할 줄을 뻔히 아시면서, 그렇게 하셨느냐는 것입니다. 특히 예수님께서 그 사건을 설명하시면서 말씀하셨듯이 예수님은 철저하게 하나님의 인도를 따라 그 일을 행하셨습니다(19-20절). 그렇다면 하나님은 예수님에게 왜 그렇게 하도록 하셨습니까? 그 자리는 매우 더러운 것이었을 것입니다. 아무 쓸모도 없는 물건이었을 것입니다. 뿐만 아니라, 만약 예수님께서 그렇게 하지 않으셨더라면, 유대인들이 예수님을 대적할 구실이 더 줄어들었을 것입니다.

이것이 바로 스티그마입니다. 하나님은 의도적으로 그렇게 하셨습니다. 하나님은 그렇게 하심으로써 유대인들 속에 진정한 하나님을 아는 지식도, 하나님을 향한 사랑도, 그리고 하나님을 믿는 믿음도 없는 것을 드러내셨습니다(37-38, 42, 46-47). 그들의 신앙이 그저 전통에 따라 의식의 나열과 인간적인 가르침의 집합에 불과한 것임을 드러내셨습니다(마 15:7-9). 그리고 그 결과 그들의 마음은 더욱 강퍅하게 되었고, 그들의 눈은 더욱 어두워졌고, 그들의 귀는 더욱 들리지 않게 되었습니다(마 13:14-15).

그러므로 우리들이 하나님의 행하심을 주시하여 보고 그 행하심에 우리의 전 존재로 동참하려면, 반드시 제 4단원 영적 분별력에서 살펴본 것과 같은 겸손한 자세를 가지고 하나님 앞에 나와야 합니다. 그렇지 않으면, 우리는 걸려 넘어집니다.

| 각 세대는 그 세대의 스티그마를 가집니다

각 세대는 그 세대의 스티그마를 가집니다. 그리고 그것에 의해 그 세대의 성도들은 자기들의 믿음을 시험 받을 것입니다. 어제의 스티그마는 오늘은 더 이상 스티그마가 아닙니다. 어제의 스티그마는 오늘날 쉽게 받아들여집니다.

마태복음 23:29-32을 읽고, 다음의 물음에 답하십시오.

바리새인들은 예레미야나 이사야와 같은 과거의 선지자들을 어떻게 받아들였습니까?

예수님은 그러한 바리새인들의 자세를 어떻게 보셨습니까? 그리고 그 이유는 무엇이었습니까?

화 있을진저 외식하는 서기관들과 바리새인들이여 너희는 선지자들의 무덤을 만들고 의인들의 비석을 꾸미며 이르되 만일 우리가 조상 때에 있었더라면 우리는 그들이 선지자의 피를 흘리는 데 참여하지 아니하였으리라 하니 그러면 너희가 선지자를 죽인 자의 자손임을 스스로 증명함이로다 너희가 너희 조상의 분량을 채우라

(마 23:29-32)

바리새인들은 자기 조상들이 핍박하고 심지어 죽였던 과거의 선지자들을 참다운 선지자로 인정하고 그들의 무덤을 단장했습니다. 과거 그들의 조상들을 넘어지게 했던 스티그마들은 더 이상 바리새인들에게는 문제가 되지 않았습니다. 그러나 그들은 그들 조상들처럼 중심에서부터 하나님을 사랑하는 올바른 자세가 없었기에 예수님을 통한 그 시대의 스티그마로 인해 넘어졌습니다. 그래서 예수님은 선지자들의 무덤을 단장하는 바리새인들의 자세를 외식이라고 부르셨습니다. 그리고 그들도 그들의 조상과 똑같은 자들이라고 말씀하셨습니다.

1960년대 우리나라에 성령의 바람이 놀랍게 불어 닥칠 때, 많은 교회들과 성도들은 다른 성도들이 방언하는 것을 보면 이단이라고 대적하고 핍박했습니다. 오늘날 그렇게 말하는 사람은 거의 없습니다. 방언은 오늘날 더 이상 스티그마가 아닙니다. 오늘날은 오늘날의 스티그마를 가지고 있습니다.

성령의 기름부음으로 섬기는 삶

이러한 스티그마들이 있기 때문에, 성령의 기름부음으로 주님을 따르는 삶에는 몇 가지 중요한 자세들이 요구됩니다.

첫째는 주님을 위해 기꺼이 바보가 되고자 하는 자세입니다

성령의 기름부음은 스티그마와 함께 옵니다. 그러므로 우리들이 성령의 기름부음 가운데 주님과 동행하는 삶을 살려면, 사도 바울이 그랬던 것처럼 주를 위해 기꺼이 바보가 되고자 하는 자세를 가져야 합니다(고전 4:10).

둘째는 담대함입니다

주님을 따르는 데 있어서 가장 중요한 요소 중의 하나는 담대함입니다. 그 이유 중의 하나는 그것과 같이 오는 스티그마 때문입니다. 그래서 하나님은 여호수아를 이스라엘의 지도자로 세우시면서 그렇게 담대함을 강조하셨습니다(수 1:5-7, 9). 여호수아는 결코 심약한 사람이 아니었습니다. 가나안 땅을 정탐하고 돌아와 보고하는 그의 자세나 이스라엘 백성들을 인솔하여 블레셋과 전쟁하는 그의 모습을 보면 그 사실을 알 수 있습니다(민 14:1-9, 출 17:10-13).

셋째는 오직 하나님을 사랑하는 공통분모만을 가지고 사람을 대하는 것입니다

성도들 사이의 관계는 오직 더 큰 하나님의 영광을 위해 온전히 헌신하는 관계에서만 의미를 갖습니다. 다시 말해서 하나님을 사랑하는 것만이 모든 관계의 공통분모가 되어야 합니다. 어떤 인간적인 끈이나 단순한 인간적인 충성심이 성도들이나 사역자들을 묶는 끈이 되어서는 안됩니다. 만약 그렇게 되면, 우리는 주님을 따라갈 수 없습니다.

넷째는 하나님의 평가만을 소중히 여겨야 합니다

예수님이건 사도 바울이건 하나님의 사람들은 다 그랬습니다(요 5:41, 갈 1:10, 살전 2:4). 반면에 바리새인들은 그렇지 않았습니다(요 5:44). 우리들이 하나님의 평가만을 소중히 여기는 자세를 가지고 있지 않으면, 기름부음과 함께 하는 스티그마 때문에 주님을 따를 수 없습니다.

오늘 배운 것을 복습하십시오. 오늘 배운 내용 중에서 하나님께서 당신으로 하여금 이해하고, 배우고, 실천하기 원하는 부분이나 성구를 한두 개 지적해 주시도록 기도하십시오. 그리고 난 후 다음의 질문에 답하십시오.

- 오늘 배운 내용 중에서 어떤 부분이나 성구가 가장 뜻있게 와 닿았습니까?

- 위의 부분이나 성구를 하나님께 대한 당신의 기도로 바꾸십시오.

- 오늘의 학습에 대한 반응으로 하나님은 당신이 무엇을 하기를 원하십니까?

이 과의 요점

- 성령에 의한 삶의 한 부분은 성령의 능력으로 사역을 감당하는 것입니다.
- 성령의 능력과 관련하여 중요한 한 가지 요소는 성령을 소멸하지 않는 것입니다.
- 성령의 기름부음에는 스티그마가 있습니다.
- 스티그마는 사람들의 중심을 드러내기 위한 것입니다.
- 주님과 동행하려면 기꺼이 스티그마를 지는 자세가 필수적입니다.

제 11단원

십자가에 의한 삶

Power of the Cross

제1과 십자가의 복음

주님과의 친밀한 교제의 삶을 위해 가장 중요한 또 하나의 요소는 십자가에 의한 삶을 사는 것입니다. 그리스도의 십자가에는 참으로 놀라운 능력이 있습니다. 영혼을 구원하는 능력뿐 아니라, 세상과 육신을 이기는 능력, 치유하는 능력, 사탄의 세력을 멸하는 능력 등 놀라운 하나님의 능력이 그곳에 들어 있습니다. 그러므로 우리들이 순간순간 십자가에 의한 삶을 살 때, 이 놀라운 능력을 경험할 수 있게 될 것입니다.

그런데 오늘날 많은 성도들은 '십자가의 복음' 하면 예수를 처음 믿을 때 이미 다 습득한 것이라고 생각합니다. 그러나 그것은 그리스도의 십자가를 매우 피상적으로 아는 것입니다. 그 결과 그들은 십자가의 놀라운 승리를 오늘의 삶에서 경험하지 못하고 있습니다. 그리스도의 십자가를 의지하는 삶은 그리스도의 십자가에 관한 몇 가지 사실을 이론적으로 깨닫고, 그 사실들을 믿고 받아들이는 것 이상입니다. 그리스도의 십자가를 올바로 이해하려면 보다 광범위한 접근이 필요합니다. 특히 오늘날처럼 율법주의 신앙이 널리 퍼져 있는 상황에서는 더욱 그렇습니다.

특히 우리는 날마다 십자가로 인하여 사는 것을 배워야 합니다. 그리스도의 십자가는 단순히 우리들이 구원 얻을 때만 필요한 것이 아닙니다. 십자가는 우리의 모든 삶에서 날마다 필요한 것입니다. 하나님은 오늘날 하나님의 군대를 일으켜 세우고 계십니다. 그리고 그들은 무엇보다 십자가의 군병이 될 것입니다. 십자가의 깃발 아래 모이는 십자가의 군대가 될 것입니다. 순간순간 십자가를 의지하고 설 뿐 아니라, 십자가의 능력으로 나아갈 십자가의 군대가 될 것입니다.

우리가 전할 복음은 십자가의 복음

우리들이 전할 복음은 오직 십자가의 복음뿐 입니다. 우리는 이것을 사도들의 삶에서 잘 볼 수 있습니다. 성경에 보면 사도들은 오직 십자가의 복음을 전했습니다. 그것이 그들이 전한 유일한 복음이었습니다.

다음의 성경구절들을 읽고 빈 칸을 채워 넣으십시오.

그리스도께서 나를 보내심은 침(세)례를 베풀게 하려 하심이 아니요 오직 복음을 전하게 하려 하심이로되 말의 지혜로 하지 아니함은 (   )가 헛되지 않게 하려 함이라 (   )가 멸망하는 자들에게는 미련한 것이요 구원을 받는 우리에게는 하나님의 능력이라(고전 1:17-18).

우리는 (   )를 전하니 유대인에게는 거리끼는 것이요 이방인에게는 미련한 것이로되 오직 부르심을 받은 자들에게는 유대인이나 헬라인이나 그리스도는 (   )이요 (   )니라(고전 1:23-24).

형제들아 내가 너희에게 나아가 하나님의 증거를 전할 때에 말과 지혜의 아름다운 것으로 아니하였나니 내가 너희 중에서 (   )와 그가 (   ) 외에는 아무 것도 알지 아니하기로 작정하였음이라(고전 2:1-2).

그러나 내게는 (   ) 외에 결코 자랑할 것이 없으니 (   )로 말미암아 세상이 나를 대하여 십자가에 못 박히고 내가 또한 세상을 대하여 그러하니라(갈 6:14).

답 : 그리스도의 십자가, 십자가의 도, 십자가에 못 박힌 그리스도, 하나님의 능력, 하나님의 지혜, 예수 그리스도, 십자가에 못 박신 것, 우리 주 예수 그리스도의 십자가, 그리스도

십자가의 복음에는 놀라운 능력이 있습니다

위에 나온 고린도전서 1:18, 23-24을 다시 한 번 읽으십시오. 그리고 로마서 1:16을 읽고 빈 칸을 채우십시오.

내가 복음을 부끄러워하지 아니하노니 이 (   )은 모든 믿는 자에게 구원을 주시는 (   )이 됨이라 먼저는 유대인에게요 그리고 헬라인에게로다.

답 : 복음, 하나님의 능력

십자가의 도가 멸망하는 자들에게는 미련한 것이요 구원을 받는 우리에게는 하나님의 능력이라
(고전 1:18)

우리는 십자가에 못 박힌 그리스도를 전하니 유대인에게는 거리끼는 것이요 이방인에게는 미련한 것이로되 오직 부르심을 받은 자들에게는 유대인이나 헬라인이나 그리스도는 하나님의 능력이요 하나님의 지혜니라
(고전 1:23-24)

십자가의 복음에는 놀라운 능력이 있습니다. 우리를 구원하는 능력뿐 아니라, 죄와 세상을 이기는 하나님의 능력, 사람을 변화시키는 하나님의 능력 등 참으로 놀라운 하나님의 능력이 있습니다. 십자가의 복음 앞에서는 어떠한 사탄의 고소도 맥을 잃습니다. 세상의 그 화려한 유혹도 빛이 바랩니다. 주를 위해 진정으로 헌신하고자 하는 열망이 샘솟게 됩니다. 만약 오늘날 성도들의 삶 가운데 하나님의 이러한 능력이 나타나

지 않는다면, 그것은 교회에서 십자가의 복음이 전파되지 않거나 성도들이 십자가의 복음 위에 서지 않기 때문입니다.

당신은 당신의 삶과 교회에서 그러한 능력이 나타나는 것을 봅니까?

□ 예 □ 아니요

| 십자가의 능력 vs 세상적인 지혜

십자가의 복음에는 놀라운 능력이 있습니다. 그런데 우리들이 세상의 지혜를 따라 전하면 그 능력이 소멸됩니다. 그래서 사도들은 그 십자가의 능력이 헛되지 않게 하기 위해 세상적인 지혜를 가지고 전하지 않았습니다. 특히 사도 바울은 이 점을 여러 곳에서 말하고 있습니다.

그리스도께서 나를 보내심은 세례를 베풀게 하려 하심이 아니요 오직 복음을 전하게 하려 하심이로되 말의 지혜로 하지 아니함은 그리스도의 십자가가 헛되지 않게 하려 함이라

(고전 1:17)

위에서 읽은 고린도전서 1:17을 다시 읽으십시오. 그리고 고린도전서 2:4-5을 읽고 아래에 써 보십시오.

내 말과 내 전도함이 설득력 있는 지혜의 말로 하지 아니하고 다만 성령의 나타나심과 능력으로 하여 너희 믿음이 사람의 지혜에 있지 아니하고 다만 하나님의 능력에 있게 하려 하였노라

(고전 2:4-5)

우리들이 세상의 지혜를 따라 전하게 될 때, 그리스도의 십자가에서 그 능력이 소멸됩니다. NIV 영어성경은 고린도전서 1:17의 "그리스도의 십자가가 헛되지 않게 하려 함이라"라는 말을 "그리스도의 십자가에서 그 능력이 소멸되지 않게 하려 함이라" 라고 정확하게 번역하고 있습니다.

| 세상적인 지혜

당신은 여기에서 말하는 세상의 지혜나 설득력 있는 말이 무엇을 의미한다고 생각합니까?

우리는 흔히 공자나 맹자와 같은 사람들의 말을 인용한 윤리적인 설교 혹은 세상적인 진한 감동을 담은 좋은 이야기들을 사용한 설교 등을 세상적인 지혜를 따르는 설교라고 생각합니다. 그리고 그것들은 분명 바울이 언급한 말과 지혜의 아름다운 것으로 한 설교라고 볼 수 있을 것입니다.

그러나 저는 바울이 말한 세상의 지혜를 따라 하는 설교는 그 이상이라고 생각합니다.

그것들이 성경에 기초한 가르침들이라 할지라도, 십자가의 복음 위에 기초하지 않은 모든 가르침들은 다 세상적인 지혜를 따르는 것입니다. 오늘날 예를 들어 '행복한 가정을 꾸미기 위한 7단계', '사업의 축복을 받기 위한 믿음의 법칙', '성공적인 삶을 위한 세 가지 법칙' 과 같은 유형의 설교들이 많이 있습니다. 그러한 설교들은 나름대로 성경적인 가르침에 토대를 두고 있습니다. 그리고 그러한 설교들을 통해서 성도들이 부분적으로 도움을 얻을 수 있습니다. 그러나 저는 이 모든 것들이 다 바울이 말한 세상적인 지혜를 따르는 설교가 될 수 있다고 생각합니다. 이 말이 의아하게 들릴 수 있습니다. 그러나 우리들이 십자가의 복음이 무엇인가를 이해하면, 이 점을 선명하게 이해할 수 있을 것입니다.

예를 들어, 행복한 가정을 꾸리기 위한 여러 가지 지혜들에 대해서 살펴보십시다. 그것들이 나름대로 성경적인 가르침에 기초할 수 있습니다. 그리고 그 지혜들을 따름으로써 여러 가지 도움을 얻을 수도 있습니다. 그러나 그것들이 철저하게 십자가의 복음 위에 기초하지 않을 때, 거기에는 진정한 삶의 변화가 일어나지 않습니다. 여기 그 지혜들을 통해 한 성도의 가정에 소위 더 큰 행복이 깃들었다고 하십시다. 그러나 만약 그들이 주님의 형상으로 더욱 변화되지도 않고, 그들이 주님을 더욱 사랑하지도 않는다면, 그 모든 것들이 무슨 진정한 의미가 있겠습니까? 그러므로 이 모든 지혜들은 오직 십자가 복음의 토대 위에서만 그 의미를 갖게 됩니다.

저는 오늘날 우리들 가운데 매우 아름답고 감동적인 설교들은 많지만, 십자가에 달리신 예수 그리스도는 별로 전파되고 있지 않다고 생각합니다. 인본주의적인 메시지는 가득하나 진정한 복음은 고갈되어 있습니다. 사도 바울은 세상의 교훈이나 철학이나 지혜나 삶의 방법을 전하지 않고, 철저하게 십자가에 달리신 예수 그리스도를 전한다고 했는데, 오늘날의 교회는 그 정반대인 것 같습니다. 그 결과 오늘날 성도들의 삶에는 진정한 변화가 없습니다. 오늘날 목회자들이 가장 고민하는 것 중 하나가 바로 성도들의 삶 속에 변화가 없다는 사실입니다. 예수 믿은 지 20년, 30년이 되었는데도 전혀 변화가 없습니다. 이런 방법 저런 방법을 총동원하여 온갖 노력을 다해 보지만 별다른 효과가 없습니다. 그 뿐 아니라 사람들의 노력과 수단을 통해 이루어 놓은 실적들은 종종 있으나, 진정으로 하나님께서 역사하셔서 이루어 놓은 열매들은 거의 없습니다. 또한 하나님의 진정한 은혜도, 하나님의 임재도, 진정한 하나님의 평강도, 하나님의 진정한 역사도 교회 안에 거의 없습니다. 어쩌면 이 모든 것들은 당연한 결과일 것입니다. 이 모든 것들은 참다운 복음의 능력으로만 얻어지는 것들이기 때문입니다.

그동안 은사주의 운동이 가지고 있던 맹점 중의 하나가 바로 이 점입니다. 그들은 그들의 메시지에서 그리스도의 십자가를 빼 버렸습니다. 오늘날 소위 성령운동을 하는 많은 사람들도 마찬가지입니다. 우리는 그리스도의 십자가가 없이는 어떠한 참된 영성도, 어떠한 참된 능력도, 어떠한 참된 변화도 없다는 사실을 기억해야 합니다. 그렇기 때문에 사람들이 하나님의 능력을 받고 쓰러지기도 하고, 은사를 받기도 하고, 치유를 받기도 했지만, 그들의 삶 속에 진정한 변화가 일어나지 않으며, 그들이 주님을 아는 지식을 가지고 있지 않습니다. 그리스도의 십자가가 없이는 영광도 없습니다. "No Cross, No Glory."

사실, 그리스도의 십자가를 값싼 것으로 만들어 버린 배후에는 사탄의 역사가 있습니다. 그러나 그리스도의 십자가가 다시 전파될 것입니다. 하나님께서 오늘날 전 세계적으로 하나님의 놀라운 군대를 일으켜 세우고 계시며, 또 하나님의 교회를 회복시키고 계신데, 그들은 그리스도의 십자가의 깃발 아래 모이게 될 것입니다. 그리스도의 십자가가 하나님이 세우시는 군대의 군기가 될 것입니다.

복음은 인격체

내가 복음을 부끄러워하지 아니하노니 이 복음은 모든 믿는 자에게 구원을 주시는 하나님의 능력이 됨이라 먼저는 유대인에게요 그리고 헬라인에게로다

(롬 1:16)

십자가의 그 놀라운 능력을 우리의 삶 속에서 날마다 경험하기 위해 우리는 반드시 복음의 성격을 올바로 이해해야 합니다. 성경이 말하는 복음은 예수님에 관한 몇 가지 이론적인 사실이 아닙니다. 예수님의 십자가에 대한 추상적인 개념이나 사실적인 진리의 나열도 아닙니다. 성경이 말하는 복음은 인격체입니다. 십자가의 복음은 십자가에 못 박힌 예수 그리스도 그분입니다.

그리스도께서 나를 보내심은 세례를 베풀게 하려 하심이 아니요 오직 복음을 전하게 하려 하심이로되 말의 지혜로 하지 아니함은 그리스도의 십자가가 헛되지 않게 하려 함이라 십자가의 도가 멸망하는 자들에게는 미련한 것이요 구원을 받는 우리에게는 하나님의 능력이라

(고전 1:17–18)

> 로마서 1:16, 고린도전서 1:17–18, 고린도전서 1:23–24을 읽으십시오. 그리고 사도 바울은 그 곳에서 자신이 전한 복음을 무엇이라고 표현하고 있는지 써 보십시오.

사도 바울은 자신이 전한 메시지를 우선 복음으로 표현하고 있습니다. 그는 이어서 그 복음을 십자가의 도라고 부르고, 나중에는 그것을 십자가에 달리신 예수 그리스도라고 말합니다. 그리고 그는 예수님에 관한 몇 가지 사실이 아니라, 예수 그리스도가 바로 하나님의 지혜요 하나님의 능력이라고 말합니다. 이처럼 우리가 전한 복음은 인격체 되신 예수님 자신입니다. 우리를 위해 십자가 지신 그 분이 바로 우리가 전하는 복음입니다.

우리는 십자가에 못 박힌 그리스도를 전하니 유대인에게는 거리끼는 것이요 이방인에게는 미련한 것이로되 오직 부르심을 받은 자들에게는 유대인이나 헬라인이나 그리스도는 하나님의 능력이요 하나님의 지혜니라

(고전 1:23–24)

다음에 나오는 요한1서 1:1–3을 읽으십시오. 그리고 복음이 인격체라는 사실을 보여주는 단어에 밑줄을 그어 보십시오.

"태초부터 있는 생명의 말씀에 관하여는 우리가 들은 바요 눈으로 본 바요 자세히 보고 우리의 손으로 만진 바라 이 생명이 나타내신 바 된지라 이 영원한 생명을 우리가 보았고 증언하여 너희에게 전하노니 이는 아버지와 함께 계시다가 우리에게 나타내신 바 된 이시니라 우리가 보고 들은 바를 너희에게도 전함은 너희로 우리와 사귐이 있게

하려 함이니 우리의 사귐은 아버지와 그의 아들 예수 그리스도와 더불어 누림이라."

이 구절을 보아도, 우리들이 전하는 복음이 인격체이신 예수 그리스도라는 사실을 분명하게 볼 수 있습니다. 사도 요한이 전한 복음은 단순히 듣는 것이 아니었습니다. 그것은 그가 들었을 뿐 아니라, 눈으로 보았고, 주목하여 보았고, 또 손으로 만져본 것이었습니다. 요한이 전한 복음이 예수님에 관한 몇 가지 사실들이었다면, 그는 단순히 그것을 들었을 것입니다. 그러나 요한이 말하는 생명의 말씀, 영원한 생명은 모두 똑같은 것으로서, 그가 들었을 뿐 아니라 눈으로 보고 손으로 만져 본 예수님 자신이었습니다.

| 인격체이신 예수님을 만날 때 놀라운 변화가 일어납니다

여기서 잠깐 멈추고 5단원 1과를 간단히 복습하십시오. 복습하기 전에는 더 이상 진도를 나가지 마십시오.

예수님에 관한 몇 가지 사실들을 듣는 것은 사람들에게 별다른 의미가 없을 수 있습니다. 그러나 그들이 그들을 위해 십자가 지신 예수 그리스도를 성령의 조명으로 만나게 되면, 그들에게 근본적인 변화가 일어날 것입니다.

잭키 풀린저는 홍콩에서 마약 중독자들이나 창녀들과 같은 가난한 자들을 위해 사역하고 있는 분입니다. 그녀의 사역을 통해서 때로는 20년 혹은 30년 동안 마약에 중독되었던 자들이 치유되고 회복되고 있으며 많은 갱단 두목들과 단원들이 주께로 돌아오고 있습니다. 또한 은퇴한 창녀들이나 젊은 창녀들이 주님 안에서 새로운 삶을 시작하고 있습니다. 그렇게 회복되고 치유된 많은 사람들은 이제 과거의 자기들과 똑같은 사람들을 구원하고 치유하기 위해 봉사합니다. 오늘날 전임으로 자원봉사하는 사람들만 해도 100명이 넘습니다. 그들은 온 삶으로 주님을 위해 섬기고 있는 것입니다.

어떻게 이러한 일이 가능하다고 생각하십니까? 길거리에 버려진 그들이 예수님에 관한 몇 가지 이론적인 진리를 듣고, 그것에 감동을 받아서 그렇게 변했다고 생각하십니까? 아닙니다. 그들은 바로 자신들을 위해 십자가 지신 예수 그리스도를 만났습니다. 그리고 그럴 때, 그들은 그렇게 놀랍게 구원 받고, 치유 받고, 변화된 것입니다.

잭키 풀린저의 사역이 하나의 좋은 예입니다만, 우리의 모든 사역은 바로 십자가의 복음과 성령의 사역에 토대를 두어야 합니다. 그리고 그것이 사랑의 섬김으로 표현되어야 합니다. 그 때에 거기에는 참으로 놀라운 열매들이 맺히게 될 것입니다. 반면에 가난한 자들을 위한 사역뿐 아니라 어떠한 사역이든지, 그것이 십자가의 복음과 성령의 사역의 토대 위에 세워지지 않으면, 거기에서 진정한 하나님의 능력과 역사도 기대할 수 없습니다.

주님을 알기를 힘써야 합니다

십자가의 복음은 단순히 예수님에 관한 몇 가지 사실이 아닙니다. 그것은 십자가 지신 예수님 자신입니다. 그러므로 우리는 주님을 전하기에 앞서 자신이 먼저 주님을 알아야 합니다. 주님을 알기를 힘써야 합니다.

| 우리는 주님을 아는 만큼 주님을 전할 수 있습니다

아래에 나오는 고린도전서 2:1-5을 자세히 읽으십시오.

"형제들아 내가 너희에게 나아가 하나님의 증거를 전할 때에 말과 지혜의 아름다운 것으로 아니하였나니 내가 너희 중에서 예수 그리스도와 그가 십자가에 못 박히신 것 외에는 아무 것도 알지 아니하기로 작정하였음이라 내가 너희 가운데 거할 때에 약하고 두려워하고 심히 떨었노라 내 말과 내 전도함이 설득력 있는 지혜의 말로 하지 아니하고 다만 성령의 나타나심과 능력으로 하여 너희 믿음이 사람의 지혜에 있지 아니하고 다만 하나님의 능력에 있게 하려 하였노라."

우리는 이 구절에서 잘 안 어울리는 한 단어를 발견할 수 있습니다. 그것은 2절에 나오는 '알다' 라는 단어입니다. 바울은 1장에서부터 자신이 전한 복음에 대해서 말하고 있습니다. 그래서 이 구절에서도 그는 "형제들아 내가 너희에게 나아가 하나님의 증거를 전할 때에"라는 말로 시작하고 있습니다. 그러므로 그는 2절에서 "내가 너희 중에서 예수 그리스도와 그가 십자가에 못박히신 것 외에는 아무것도 알지 아니하기로 작정하였음이라"라는 말 대신에 "내가 너희 중에서 예수 그리스도와 그가 십자가에 못박히신 것 외에는 아무것도 전하지 아니하기로 작정하였음이라"라고 했어야 했습니다. 그래야 모든 것이 자연스럽습니다. 그러나 사도 바울은 여기에서 '전하다' 라는 단어 대신에 '알다' 라는 단어를 사용하고 있습니다. 그래서 언뜻 보기에는 앞뒤가 제대로 맞지 않는 것처럼 보입니다. 그런데 사실은 이 단어가 바로 사도 바울이 전한 복음을 이해하는 데 있어 핵심적인 단어입니다.

또 한 가지 2절에서 우리말 성경에 "예수 그리스도와 그가 십자가에 못박히신 것"이라고 번역된 구절은 "예수 그리스도 곧 십자가에 못 박히신 그분"이라고 번역하는 것이 더 좋습니다. 실제로 대부분의 영어 성경은 그렇게 번역하고 있습니다. 물론 우리 말 성경처럼 번역해도 크게 달라지는 것은 없습니다.

성경이 말하는 복음을 이해하는 데 있어서 핵심적인 단어라고 할 수 있는 이 '알다' 라는 단어는 먼저 사도 바울이 전한 복음이 예수님의 십자가에 관한 몇 가지 이론적인 사실이 아니라, 십자가 지신 예수님 자신인 것을 결정적으로 보여줍니다. 만약 복음이 십자가에 관한 몇 가지 이론적인 사실이라면, 사도 바울은 벌써 오래 전에 그것을 섭렵했을 것입니다. 그러나 십자가의 복음은 십자가에 달리신 예수 그리스도 그 분 자신이기 때문에, 사도 바울은 지금까지도 그 예수님을 더욱 알기만을 간절히 추구하고 있습니다. 특히 사도 바울이 고린도전서를 쓸 때쯤이면, 그는 이미 3층천에도 다녀왔고, 하나님의 놀라운 능력과 역사들이 그를 통해 나타나고 있었고, 그 당시 전 세계가 그의 앞에 열려져 가고 있었고, 그를 통해 수많은 교회들이 세워지고 있었고, 그는 수많은 사역의 열매들을 보았을 때입니다. 그런데도 여전히 그는 십자가에 달리신 예수 그리스도를 간절히 알기 원하고 있습니다.

오늘날 많은 성도들은 십자가의 복음을 처음 예수를 믿을 때 습득하는 몇 가지 십자가에 관한 지식이라고 생각합니다. 그래서 '십자가의 복음' 하면 그들은 그것을 이미 다 배웠다고 생각합니다. 그렇기 때문에 오늘날 대부분의 성도들은 십자가의 능력을 경험하지 못하고 있습니다. 십자가의 복음은 어떤 과정을 마치는 것이 아닙니다. 십자가의 복음은 십자가 지신 예수님 그분입니다. 그리고 우리가 그분을 아는 만큼 그분의 능력을 경험합니다. 사실, 이 점을 보아도 우리 신앙의 본질과 십자가의 복음이 떼려야 뗄 수 없도록 서로 깊은 연관을 가지고 있는 것을 알 수 있습니다.

또한 십자가의 복음이 십자가에 못 박힌 예수 그리스도 그분이기 때문에, 우리가 그분을 전하기 위해서는 자신이 먼저 그분을 알아야 합니다. 우리는 그분을 아는 만큼 그분을 전할 수 있습니다. 만약 우리들이 그분을 알지 못하고, 그분에 관한 몇 가지 이론적인 사실만을 전한다면, 그것은 아무런 생명도 없는 공허한 메아리에 불과할 것입니다. 그것은 듣는 사람들에게 거의 아무런 변화도 가져오지 못할 것입니다. 이것은 목회자뿐 아니라 주일학교 교사, 구역장, 성경 공부 지도자 등 모두에게 마찬가지입니다. 사도 바울 자신이 복음을 전하기 전에, 그 복음인 예수님을 그토록 알기 원했다면 우리는 어떠하겠습니까?

> 만일 당신이 주일학교 교사들을 포함해서 교회에서 가르치는 위치에 있으면 잠시 멈추고 당신의 학생들 가운데서 그리스도의 생명이 역사하고 있는지 생각해 보십시오.
>
> □ 역사하고 있다.
> □ 역사하고 있지 않다.
>
> 만약 그리스도의 생명이 그들 속에서 역사하고 있지 않다면, 당신은 혹시 그들에게 단순한 이론적인 지식만을 전하고 있지는 않은지 살펴보십시오.

교회의 참된 터는 오직 십자가의 복음

다음의 성경구절을 읽고 빈 칸을 채우십시오.

> 내게 주신 (   )를 따라 내가 지혜로운 건축자와 같이 터를 닦아 두매 다른 이가 그 위에 세우나 그러나 각각 어떻게 그 위에 세울까를 조심할지니라 이 닦아 둔 것 외에 능히 다른 터를 닦아 둘 자가 없으니 이 터는 곧 (   )라
> (고전 3:10-11).

사도 바울은 이방인을 향한 사도였습니다. 특히 그 중에서도 교회의 기초를 놓은 사도였습니다. 그러면서 사도 바울은 자기가 놓은 기초 외에는 하나님의 교회를 위한 어떠한 다른 기초도 없다고 했습니다. 그러면 사도 바울이 말한 교회의 터는 무엇입니까? 그것은 바로 십자가에 달리신 예수 그리스도 곧 십자가의 복음입니다. 교회는 철저하게 십자가의 복음 위에 세워져야 합니다. 그래야 하나님의 은혜가 회복되고, 하나님이 역사하시고, 하나님이 임재하셔서 인도하시는 교회로 세워질 수 있습니다.

당신은 어떤 교회가 훌륭한 교회요 자랑할 만한 교회라고 생각합니까? ∨표 하십시오.

- □ 성도 수가 많은 교회.
- □ 큰 건물을 가지고 있는 교회.
- □ 공부를 많이 한 목회자가 있는 교회.
- □ 연예인들이 많이 다니는 교회.
- □ 국회의원이나 의사나 재벌과 같은 지도층 인사들이 많은 교회.
- □ 오직 주님의 십자가만 자랑하는 교회.

오늘날 많은 성도들은 성도 수가 많고, 큰 건물과 많은 프로그램들을 가진 교회를 훌륭한 교회라고 생각합니다. 또 국회의원, 교수, 변호사, 판사 등과 같은 사회 지도층 인사들이 많은 교회나 혹은 대기업의 회장 등 경제계 인사들이 많은 교회를 좋은 교회라고 생각합니다. 그러나 이러한 생각은 우리의 신앙이 얼마나 십자가의 복음에서 멀어져 있나를 단적으로 보여주는 예입니다. 교회가 교회 되게 하는 것은 오직 그리스도의 십자가 밖에 없습니다. 그런데 만약 세상적인 지위나 돈을 보다 나은 교회가 되게 하는 그 기초로 이해한다면, 그것은 얼마나 타락한 가치관입니까? 얼마나 십자가의 기초에서 벗어난 가치관입니까?

오늘 배운 것을 복습하십시오. 오늘 배운 내용 중에서 하나님께서 당신으로 하여금 이해하고, 배우고, 실천하기 원하는 부분이나 성구를 한두 개 지적해 주시도록 기도하십시오. 그리고 난 후 다음의 질문에 답하십시오.

✣ 오늘 배운 내용 중에서 어떤 부분이나 성구가 가장 뜻있게 와 닿았습니까?

✣ 위의 부분이나 성구를 하나님께 대한 당신의 기도로 바꾸십시오.

✣ 오늘의 학습에 대한 반응으로 하나님은 당신이 무엇을 하기를 원하십니까?

이 과의 요점

- 우리가 전할 복음은 십자가의 복음입니다.
- 교회의 참된 터는 십자가의 복음 외에는 없습니다.
- 십자가의 복음에는 능력이 있습니다.
- 세상적인 지혜를 따라 전하면 십자가의 복음에서 그 능력이 소멸됩니다.
- 십자가의 복음은 인격체이신 예수 그리스도 그분입니다.
- 우리가 예수님을 만날 때 놀랍게 변화됩니다.
- 십자가의 능력을 경험하기 위해 주님을 알기를 힘써야 합니다.

제2과 십자가에 의한 의

주님과의 친밀한 교제의 삶을 위해 우리는 반드시 십자가에 의한 삶을 살아야 합니다. 그리고 십자가에 의한 삶의 핵심적인 한 부분은 오직 십자가의 공로만을 믿음으로 의지하여 사는 삶입니다. 즉, 매순간 오직 십자가의 의를 의지하여 사는 것입니다. 이것이 종교개혁자들이 내건 핵심적인 기치 중의 하나인 "오직 믿음으로"입니다. 우리가 이 삶을 살 때, 우리는 예수님 안에서 놀라운 승리와 하나님의 은혜와 자유함을 경험할 것입니다.

주님의 십자가는 항상 의지하는 것입니다

십자가의 복음은 우리에게 날마다 필요한 것입니다. 사실, 십자가의 복음을 의지하지 않고서는 우리는 한 순간도 하나님 안에 설 수 없습니다. 십자가의 복음이 우리에게 항상 필요한 것임을 가장 잘 말씀해 주신 분은 다름 아닌 바로 예수님 자신입니다.

예수께서 이르시되 내가 진실로 진실로 너희에게 이르노니 인자의 살을 먹지 아니하고 인자의 피를 마시지 아니하면 너희 속에 생명이 없느니라 내 살을 먹고 내 피를 마시는 자는 영생을 가졌고 마지막 날에 내가 그를 다시 살리리니 내 살은 참된 양식이요 내 피는 참된 음료로다 내 살을 먹고 내 피를 마시는 자는 내 안에 거하고 나도 그의 안에 거하나니 살아 계신 아버지께서 나를 보내시매 내가 아버지로 말미암아 사는 것 같이 나를 먹는 그 사람도 나로 말미암아 살리라

(요 6:53-57)

십자가의 복음을 이해하는 데 매우 중요한 구절인 요한복음 6:53-57을 읽고, 다음의 질문에 답하십시오. 이 말씀은 예수님께서 오병이어의 기적을 베푸신 다음에, 자신이 생명의 떡인 것을 말씀하시면서 하신 내용입니다.

여기에서 예수님의 살과 피는 무엇을 의미합니까?

예수님의 살과 피를 먹고 마신다는 말은 무슨 뜻입니까?

예수님은 자신의 살과 피를 먹고 마시는 자에게 무엇을 약속하셨습니까?

예수님의 살과 피는 예수님의 십자가를 의미합니다. 십자가에 돌아가시기 전날 밤, 예수님은 제자들과 함께 성만찬을 베푸시면서 자신의 살과 피에 대해서 말씀

하셨는데, 그것은 그 다음 날 십자가 위에서 일어날 일을 상징적으로 보여주신 것입니다(마 26:26-28 참조). 그리고 예수님의 살과 피를 먹고 마신다는 말은 예수님의 십자가를 믿는 것을 말합니다. 요한복음 6장을 전체적으로 보면 이 점이 확실합니다(요 6:29, 35, 40 참조).

그런데 여기에 나오는 "먹다"와 "마시다"라는 단어를 보면, 우리가 예수님의 십자가를 항상 의지해야 하는 것을 선명하게 볼 수 있습니다. 53절에 나오는 "먹다"와 "마시다"라는 단어는 단순과거형입니다. 이것은 과거 한 시점에서 한 번 일어난 행동을 나타냅니다. 이렇게 볼 때, 이 구절은 우리가 처음으로 예수님을 믿을 때를 의미한다고 볼 수 있습니다. 우리 모두가 잘 아는 대로, 우리는 당연히 예수 그리스도를 믿음으로 구원을 얻습니다. 그런데 54절과 56절에 나오는 "먹다"와 "마시다"라는 단어는 현재형입니다. 헬라어에서 현재형은 지속적인 행동을 나타냅니다. 따라서 이 구절들에서 예수님은 우리가 날마다 지속적으로 십자가의 공로를 믿음으로 의지하여 서야 할 것을 말씀하고 계십니다. 즉, 날마다 육신의 양식을 새롭게 먹어야 하는 것처럼, 날마다 십자가의 공로를 믿음으로 의지하여 서야 한다는 것입니다. 예수님은 그것이 우리의 영적인 양식이라고 말씀하고 계십니다.

예수님은 우리가 그렇게 살아갈 때, 예수님이 우리 안에 우리가 예수님 안에 사는 하나님과의 친밀한 교제가 이루어질 것을 말씀하고 계십니다. 요한복음에서 "우리가 예수님 안에, 예수님이 우리 안에" 거하는 삶은 예수님(하나님)과의 친밀한 교제를 말합니다. 우리가 순간순간 십자가의 공로만을 의지하여 설 때, 거기에 놀라운 하나님과의 친밀함이 열립니다. 거기에 주님 안에서의 놀라운 평안과 안식이 있습니다. 거기에 죄책감은 사라지고, 하나님의 사랑이 넘칩니다. 그리고 우리는 하나님의 사랑과 용납 안에서 감격하게 됩니다. 또한 예수님은 우리가 그렇게 살아갈 때, 예수님으로 인하여 사는 삶, 즉 하나님의 자원으로 사는 하나님 중심적인 삶이 가능할 것이라고 말씀하고 계십니다. 십자가에 의한 삶이 없이 하나님 중심적인 삶은 가능하지 않습니다.

모든 자기 의를 철저하게 내려놓아야 합니다

십자가에 의한 삶을 살기 위한 한 가지 필수적인 요소는 자기 의를 의지하는 것을 철저히 내려놓는 것입니다. 만약 그렇지 않으면 아무리 십자가의 공로를 믿음으로 의지한다고 말할지 몰라도 실제로는 자기 의를 의지하는 것이기 때문입니다. 그리고 우리가 자기 의를 의지하면, 우리에게서 하나님의 은혜는 끊어지고 십자가의 능력은 우리 삶에서 소멸되기 때문입니다.

2단원 5과를 간단히 복습하십시오.

| 모든 자기 의를 철저하게 내려놓는 것은 자기 속에 어떠한 선함도 없음을 철저하게 인식하는 것을 포함합니다

십자가에 의한 삶을 살기 위해 모든 자기 의를 철저하게 내려놓는 것은 자기 속에 하나님 앞에 내놓을만한 어떠한 선함도 없음을 철저하게 인식하는 것을 포함합니다. 다시 말해서, 자신의 총체적인 무능을 철저하게 발견하는 것을 포함합니다.

베드로의 예가 좋은 예입니다. 나는 베드로로 하여금 오늘날 우리가 아는 베드로가 되게 한 중요한 사건이 두 가지 있었다고 생각합니다. 베드로는 이 두 가지 사건을 통해서 오직 은혜에 의한 삶 그리고 성령에 의한 삶을 배웁니다.

그 첫 번째 사건은 베드로가 예수님을 부인한 사건입니다. 마태복음 26:69-75을 읽고 다음의 질문에 답하십시오.

베드로가 예수님을 어떻게 부인했는지를 써 보십시오.

예수님을 부인한 후 베드로는 어떻게 했으며, 당신은 그가 왜 그렇게 했다고 생각합니까?

당신은 이 사건의 중요성이 무엇이라고 생각합니까?

베드로는 예수님을 세 번씩이나 부인했습니다. 그것도 처음에는 그냥 부인하고, 그 다음에는 맹세하며 부인하고, 마지막으로는 저주하고 맹세하면서 예수님을 부인했습니다. 그 때 예수님께서 예언하신 대로 닭이 울었습니다. 베드로는 정신을 차려 자신이 한 일을 깨닫고, 밖에 나가서 통곡을 하며 울었습니다. 그 눈물은 회개의 눈물이기보다는 자기 자신에 대한 환멸의 눈물이었을 것입니다.

이 사건의 중요성은 이 사건을 통해 베드로가 하나님의 앞에서 자신의 무능함을 철저하게 발견하게 되었다는 것입니다. 다시 말해서 자기 속에 하나님 앞에 내세울만한 어떠한 선함도 없음을 발견하게 되었다는 것입니다. 베드로는 누구보다 더 열심으로 주님을 따랐던 자입니다. 그는 예수님을 따르기 위해 자기의 모든 것을 버려두었을 뿐 아니라(눅 18:28 참조), 주님을 따르는 데는 그야말로 물불을 가리지 않았습니다. 그래서 그는 심지어 캄캄한 밤중에 물 위로 걸어오시던 예수님께서 오라고 하자, 그 풍랑이 심한 밤에 바다 위로 발을 내디뎠던 것입니다. 다른 제자들은 두려움에 가득 차서 배 속에서 꼼짝도 못하고 있던 그 상황에서 말입니다.

베드로가 바깥 뜰에 앉았더니 한 여종이 나아와 이르되 너도 갈릴리 사람 예수와 함께 있었도다 하거늘 베드로가 모든 사람 앞에서 부인하여 이르되 나는 네가 무슨 말을 하는지 알지 못하겠노라 하며 앞문까지 나아가니 다른 여종이 그를 보고 거기 있는 사람들에게 말하되 이 사람은 나사렛 예수와 함께 있었도다 하매 베드로가 맹세하고 또 부인하여 이르되 나는 그 사람을 알지 못하노라 하더라 조금 후에 곁에 섰던 사람들이 나아와 베드로에게 이르되 너도 진실로 그 도당이라 네 말소리가 너를 표명한다 하거늘 그가 저주하며 맹세하여 이르되 나는 그 사람을 알지 못하노라 하니 곧 닭이 울더라 이에 베드로가 예수의 말씀에 닭 울기 전에 네가 세 번 나를 부인하리라 하심이 생각나서 밖에 나가서 심히 통곡하니라

(마 26:69-75)

그렇기 때문에 그가 예수님을 부인하기 불과 몇 시간 전에 그는 절대로 예수님을 부인하지 않겠으며, 차라리 예수님과 함께 죽겠다고 예수님과 동료 제자들 앞에서 장담했을 때(마 26:33, 35 참조), 그 말이 전혀 빈 말은 아니었을 것입니다. 그는 능히 그렇게 하고도 남을 수 있는 자였습니다. 그런데 그러한 그가 그렇게 장담한 지 불과 몇 시간 후에, 하찮은 종들 앞에서 자기 목숨이 두려워서 예수님을 그렇게 세 번씩이나 부인한 것입니다. 이 얼마나 충격적인 사건입니까. 그 순간은 베드로에게 자기 자신에 대한 모든 신뢰가 와르르 무너지는 순간이었습니다. 자신이 그토록 열심으로 주님을 따랐다고 생각해 왔는데, 자신은 고작 하찮은 종들 앞에서 저주하고 맹세하면서까지 예수님을 부인한 자에 불과한 것이 드러난 것입니다.

베드로로 하여금 베드로 되게 한 두 번째 중요한 사건은 예수님께서 몇몇 제자들과 함께 갈릴리 바다로 돌아가 그물을 던지고 있던 베드로를 찾아가셔서 그를 다시 부르신 사건입니다. 요한복음 21:15-18을 읽으십시오. 당신은 이 사건이 왜 베드로를 베드로 되게 한 사건이라고 생각합니까?

예수님은 부활 후에 몇몇 다른 제자들과 함께 갈릴리로 돌아가 고기를 낚고 있던 베드로를 찾아가셨습니다. 그를 회복시키기 위함이었습니다. 만약 예수님께서 그를 찾아가 회복시켜 주시지 않았더라면, 그는 절대로 일어설 수 없었을 것입니다. 그 엄청난 죄책감과 수치심과 자신에 대한 환멸감을 가지고 어떻게 주를 위해 설 수 있었겠습니까? 예수님은 그들을 찾아가셔서 가장 먼저 그들을 먹이셨습니다. 그리고 예수님은 베드로에게 "요한의 아들 시몬아 네가 이 사람들보다 나를 더 사랑하느냐" 라고 세 번씩이나 물으셨습니다(15-17절). 예수님께서 베드로에게 그렇게 물으신 것도 그리고 세 번씩이나 그렇게 하신 것도 모두 베드로에게 그가 세 번씩이나 예수님을 부인한 사건을 상기시키시면서 그의 상처를 치유해 주시기 위함이었을 것입니다. 당연히 베드로는 예수님의 그 질문을 들으면서, 자신이 예수님을 세 번씩이나 부인한 사건을 생각했을 것입니다. 베드로는 예수님을 진정으로 사랑했습니다. 그러나 그는 자기가 한 일을 알고 있었기에 "내가 주님을 사랑하는 줄 주님께서 아시나이다" 라고 대답하는 것 외에는 아무 할 말도 없었습니다. 그런데 예수님은 그러한 베드로에게 "내 양을 먹이라", "내 양을 치라"고 말씀하시면서 그를 다시 부르신 것입니다. 바로 거기에서 베드로는 이제 더 이상 자기 의나 열심이나 헌신이나 노력이 아닌 오직 하나님의 은혜로만 서는 것을 배우게 된 것입니다. 그리고 예수님은 그러한 그에게 이제 성령께서 그를 주장하시며 인도하시는 삶을 그가 살게 될 것이라고 말씀하셨습니다. "네가 젊어서는 스스로 띠 띠고 원하는 곳으로 다녔거니와 늙어서는 네 팔을 벌리리니 남이 네게 띠 띠우고 원하지 아니하는 곳으로 데려가리라"(18절)의 "남"은 바로 성령님을 가리킵니다. 그래서 베드로는 유대인이었음에도 불구하고 성령의 인도를 따라서 이방인인 고넬료의 집에 가서 복음을 전했을 뿐 아니라, 나중에는 예수님을 위해 거꾸로 십자가

그들이 조반 먹은 후에 예수께서 시몬 베드로에게 이르시되 요한의 아들 시몬아 네가 이 사람들보다 나를 더 사랑하느냐 하시니 이르되 주님 그러하나이다 내가 주님을 사랑하는 줄 주님께서 아시나이다 이르시되 내 어린 양을 먹이라 하시고 또 두 번째 이르시되 요한의 아들 시몬아 네가 나를 사랑하느냐 하시니 이르되 주님 그러하나이다 내가 주님을 사랑하는 줄 주님께서 아시나이다 이르시되 내 양을 치라 하시고 세 번째 이르시되 요한의 아들 시몬아 네가 나를 사랑하느냐 하시니 주께서 세 번째 네가 나를 사랑하느냐 하시므로 베드로가 근심하여 이르되 주님 모든 것을 아시오매 내가 주님을 사랑하는 줄을 주님께서 아시나이다 예수께서 이르시되 내 양을 먹이라 내가 진실로 진실로 네게 이르노니 네가 젊어서는 스스로 띠 띠고 원하는 곳으로 다녔거니와 늙어서는 네 팔을 벌리리니 남이 네게 띠 띠우고 원하지 아니하는 곳으로 데려가리라

(요 21:15-18)

에 못 박히는 자리까지도 나갔던 것입니다.

당신의 신앙생활에서 약한 부분이 있다면 그것이 무엇이라고 생각하십니까? 생각나는 대로 몇 가지를 열거해 보십시오.

당신은 열심히 노력해서 그 부분만 고칠 수 있다면, 신앙생활을 잘 할 수 있을 것이라고 생각합니까? 만약 답이 '아니요' 라면 그 이유를 쓰십시오.

ㅁ 예　　ㅁ 아니요 (이유 :　　　　　　　　　　　　　　　)

많은 성도들은 자신들이 몇 가지 부족한 점을 가지고 있을 뿐이며, 그것들만 고치면 신앙생활을 잘 할 수 있을 것이라고 생각합니다. 그러나 그러한 이해는 성경적인 이해와 전혀 다릅니다. 만약 어떤 사람이 열심히 노력해서 그가 알고 있는 몇 가지 약점을 고치면, 그는 다른 더 많은 부분에서 철저하게 무너지는 자신의 모습을 발견하게 될 것입니다. 우리는 몇 가지 약점을 가진 하나님 앞에서 꽤 쓸 만한 존재가 아니라, 하나님의 은혜가 없이는 한순간도 설 수 없는 철저하게 무능한 존재입니다. 그러므로 우리는 우리가 의지하고 하나님 앞에 설만한 어떠한 선한 것도 우리 속에 없는, 철저하게 무능한 존재임을 인식하고 오직 하나님의 은혜만을 의지하여 하나님 앞에 서야 합니다.

그러므로 형제들아 우리가 예수의 피를 힘입어 성소에 들어갈 담력을 얻었나니그 길은 우리를 위하여 휘장 가운데로 열어 놓으신 새로운 살 길이요 휘장은 곧 그의 육체니라
(히 10:19-20)

오직 십자가의 공로만을 믿음으로 의지하여 서야 합니다

예수께서 다시 크게 소리 지르시고 영혼이 떠나시니라 이에 성소 휘장이 위로부터 아래까지 찢어져 둘이 되고 땅이 진동하며 바위가 터지고
(마 27:50-51)

| 하나님께 나아가는 길은 오직 예수 그리스도입니다

예수님께서 십자가 위에서 자기 몸을 찢으사 하나님께로 나아가는 길을 여셨습니다. 다음에 나오는 히브리서 10:19-20을 읽고, 다음의 물음에 답하십시오.

이 구절은 어떠한 사건을 그 배경으로 두고 있습니까? 마태복음 27:50-51을 참조하십시오.

그러므로 하늘에 있는 것들의 모형은 이런 것들로써 정결하게 할 필요가 있었으나 하늘에 있는 그것들은 이런 것들보다 더 좋은 제물로 할지니라 그리스도께서는 참 것의 그림자인 손으로 만든 성소에 들어가지 아니하시고 바로 그 하늘에 들어가사 이제 우리를 위하여 하나님 앞에 나타나시고
(히 9:23-24)

히브리서 9:23-24에 의하면, 예루살렘에 있었던 성소는 무엇을 상징하는 모형이었습니까?

히브리서 10:19-20은 예수님께서 십자가에서 돌아가시는 순간 일어났던, 예루살렘 성전의 휘장이 위에서부터 두 쪽으로 쫙 갈라진 사건을 그 배경으로 두고 있습니다. 즉, 그 사건이 영적으로 의미했던 것을 기록하고 있습니다. 또한 히브리서

9:23-24은 예루살렘 성전은 하늘나라에 있는 진짜 성전인 하나님의 보좌에 대한 모형이요 그림자라고 말하고 있습니다.

예수님께서 십자가에서 못 박혀 돌아가실 때, 예루살렘 성전에 있던 휘장이 두 쪽으로 갈라졌습니다. 이 휘장은 그 당시 예루살렘 성전의 지성소 앞에 드리워져 있던 휘장입니다. 지성소는 하늘나라에 있는 하나님의 보좌를 상징하는 곳으로서 하나님의 임재가 머물던 곳입니다. 그 전에는 아무도 그 휘장 속으로 들어갈 수 없었습니다. 다만 대제사장만 그것도 일 년에 오직 한번, 대속의 피를 가지고 그 곳에 들어갈 수 있었습니다. 그 외 그 곳에 들어가려는 자들은 모두 그 자리에서 죽임을 당했습니다. 그런데 예수님이 십자가 위에서 돌아가시는 순간 그 휘장이 갈라진 것입니다.

히브리서는 이 사건을 두고 설명하면서, 예루살렘 성전이 하늘에 있는 참다운 성전인 하나님의 보좌를 상징하는 모형이듯이, 이 휘장은 바로 예수님의 몸을 상징하는 모형이라고 말하고 있습니다. 그래서 예수님께서 십자가에 못 박혀 돌아가실 때, 지성소 앞의 휘장이 갈라져 지성소가 사람들에게 열린 사건은 예수님이 십자가에서 몸을 찢으심으로 참다운 성전인 하나님의 보좌가 사람들에게 열린 것을 보여주는 사건이라고 말하고 있습니다. 이 얼마나 선명한 그림입니까? 예수님은 휘장인 자신의 몸을 십자가에서 찢으심으로 하나님께로 나아가는 새롭고 산길을 여신 것입니다. 할렐루야!!!

| 예수님께서 여신 길을 따라 하나님께 나아가는 것은 오직 십자가의 공로를 믿음으로 의지하는 것입니다

다음에 나오는 히브리서 4:14-16의 말씀을 큰 소리로 읽어 보십시오.

"그러므로 우리에게 큰 대제사장이 계시니 승천하신 이 곧 하나님의 아들 예수시라 우리가 믿는 도리를 굳게 잡을지어다 우리에게 있는 대제사장은 우리의 연약함을 동정하지 못하실 이가 아니요 모든 일에 우리와 똑같이 시험을 받으신 이로되 죄는 없으시니라 그러므로 우리는 긍휼하심을 받고 때를 따라 돕는 은혜를 얻기 위하여 은혜의 보좌 앞에 담대히 나아갈 것이니라."

성경은 우리에게 하나님께 나아가되 담대하게 나아가라고 말하고 있습니다. 여기서 담대하게 나아가라는 말은 당당하게 나아가라는 말입니다. 물론 이 당당함은 우리 자신에게서 나온 당당함이 아닙니다. 예수님께서 우리를 위해 십자가를 통해 하나님께 나아가는 길을 여셨기 때문에 겸손하게 그 공로를 믿음으로 의지하여 나아가는 당당함을 말합니다.

또 성경은 하나님의 긍휼하심을 얻고 때를 따라 돕는 하나님의 은혜를 얻기 위하여 하나님의 은혜의 보좌 앞으로 나아가라고 말합니다. 하나님의 보좌는 은혜의 보좌입니다. 그 곳에는 모든 은혜가 차고 넘칩니다. 그러므로 모든 하나님의 은혜를 위해 그 보좌 앞에 당당히 나아갈 수 있습니다. 죄 용서, 하나님의 치유, 하나님의 도우시는 손길, 하나님의 능력, 거룩한 삶 등 모든 하나님의 은혜를 위해서 말입니다.

| 십자가의 공로를 믿음으로 의지하는 것은 주님이 우리의 유일한 의가 되시는 삶입니다

예수께서 이르시되 내가 곧 길이요 진리요 생명이니 나로 말미암지 않고는 아버지께로 올 자가 없느니라
(요 14:6)

요한복음 14:6에 의하면, 누가 곧 길이요 진리요 생명입니까?

너희는 하나님으로부터 나서 그리스도 예수 안에 있고 예수는 하나님으로부터 나와서 우리에게 지혜와 의로움과 거룩함과 구원함이 되셨으니
(고전 1:30)

고린도전서 1:30에 의하면, 누가 우리에게 하나님의 지혜와 의로움과 거룩함과 구원함이 되십니까?

인격체이신 예수님 그분이 우리를 위한 길이요 진리요 생명입니다. 그리고 그분이 우리에게 하나님의 지혜와 의로움과 거룩함과 구원함이 되십니다.

새물결선교회 부회장인 이길수 목사의 아내인 변경아 사모의 예입니다. 그들이 한 시골마을에서 목회 할 때였습니다. 한 번은 변 사모에게 하나님의 교회를 섬기는 사람으로서, 심지어 한 사람의 성도로서 자기 속에 어떠한 선함도 없음이 비친 기간이 있었습니다. 그 기간 동안 변 사모는 "구원을 받은 하나님의 자녀라면 내가 어떻게 이럴 수가 있을까?" 라는 생각이 들면서, 만약 그 당시에 죽으면 전혀 구원을 받지 못할 것 같았습니다. 그래서 그는 날마다 예배당에 나가서 앉아있었는데 모든 것이 암흑이요 절망이었습니다. 자신이 전혀 구원을 받지 못했다고 생각되니 얼마나 큰 절망이었겠습니까? 그러던 몇 일째, 그가 예배당에 앉아서 평소 때 자주 하던 대로 찬송가를 원래 영어 가사 대로 부르고 있었습니다. 그 찬송은 "내 속에 선한 것이 없어요. 그래서 나는 주님을 보아요" 라는 가사가 들어 있는 찬송이었습니다. 그 때 그 캄캄한 암흑 중에서 아주 작은 빛이 보였습니다. 그 빛이 점점 다가오면서 더 커졌습니다. 자세히 보니 그 빛은 십자가였습니다. 그리고 바로 그 때 주님의 음성이 들렸습니다. "그래서 내가 곧 길이요 진리요 생명이라고 하지 않았느냐? 그래서 내가 나로 말미암지 않고는 아무도 내게로 올 자가 없다고 하지 않았느냐?" 그러자 그는 이렇게 고백했습니다. "아~, 그래서 예수님이 필요하구나." "오 예수님, 저는 예수님이 필요합니다." 그리고 그는 "나 같은 죄인 살리신" 찬송을 몇 번이고 몇 번이고 감격하며 불렀습니다.

당연히 그는 그 이전에 구원을 받았을 뿐 아니라, 주님을 위해 헌신적으로 섬기고 있었습니다. 그러나 그 사건을 통해 하나님은 그에게 철저히 자신의 무능을 보게 하시

고, 또 어떻게 예수님이 유일한 의이신 것을 가르치심으로써, 그로 하여금 십자가에 의한 삶을 살도록 가르치신 것입니다. 이처럼 우리 속에 어떠한 선함도 없음을 볼 때에야 비로소 우리는 진정한 의미에서 예수님이 길이요, 하나님의 지혜요, 거룩함이요, 구원함임을 보게 됩니다. 예수님이야말로 우리의 철저한 무능에 대한 하나님의 처방인 것을 보게 됩니다. 그리고 우리는 우리의 모든 의를 내려놓고, 하나님의 의인 예수 그리스도만을 의지하여 하나님 앞에 담대히 나아갈 수 있게 됩니다.

그러므로 우리는 날마다 순간마다 주님의 십자가를 보아야 합니다. 주님의 십자가 위에서 자신의 철저한 무능을 보아야 합니다. 또한 주님의 십자가 위에서 하나님의 처방을 보아야 합니다. 하나님의 의와 지혜와 거룩함과 구원함을 보아야 합니다. 그리고 우리의 모든 의를 누더기처럼 벗어버리고 오직 주님의 십자가만을 의지하여 하나님 앞에 서야 합니다. 그렇게 할 때, 거기에 놀라운 자유함이 있을 것입니다. 하나님과의 놀라운 친밀함이 있을 것입니다. 그리고 하나님의 은혜가 넘치고, 성령에 의한 삶이 이루어질 것입니다.

끝으로 2단원 3과에서 율법이 주어진 네 가지 목적 중 그 순서의 중요성에 대한 부분을 복습하십시오.

오늘 배운 것을 복습하십시오. 오늘 배운 내용 중에서 하나님께서 당신으로 하여금 이해하고, 배우고, 실천하기 원하는 부분이나 성구를 한두 개 지적해 주시도록 기도하십시오. 그리고 난 후 다음의 질문에 답하십시오.

✣ 오늘 배운 내용 중에서 어떤 부분이나 성구가 가장 뜻있게 와 닿았습니까?

✣ 위의 부분이나 성구를 하나님께 대한 당신의 기도로 바꾸십시오.

✣ 오늘의 학습에 대한 반응으로 하나님은 당신이 무엇을 하기를 원하십니까?

이 과의 요점

- 예수님의 십자가는 항상 의지하는 것입니다.
- 십자가의 능력을 경험하기 위해 자기 의를 철저히 내려놓아야 합니다.
- 모든 자기 의를 내려놓는 것은 자기 속에 어떠한 선한 것도 없는 것을 인식하는 것을 포함합니다.
- 십자가에 의한 삶은 십자가의 공로만을 믿음으로 의지하여 서는 것입니다.
- 십자가의 공로를 믿음으로 의지하는 것은 예수님이 우리의 유일한 의가 되시는 것을 포함합니다.

제3과 십자가의 능력

십자가의 복음에는 놀라운 능력이 있습니다. 그 능력을 오늘날 우리의 삶속에서 경험하는 길을 간단히 요약하면 다음과 같습니다. 쉽게 말해서, 십자가 위에서 예수님께서 이미 이루신 승리를 우리가 성령의 조명으로 깨닫고 그 위에 믿음으로 설 때, 우리는 우리의 삶에서 그 능력을 경험하게 됩니다.

1. 주님이 십자가에서 이미 이루셨습니다.
2. 주님이 십자가에서 이루신 승리를 성령의 조명으로 깨닫습니다.
3. 그 위에 믿음으로 섭니다.

1. 주님이 십자가에서 이미 이루셨습니다

십자가의 능력을 경험하는 삶의 핵심은 이미 예수님께서 십자가 위에서 놀라운 승리를 이루셨다는 사실입니다. 그 놀라운 승리 중 핵심적인 몇 가지를 요약하면 다음과 같습니다.

| 우리의 옛 사람이 주님과 함께 십자가 위에서 죽었습니다

오늘날 적지 않은 성도들이 옛 사람, 즉 우리의 타락한 본성을 죽이려고 부단히 노력합니다. 그러면서 그것이 죽지 않는다고 아우성입니다. 그러나 우리의 옛 사람은 예수님의 십자가 위에서 이미 죽었습니다.

로마서 6:3-7을 읽고 다음의 물음에 답하십시오.

그리스도 예수와 합하여 침(세)례를 받았다는 말은 무슨 뜻입니까?

침(세)례를 받을 때 물 속에 잠기는 것은 무엇을 상징하고, 또 물에서 다시 나오는 것은 무엇을 상징합니까?

무릇 그리스도 예수와 합하여 세례를 받은 우리는 그의 죽으심과 합하여 세례를 받은 줄을 알지 못하느냐 그러므로 우리가 그의 죽으심과 합하여 세례를 받음으로 그와 함께 장사되었나니 이는 아버지의 영광으로 말미암아 그리스도를 죽은 자 가운데서 살리심과 같이 우리로 또한 새 생명 가운데서 행하게 하려 함이라 만일 우리가 그의 죽으심과 같은 모양으로 연합한 자가 되었으면 또한 그의 부활과 같은 모양으로 연합한 자도 되리라 우리가 알거니와 우리의 옛 사람이 예수와 함께 십자가에 못 박힌 것은 죄의 몸이 죽어 다시는 우리가 죄에게 종 노릇 하지 아니하려 함이니 이는 죽은 자가 죄에서 벗어나 의롭다 하심을 얻었음이라

(롬 6:3-7)

6절에 의하면 우리의 옛 사람은 이미 어떻게 되었습니까?

여기에서 예수와 합하여 침(세)례를 받았다는 말은 예수님을 믿고 그 징표로 침(세)례를 받은 것을 말합니다. 성경에서 침(세)례는 항상 예수님을 믿는 믿음을 전제합니다. 이 구절들이 명백하게 말하는 것처럼, 우리가 예수님을 믿는다는 것은 예수님과 연합되는 것을 의미합니다. 다시 말해서, 아이들 만화영화에서 로봇들이 서로 합체되어 하나가 되는 것과 같이 그렇게 예수님과 합체되는 것을 말합니다. 그래서 예수님께서 십자가에서 돌아가셨을 때, 우리(옛 사람)도 예수님과 함께 그곳에서 죽었습니다. 그리고 예수님께서 부활하셔서 다시 사셨을 때, 우리도 예수님과 함께 새 사람으로 다시 살아난 것입니다(엡 2:5-6, 골 2:12도 참조). 그래서 성경은 예수님을 믿는 우리들에게 "그런즉 누구든지 그리스도 안에 있으면 새로운 피조물이라 이전 것은 지나갔으니 보라 새 것이 되었도다"(고후 5:17) 라고 말하고 있습니다. 침(세)례는 예수님을 믿는 믿음을 상징합니다. 물에 들어가는 것은 우리의 옛 사람이 예수님과 연합하여 십자가 위에서 죽어 장사된 것을 상징하고, 물에서 다시 나오는 것은 우리가 예수님과 연합하여 다시 부활하여 하나님 안에서 새 사람으로 새롭게 태어나는 것을 상징합니다.

이 구절이 명백하게 말하는 것처럼 우리의 옛 사람은 예수님과 함께 이미 십자가 위에서 죽었습니다. 우리의 옛 사람은 다른 성경적인 용어로 말하면 육신입니다. 그것은 또 다른 말로 표현하면 우리의 본성 혹은 자기 중심성입니다. 그런데 이 모든 것들이 십자가에 위에서 예수님과 함께 못 박혀 죽은 것입니다. 그래서 십자가에 의한 삶을 사는 것은 자기 중심적인 삶에 종말을 고하는 것을 의미합니다.

| 예수님께서 우리를 향한 모든 율법의 요구를 이루셨습니다

골로새서 2:14을 아래에 써보십시오.

우리를 거스르고 불리하게 하는 법조문으로 쓴 증서를 지우시고 제하여 버리사 십자가에 못 박으시고

(골 2:14)

여기에서 우리를 거스리고 대적하는 법조문에 쓴 증서는 우리가 지은 모든 죄와 우리가 범한 모든 율법에 대한 목록이라고 생각하시면 됩니다. 즉, 어려서부터 우리가 행동으로, 생각으로, 말로, 그리고 그 외 다른 모든 방법으로 지은 그 모든 죄와 우리가 범한 율법에 대한 목록이 적혀 있는 종이라고 생각하시면 됩니다. 그런데 성경은 예수님께서 십자가에서 못 박히실 때, 하나님께서 그 종이도 같이 못 박아 버리셨다고 말하고 있습니다. 이 얼마나 극적인 표현입니까.
당신이 그 동안 지은 생각나는 모든 죄와 하나님의 율법을 어긴 것을 종이에 적어보십시오. 하나님께서 그것을 예수님과 함께 십자가에 못 박아버리셨다는 것을 기억하십

시오. 이제 그 종이를 태워버리십시오.

하나님께서 우리를 대적하는 그 모든 율법의 요구를 예수님의 십자가를 통해서 다 이루셨기 때문에, 하나님은 예수님 안에서 우리에게 하나님의 모든 유업을 자유롭게 주십니다.

갈라디아서 3:13-14을 읽고 다음의 물음에 답하십시오.

예수님께서 어떻게 우리를 율법의 저주에서 속량하셨습니까?

그 결과 무엇이 이방인인 우리에게도 주어지게 되었습니까?

아브라함의 복 중 하나는 무엇입니까?

그리스도께서 우리를 위하여 저주를 받은 바 되사 율법의 저주에서 우리를 속량하셨으니 기록된 바 나무에 달린 자마다 저주 아래에 있는 자라 하였음이라 이는 그리스도 예수 안에서 아브라함의 복이 이방인에게 미치게 하고 또 우리로 하여금 믿음으로 말미암아 성령의 약속을 받게 하려 함이라

(갈 3:13-14)

예수님께서 우리를 위하여 십자가 위에서 돌아가심으로써 저주를 받으셨습니다. 그리고 저주를 받으심으로써 우리를 율법의 저주에서 속량하셨습니다. 그 결과 아브라함의 복이 이방인인 우리에게도 예수님 안에서 자유롭게 주어지게 되었습니다. 그리고 아브라함의 복 중 하나는 약속하신 성령입니다. 여기서 말하는 성령은 갈라디아서 3:1-5이 분명하게 보여주는 것처럼, 예수님을 처음 믿을 때 우리 속에 오셔서 내주하시는 성령의 역사뿐 아니라, 수시로 능력을 부어주셔서 하나님의 놀라운 일을 이루시는 모든 성령의 역사를 가리킵니다.

| 우리의 모든 죄가 사하여 졌습니다

고린도후서 5:21을 읽고, ( )안에 옳은 말은 집어넣으십시오.

하나님이 죄를 알지도 못하신 이를 우리를 대신하여 (   )로 삼으신 것은 우리로 하여금 그 안에서 하나님의 (   )가 되게 하려 하심이니라.

하나님이 죄를 알지도 못하신 이를 우리를 대신하여 죄로 삼으신 것은 우리로 하여금 그 안에서 하나님의 의가 되게 하려 하심이라

(고후 5:21)

당신은 왜 예수님께서 십자가에서 "나의 하나님, 나의 하나님, 어찌하여 나를 버리셨나이까?"(마 27:46) 라고 외쳤다고 생각하십니까?

제구시쯤에 예수께서 크게 소리 질러 이르시되 엘리 엘리 라마 사박다니 하시니 이는 곧 나의 하나님, 나의 하나님, 어찌하여 나를 버리셨나이까 하는 뜻이라

(마 27:46)

하나님은 한 번도 죄를 지어본 적이 없는 거룩하신 하나님의 아들 예수 그리스도를 우리를 대신하여 죄로 삼으셨습니다. 단순히 우리의 죄를 지고 가게 하신 것이

아니라, 그분을 죄로 삼으셨습니다. 그리고 그분을 십자가 위에서 못 박으셨습니다. 예수님은 이 땅에 계신 동안 한 번도 하나님을 하나님이라고 부르신 적이 없습니다. 항상 하나님을 아버지라고 부르셨습니다. 그런데 예수님은 그 순간 하나님을 아버지라고조차 부르실 수 없었습니다. 하나님께서 죄가 된 예수님으로부터 고개를 돌리셨기 때문입니다. 하나님께서 이렇게 하신 것은 우리를 예수님 안에서 하나님의 의가 되게 하기 위함이었습니다.

이렇게 하나님께서 예수님을 죄로 삼으심은 그분을 통해 우리를 의로 여기시기 위해서였습니다. 성경에서 말하는 의란 법정 용어입니다. 법정을 한 번 상상해 보십시오. 재판장이 있습니다. 죄를 지은 피고가 있고, 검사와 변호사가 있습니다. 여기에서 재판장은 하나님이시고, 검사는 율법입니다. 피고는 하나님 앞에서 죄를 지은 우리들이고 변호사는 예수님입니다. 검사가 먼저 우리가 그 동안 지은 모든 죄를 다 열거합니다. 재판장이신 하나님께서 피고인 우리에게 그 모든 죄를 지은 것이 사실이냐고 묻습니다. 우리는 그 모든 것들이 사실이기에 고개를 숙이는 것 외에는 아무것도 할 것이 없습니다. 그러자 검사인 율법이 우리는 마땅히 영원한 죽음에 처해져야 한다고 말합니다. 그 때 우리 곁에 계신 우리의 변호사이신 예수님께서 이렇게 말씀하십니다. "의로우신 재판장이신 아버지여, OOO가 그 모든 죄를 지은 것은 사실입니다. 그러나 제가 그의 죄를 위하여 죽었습니다." 그러자 하나님께서 이렇게 선포하십니다. "OOO는 그 모든 죄를 지어 영원히 죽어야 마땅하나, 내 아들 예수 그리스도가 그를 위해 죽었으므로 이제 내가 그의 모든 죄가 사하여졌음을 선포하노라." 이것이 성경에서 말하는 의입니다.

| 하나님과 우리와의 관계를 화목케 하셨습니다

하나님은 인간을 창조하실 때부터 하나님과의 친밀한 교제를 나누는 가족을 원하셨습니다. 그러나 아담과 하와가 사탄의 꾐에 넘어가 타락하게 되었을 때, 하나님과 인간과의 사랑의 관계는 단절되었습니다. 인간은 이제 하나님의 임재로부터 쫓겨나게 되었고, 하나님의 원수가 되었습니다. 하나님은 이러한 인간을 하나님 자신과 화목케 하기 위해 예수님을 십자가에 내어주셨습니다.

다음의 괄호 안에 옳은 말은 집어넣으십시오.

> 곧 우리가 원수 되었을 때에 그의 아들의 죽으심으로 말미암아 하나님과 (　　　) 되었은즉 (　　　　) 된 자로서는 더욱 그의 살아나심으로 말미암아 구원을 받을 것이니라(롬 5:10).

> 모든 것이 하나님께로서 났으며 그가 그리스도로 말미암아 우리를 (　　　　)와 (　　　　)하게 하시고 또 우리에게 화목하게 하는 직분을 주셨으니(고후 5:18).

그의 십자가의 피로 (   )을 이루사 만물 곧 땅에 있는 것들이나 하늘에 있는 것들이 그로 말미암아 자기와 (   )하게 되기를 기뻐하심이라 전에 악한 행실로 멀리 떠나 마음으로 원수가 되었던 너희를 이제는 그의 육체의 죽음으로 말미암아 (   )하게 하사 너희를 거룩하고 흠 없고 책망할 것이 없는 자로 그 앞에 세우고자 하셨으니(골 1:20-22).

또한 하나님께서 예수님의 십자가를 통해서 이루신 화목은 단순히 하나님과 인간 사이의 화목만이 아니라, 인간과 인간 사이의 화목도 포함합니다. 예수님의 십자가가 바로 이 점을 보여줍니다. 십자가에서 위, 아래로는 하나님과 인간 사이의 화목을, 그리고 양옆으로는 인간과 인간 사이의 화목을 의미합니다.

인류 역사에 존재했던 가장 큰 차별이 유대인과 이방인의 차별이었다는 점을 염두에 두고 다음의 말씀을 읽어 보십시오.

"그 때에 너희는 그리스도 밖에 있었고 이스라엘 나라 밖의 사람이라 약속의 언약들에 대하여는 외인이요 세상에서 소망이 없고 하나님도 없는 자이더니 이제는 전에 멀리 있던 너희가 그리스도 예수 안에서 그리스도의 피로 가까워졌느니라 그는 우리의 화평이신지라 둘로 하나를 만드사 원수 된 것 곧 중간에 막힌 담을 자기 육체로 허시고 법조문으로 된 계명의 율법을 폐하셨으니 이는 이 둘로 자기 안에서 한 새 사람을 지어 화평하게 하시고 또 십자가로 이 둘을 한 몸으로 하나님과 화목하게 하려 하심이라 원수 된 것을 십자가로 소멸하시고 또 오셔서 먼 데 있는 너희에게 평안을 전하시고 가까운 데 있는 자들에게 평안을 전하셨으니 이는 그로 말미암아 우리 둘이 한 성령 안에서 아버지께 나아감을 얻게 하려 하심이라"(엡 2:12-18).

| 우리를 하나님의 자녀 삼으셨습니다

하나님은 예수님의 십자가를 통해 우리를 하나님과 화목케 하시고 더 나아가 우리를 하나님의 자녀 삼으셨습니다.

갈라디아서 4:4-7을 읽고, 다음의 물음에 답하십시오.

하나님은 예수님을 통해 우리를 무엇으로 삼으셨습니까?

하나님은 우리 마음에 무엇을(누구를) 보내셨습니까?

때가 차매 하나님이 그 아들을 보내사 여자에게서 나게 하시고 율법 아래에 나게 하신 것은 율법 아래에 있는 자들을 속량하시고 우리로 아들의 명분을 얻게 하려 하심이라 너희가 아들이므로 하나님이 그 아들의 영을 우리 마음 가운데 보내사 아빠 아버지라 부르게 하셨느니라 그러므로 네가 이 후로는 종이 아니요 아들이니 아들이면 하나님으로 말미암아 유업을 받을 자니라 (갈 4:4-7)

우리는 하나님을 무엇이라 부릅니까?

하나님은 자녀인 우리에게 무엇을 주십니까?

하나님은 예수님의 십자가를 통해서 우리를 하나님 자녀로 삼으셨습니다. 그리고 우리에게 예수님의 영인 성령을 주셨습니다. 그래서 우리는 하나님을 아바 아버지라고 부릅니다. 여기의 아바라는 말은 아람어로서 가정에서 자녀가 아버지를 친근하게 부르는 아빠라는 말과 같은 말입니다. 천지를 창조하신 만군의 여호와께서 우리의 아빠가 되신 것입니다. 이 얼마나 놀라운 사실입니까!

하나님은 우리를 하나님의 자녀 삼으셨기 때문에 우리에게 유업을 주십니다. 우리가 받을 유업은 하나님께서 예수님께 주시는 모든 유업입니다. 사도 바울 당시 로마법에는 양자와 친자가 받을 유업이 똑같았습니다. 그래서 성경은 우리가 하나님의 모든 유업에 대해 예수님과 공동 상속자가 되었다고 말합니다(롬 8:15-17).

다음에 나오는 것들은 하나님께서 하나님의 자녀들인 우리들에게 주신 유업 중 일부입니다. 맞는 것끼리 줄을 이으십시오.

우리의 기도를 들으시는 것 •	• 마태복음 6:25-33
우리의 필요를 채우시는 것 •	• 갈라디아서 4:6
우리를 치유하시는 것 •	• 시편 2:7-8
우리를 연단하시는 것 •	• 마태복음 7:7-11
열방을 우리에게 주시는 것 •	• 마가복음 7:27
우리에게 성령을 주시는 것 •	• 히브리서 12:5-13

| 사탄의 머리가 깨어졌습니다

인류의 타락 이후 사탄은 타락한 이 세상을 지배해 왔습니다. 그래서 성경은 사탄을 "이 세상 신"(고후 4:4)이라, "공중의 권세 잡은 자"(엡 2:2)라 부르고 있습니다. 그런데 하나님은 예수님의 십자가와 부활을 통해 사탄의 권세를 파하시고, 그를 무장해제시켜 버리셨습니다. 하나님께서 창세기 3:15에서 말씀하신 것처럼, 사탄은 여자의 후손인 예수님의 발꿈치를 상하게 하여 예수님을 죽이는 데 앞장 섰지만, 하나님은 예수님의 십자가를 통해 오히려 사탄의 머리를 박살내신 것입니다.

골로새서 2:14-15을 읽고, 다음의 물음에 답하십시오.

통치자들과 권세들은 무엇을 나타냅니까?

그것들을 무력화했다는 말은 무엇을 의미합니까?

여기서 말하는 통치자들과 권세들은 사탄의 세력들을 말합니다(엡 6:12 참조). 그것들을 무력화했다는 말은 그 세력들을 쳐서 완전히 무장해제 시키셨다는 것을 의미합니다.

우리를 거스르고 불리하게 하는 법조문으로 쓴 증서를 지우시고 제하여 버리사 십자가에 못 박으시고 통치자들과 권세들을 무력화하여 드러내어 구경거리로 삼으시고 십자가로 그들을 이기셨느니라

(골 2:14-15)

그렇다면, 오늘날 역사하는 사탄과 귀신들은 무엇입니까? 이 점을 잘 이해할 수 있도록 도와주는 것이 D-Day와 V-Day의 관계입니다. D-Day는 Decisive Day(결정적인 날)의 약자로서 2차 세계대전 중 연합군이 노르망디 상륙작전을 펼친 날을 가리킵니다. 연합군은 노르망디 상륙작전에서 성공함으로서 독일군에게 결정타를 날렸습니다. 그러나 실제적으로 모든 전투가 다 끝난 것은 아니었습니다. 그 때부터 독일군이 항복문서에 조인하여 공식적으로 전쟁이 끝난 V-Day(Victory Day)까지는 치열한 많은 전투들이 있었습니다. 그리고 그 기간 동안 많은 희생자들이 있었습니다. 그럼에도 불구하고, 이미 연합군의 승리는 확정적이었으며, 연합군 편에서 그 전투들은 잔군 소탕에 불과한 것이었습니다.

이것을 예수님과 사탄 사이의 전쟁에 비교한다면, 예수님의 십자가와 부활은 D-Day와 같습니다. 예수님은 십자가와 부활을 통해 사탄에게 결정타를 날리셨습니다. 예수님은 사탄의 머리를 깨뜨리셨습니다. 예수님의 승리는 이미 확정되었습니다. 지금 사탄과 사탄의 세력들의 저항은 최후의 발악과 같습니다. 그러나 사탄의 운명은 이미 결정되었습니다. 사탄의 패배는 이미 확정되었습니다. 지금 우리는 잔군 소탕의 대열에 참여해 있는 것입니다. 사탄의 세력들에 대한 우리의 무기는 바로 예수님의 십자가입니다. 그리고 예수님께서 다시 오시는 그 날, 사탄은 완전히 패배하여 불못 가운데 던져질 것입니다(계 20:10). 사탄과 사탄의 모든 유혹과 대적은 더 이상 존재하지 않을 것입니다. 그 날이 바로 V-Day입니다.

| 죽음이 죽임을 당했습니다

어떤 물고기는 체구가 작은데 큰 물고기에게 잡아먹힌 다음, 그 물고기의 배를 가르고 나옴으로써 큰 물고기를 죽인다고 합니다. 이와 마찬가지로, 예수님은 십자가에 돌아가시고 장사지낸 바 되셨으나, 죽음의 배를 가르시고 부활하심으로써 죽음을 죽이셨습니다(롬 5:17, 6:8-9).
죽음에 대한 승리 또한 D-Day와 V-Day의 두 단계로 옵니다. 먼저 예수님께서 십자가에서 돌아가시고 부활하심으로써 죽음의 세력을 이미 멸하셨습니다. 그리고 예수를

믿는 우리는 이미 우리 속에 부활의 생명을 가지고 있습니다. 그래서 성경은 그리스도 안에서 죽은 자들을 "잔다"고 표현하고 있습니다. 그들이 다시 깨어날(부활할) 것이기 때문입니다.

반면에 죽음에 대한 완전한 승리는 예수님의 재림 때에 일어날 것입니다. 그 날에는 사망이 불못 가운데 던져질 것이고, 우리는 부활의 몸으로 다시 살게 될 것입니다. 다음의 구절들을 읽으며, 그 승리를 묵상해 보시기 바랍니다(고전 15:24-26, 51-58, 계 20:14).

2. 주님이 십자가에서 이루신 승리를 성령의 조명으로 깨닫습니다

예수님께서 십자가를 통해서 놀라운 승리를 이루셨습니다. 이 승리들은 예수님께서 십자가를 통해서 이미 이루신 사실들입니다. 이제 우리는 예수님께서 이미 이루신 승리를 성령의 조명으로 깨닫고 그 위에 믿음으로 서야 합니다. 그렇게 할 때, 우리는 삶 속에서 그 승리의 실제를 경험하게 될 것입니다. 사실, 우리는 주님께서 이루신 승리를 깨닫고 그 위에 믿음으로 서는 만큼 그 승리를 경험하게 될 것입니다. 반면에 아무리 예수님께서 십자가에서 그 놀라운 승리를 이루셨다 할지라도 그것을 성령의 조명으로 깨닫고 그 위에 믿음으로 서지 않을 때, 우리는 그 어떠한 승리도 경험하지 못할 것입니다.

제가 번역한 책 『영적 전쟁』에 보면, 선교단체인 Overseas Crusades의 책임자였던 딕 힐리스가 중국에서 비교적 신참 선교사로 섬길 당시에 경험했던 일이 기록되어 있습니다. 하루는 한 중국 군인이 그리스도는 전능하신 분이라는 소문을 듣고 귀신들린 자기 아내를 치유해 달라고 그에게 데리고 왔습니다. 힐리스 선교사 부부는 주님이 하실 수 있다는 사실을 부인할 수 없었기에 귀신들린 여인을 맡았으나, 어찌 할 줄을 몰랐습니다. 그 부부는 중국인 자매 한 명과 함께 그 귀신들린 여인을 숙소로 옮겨놓고, 그 여인을 위해 기도하기 시작했습니다. 그러나 그 여인이 치유되기는커녕, 오히려 그들이 기도하는 말을 그대로 받아서 그것을 가지고 조롱하는 시를 지었습니다. 그 여인은 괴성을 지르거나 큰 소리로 그들이 하고 있는 일을 조롱했습니다.

그러던 중 힐리스 선교사 부부는 성경을 읽다가 예수님의 십자가를 통해 그리스도인들에게 주어진 하나님의 권세를 성령의 조명으로 깨닫게 되었습니다. 그리고 그 권세에 믿음으로 서서 귀신을 꾸짖었을 때, 그 귀신은 즉각적으로 떠났습니다. 그의 말을 직접 들어보십시오.

우리는 성경을 죽 읽어 내려가면서 기도하였는데, 그러다가 에베소서 1장과 2장을 읽고 있었다. 그때 하나님께서 갑자기 우리는 그리스도와 함께 그분의 죽음과 부활에 연합하였을 뿐 아니라, 또한 하나님께서는 우리를 그리스도와 함께 정사와 권세보다 지

극히 높여 하늘에 앉히셨고, 그리스도와 함께 높이 들어 올리셨다는 것을 계시해 주셨다. 내 아내와 나는 이 새로운 위치를 주장하며 "보혈의 능력" 찬송을 부르기 시작했다. 그리고 찬송하고 난 다음, 우리는 그 귀신들에게 그 여인으로부터 나오라고 예수님의 이름으로 명령했다. 그러자 즉시 그 귀신들이 떠나갔다![1]

하루는 제가 어떤 죄에 넘어졌습니다. 얼마나 죄책감이 들고, 마음이 아픈지요. 하나님 앞에서 회개하며 고통 중에 있었습니다. 그 때, 갑자기 저의 옛사람이 예수님과 함께 이미 십자가에서 못 박혀 죽었다는 사실이 선명히 비쳐졌습니다. 그리고 저는 더 이상 죄에 속해 있지 않다는 사실이 선명히 비쳐졌습니다. 때로는 제가 자주 넘어질지 모르지만, 회개하고 돌이켜 제 삶을 그리스도께 드려 헌신하면 되는 것이고, 저는 이제 그리스도께 속해 있다는 것이 선명히 비쳐졌습니다. 그리고 그 모든 것들이 그리스도의 십자가를 통해서 하나님의 사랑으로 되어졌음도 비쳐졌습니다. 이 사실들이 비쳐지자 얼마나 놀라운 평안과 용서가 제 마음에 넘치는지요. 아울러 하나님의 사랑에 대한 진정한 감사가 넘쳤습니다.

1.『영적 전쟁』(디모데 워너 저, 바울서신사, 76-77쪽).

한 가지, 어떤 사람들은 주님의 승리들이 "깨달아지지 않는다"고 아우성입니다. 우리는 우선 성경에 나오는 진리를 붙잡고 서야 합니다. 그 진리에 정직하게 동의하고 서야 합니다. 그리고 주님을 더욱 간절히 구해야 합니다.

3. 그 위에 믿음으로 섭니다

하나님께서 예수님의 십자가를 통해서 이미 이루신 승리를 성령을 통해 우리에게 깨닫게 해주셨습니다. 그러면 우리는 이제 그것을 믿음으로 받아들여야 합니다.

우리의 타락한 인간의 본성은 자기 자원을 의지하여 하나님 앞에 서려고 합니다.그래서 무엇인가 하나님 앞에서 내놓을 만한 일을 하거나 내세울 만한 것이 있어야 그것을 붙잡고 하나님 앞에 당당히 나아가려고 합니다. 그러나 그러한 자세는 하나님께서 가장 미워하시는 자기 의입니다. 우리가 앞에서 살펴본 것처럼, 자기 의를 가지고는 하나님 앞에 절대로 나아갈 수 없습니다. 부분적인 자기 의를 가지고도 하나님 앞에 나아갈 수 없습니다.

우리는 어린아이처럼 하나님께서 예비하신 처방(provisions)을 믿음으로 받아들여야 합니다. 하나님 앞에서는 어린아이와 같은 믿음의 자세가 매우 중요합니다. 조그만 어린아이가 자기 부모에게 나아갈 때, 자기의 행실을 의지하지 않습니다. 그래서 예수님은 "진실로 너희에게 이르노니 너희가 돌이켜 어린 아이들과 같이 되지 아니하면 결단코 천국에 들어가지 못하리라"(마 18:3)고 말씀하셨습니다. 또한 "내가 진실로 너희에게 이르노니 누구든지 하나님의 나라를 어린 아이와 같이 받들지 않는 자는 결단코 그 곳에 들어가지 못하리라"(막 10:15)고 말씀하셨습니다. 여기의 "받들다"라는 말은 "받아들인다"는 말입니다. 그래서 대부분의 영어 성경은 그 단어를 "receive"로 번역하고 있습니다.

주님께서 십자가를 통해서 이미 이루신 승리를 성령의 조명으로 깨닫고 그 위에 믿음으로 서는 것, 그것이 곧 십자가에 의한 삶입니다. 그리고 우리가 그렇게 할 때, 우리는 우리의 삶 속에서 그 놀라운 십자가의 능력을 경험하게 될 것입니다.

오늘 배운 것을 복습하십시오. 오늘 배운 내용 중에서 하나님께서 당신으로 하여금 이해하고, 배우고, 실천하기 원하는 부분이나 성구를 한두 개 지적해 주시도록 기도하십시오. 그리고 난 후 다음의 질문에 답하십시오.

✣ 오늘 배운 내용 중에서 어떤 부분이나 성구가 가장 뜻있게 와 닿았습니까?

✣ 위의 부분이나 성구를 하나님께 대한 당신의 기도로 바꾸십시오.

✣ 오늘의 학습에 대한 반응으로 하나님은 당신이 무엇을 하기를 원하십니까?

이 과의 요점

- 십자가의 복음에는 놀라운 능력이 있습니다.
- 십자가의 능력을 경험하는 길은 예수님께서 십자가를 통해서 이미 이루신 승리를 성령의 조명으로 깨닫고, 그 위에 믿음으로 서는 것입니다.
- 우리의 옛 사람이 십자가 위에서 이미 예수님과 함께 죽었습니다.
- 예수님께서 십자가를 통해 우리를 향한 모든 율법의 요구를 이루셨습니다.
- 십자가를 통해 우리의 모든 죄가 사하여 졌습니다.
- 하나님께서 예수님의 십자가를 통해 하나님과 우리와의 관계를 화목케 하셨습니다.
- 십자가를 통해 우리를 하나님의 자녀 삼으셨습니다.
- 십자가를 통해 하나님께서 사탄의 머리를 깨뜨리셨습니다.
- 십자가를 통해 하나님께서 죽음을 죽이셨습니다.

제4과

십자가의 사랑

십자가에 의한 삶의 또 다른 요소들은 십자가의 사랑에 기초한 삶, 십자가만이 우리의 자랑인 삶, 그리고 주님을 간절히 구하는 삶입니다.

십자가의 사랑에 기초한 삶

십자가에 의한 삶의 중요한 한 가지 요소는 십자가에 나타난 하나님의 사랑에 기초한 삶입니다.

| 십자가는 우리를 향하신 하나님의 사랑의 확증입니다

우리가 아직 죄인 되었을 때에 그리스도께서 우리를 위하여 죽으심으로 하나님께서 우리에 대한 자기의 사랑을 확증하셨느니라

(롬 5:8)

로마서 5:8을 세 번 읽고 아래에 써 보십시오.

예수님의 십자가는 우리를 향하신 하나님의 말할 수 없는 사랑의 최종적인 확증입니다. 우리는 또 다른 확증이 필요하지 않습니다. 하나님은 예수님의 십자가를 통해서 우리를 향한 자신의 사랑을 최종적으로 확증해주셨습니다. 많은 성도들은 그들의 삶에 어려움이 닥치거나 자기들이 원하는 대로 일이 되지 않으면, 하나님이 자기를 더 이상 사랑하지 않는다고 생각합니다. 그러나 그렇지 않습니다. 예수님의 십자가야말로 하나님이 그들을 얼마나 사랑하는지에 대한 확실한 증거입니다. 그러므로 우리들은 어떠한 상황과 환경 가운데서도 예수님의 십자가를 통해서 확증된 하나님의 사랑을 절대로 의심해서는 안 됩니다. 그리고 그 사랑을 믿고 신뢰해야만 처한 상황과 환경에 대한 하나님의 안목과 목적과 계획을 볼 수 있습니다.

| 환경을 통해서 하나님을 보는 것이 아니라, 십자가를 통해서 환경을 보아야 합니다

예수님의 십자가는 우리를 향하신 하나님의 사랑의 확증이기 때문에, 우리는 십자가를 통해서 환경을 보아야 합니다. 오늘날 많은 성도들이 자신을 향한 하나님의 그 놀라운 사랑을 알지 못합니다. 그 가장 주된 이유 중 하나는 그들이 환경을 통해서 하나님을 보려고 노력하기 때문입니다. 환경을 통해서 하나님을 보려고 노력하면 하나님을 알 수 없을 뿐 아니라, 환경을 향한 하나님의 의도를 전혀 알지 못합니다.

이에 대한 좋은 예가 광야 생활하던 이스라엘 백성들입니다. 출애굽기 14:10-14을 읽고 다음의 물음에 답하십시오.

당면한 환경에 대한 이스라엘의 반응은 어땠습니까?

당신은 그들이 왜 그렇게 반응했다고 생각합니까?

그 환경 속에 나타난 하나님의 의도와 뜻은 무엇이었습니까?(신 8:2-3 참조)

그들은 그 환경을 통해 그러한 하나님의 의도와 뜻을 알았습니까?

반면에 모세는 동일한 환경에서 어떻게 반응했습니까?

모세가 그렇게 반응할 수 있었던 이유는 어디에 있다고 생각하십니까?(출 14:1-4 참조)

앞에는 홍해가 놓여있고, 뒤에는 애굽의 최정예부대가 쫓아오는 사면초가의 환경에 닥쳤을 때, 이스라엘 백성들은 원망하고 불평했습니다. 그들이 그렇게 할 수 밖에 없었던 것은 그들이 환경을 통해서 하나님을 보았기 때문입니다. 하나님은 애굽에서의 열 가지 재앙을 통해서 하나님이 전능하신 하나님이신 것과 이스라엘의 하나님이신 것을 이미 그들에게 나타내 보이셨습니다. 그리고 그들에게 오직 하나님만 의지하고, 하나님의 인도를 따라 사는 것을 가르치고 훈련시키기 위해 그들을 그러한 환경으로 인도하셨습니다. 그들에게 필요했던 것은 열 가지 재앙, 특히 유월절 사건에 나타난 하나님의 능력과 사랑을 신뢰하고, 그 사랑에 토대하여 당면한 환경을 이해하고, 그 속에 담긴 하나님의 의도를 알아서 그리로 자신들의 삶을 조정하는 것이었습니다. 그러나 그들은 그렇게 하지 못했습니다. 그들은 오히려 하나님을 원망하고 하나님을 대적했습니다. 그들은 그 환경 속에 담겨 있던

바로가 가까이 올 때에 이스라엘 자손이 눈을 들어 본즉 애굽 사람들이 자기들 뒤에 이른지라 이스라엘 자손이 심히 두려워하여 여호와께 부르짖고 그들이 또 모세에게 이르되 애굽에 매장지가 없어서 당신이 우리를 이끌어 내어 이 광야에서 죽게 하느냐 어찌하여 당신이 우리를 애굽에서 이끌어 내어 우리에게 이같이 하느냐 우리가 애굽에서 당신에게 이른 말이 이것이 아니냐 이르기를 우리를 내버려 두라 우리가 애굽 사람을 섬길 것이라 하지 아니하더냐 애굽 사람을 섬기는 것이 광야에서 죽는 것보다 낫겠노라 모세가 백성에게 이르되 너희는 두려워하지 말고 가만히 서서 여호와께서 오늘 너희를 위하여 행하시는 구원을 보라 너희가 오늘 본 애굽 사람을 영원히 다시 보지 아니하리라 여호와께서 너희를 위하여 싸우시리니 너희는 가만히 있을지니라

(출 14:10-14)

네 하나님 여호와께서 이 사십 년 동안에 네게 광야 길을 걷게 하신 것을 기억하라 이는 너를 낮추시며 너를 시험하사 네 마음이 어떠한지 그 명령을 지키는지 지키지 않는지 알려 하심이라 너를 낮추시며 너를 주리게 하시며 또 너도 알지 못하며 네 조상들도 알지 못하던 만나를 네게 먹이신 것은 사람이 떡으로만 사는 것이 아니요 여호와의 입에서 나오는 모든 말씀으로 사는 줄을 네가 알게 하려 하심이니라

(신 8:2-3)

하나님의 뜻과 의도를 전혀 알지 못했습니다. 그 모든 이유는 그들이 환경을 통해 하나님을 보려고 노력했기 때문입니다. 하나님은 그들에게 반복적으로 기회를 주셨음에도 불구하고, 그들이 지속적으로 하나님께로 돌이키지 않자, 그들을 광야에 흩으시고 다른 세대를 세우셨습니다. 예수님의 십자가는 유월절과는 비교도 안될 만큼 더욱 놀라운 하나님의 능력과 사랑의 확실한 증거입니다.

반면에 모세는 똑같은 상황에서 전혀 다른 반응을 보였습니다. 그는 믿음으로 반응했습니다. 그가 그렇게 할 수 있었던 것은 하나님과의 친밀한 교제를 통해 하나님의 관점에서 환경을 볼 수 있었기 때문입니다. 다시 말해서, 하나님을 통해 환경을 보았기 때문입니다.

헨리 블랙가비 목사는 자기의 사랑하는 대학생 딸이 암에 걸렸을 때의 경험을 이렇게 말했습니다. *"우리의 외동딸 캐리가 열여섯 살 때, 암에 걸려 화학요법과 방사선치료를 받았습니다. 우리는 캐리가 고통 받는 것을 보면서 함께 고통을 받았습니다. 어떤 사람들은 그와 같은 경험을 할 때 왜 하나님이 더 이상 사랑해 주지 않느냐고 불평을 합니다. 캐리의 경험은 우리에게 절망적인 경험일 수도 있었습니다. 그러나 그분의 사랑이 변했습니까?"*

"이런 상황에 처했을 때, 하나님께 무슨 일이 일어나고 있는지 보여 달라고 부탁할 수 있습니다. 우리는 그렇게 했습니다. 우리는 하나님께 우리가 무엇을 해야 할지를 여쭈어 보아야 했습니다. 우리는 이와 같은 모든 종류의 질문을 했지만, '주님, 당신은 아마 저를 사랑하지 않으시는가 보군요' 라고 말한 적은 없었습니다."

"때때로 저는 하나님 앞에 나아가서 딸 아이 뒤에 있는 십자가를 보았습니다. '아버지, 환경 때문에 하나님의 사랑을 의심하지 않도록 도와주십시오. 저를 향한 당신의 사랑은 십자가에서 이미 다 해결되었습니다. 저에게 그 사실은 변하지 않았고 또한 변하지 않을 것입니다.' 이 기도는 하나님 아버지와의 사랑의 관계가 어려울 때 고비를 넘기도록 우리를 지켜주었습니다."[1]

헨리 블랙가비 목사가 한 것처럼 십자가를 통하지 않고는 환경을 보지 않는 것은 하나님을 통해 환경을 보는 중요한 방법입니다. 십자가를 통해서 환경을 본다는 말은 십자가에서 이미 확증된 하나님의 사랑을 토대하지 않고는 환경을 보지 않는다는 말입니다.

우리는 우리를 향한 하나님의 사랑을 아는 만큼 하나님을 사랑할 수 있습니다. 그리고 하나님의 사랑을 아는 만큼 그분의 영광 가운데 거할 수 있습니다. 그런데 십자가가 바로 우리를 향한 하나님의 사랑의 최종적인 확증입니다.

지금부터 오래 진의 일입니다. 제가 젊었을 때 기도원에 간적이 있습니다. 한 진도사님이 강사로 초빙되어 설교를 하고 있었습니다. 그 분은 자신이 인도한 집회들 가운데서 나타내신 하나님의 놀라운 치유들을 간증하셨습니다. 그 설교를 듣고 있는데 하나님께서 강사 전도사님은 놀랍게 사랑하시는 반면, 저는 전혀 사랑하지 않으신다는 생각이 갑자기 들었습니다. 물론 저는 그 때까지 병든 자를 위해 기도해 본 적이 없었습니다. 그리고 그 생각이 옳지 않다는 것도 알았습니다. 그러나 그런 생각이 자꾸 들었습니다. 저는 매우 낙심이 됐습니다. 예배를 마치고 기도굴로 향했습니다. 사실 기도하고 싶은 마음도 그리 없었습니다.

기도굴에 가서 앉았습니다. 그랬더니 갑자가 뱃속 깊은 곳에서부터 방언이 큰 소리로 솟아 나왔습니다. 지금 생각하면, 그 때 성령님이 임하셨나 봅니다. 그러면서 제 마음 속에서 또렷한 하나님의 음성이 들려 왔습니다. "내가 너를 얼마나 사랑하는 줄 아느냐?" 제가 미처 대답할 틈도 없이 그분은 곧바로 말씀하셨습니다. "내가 너를 위해 십자가에서 죽었느니라." 이 말씀을 듣는 순간, 제 눈에서는 뜨거운 눈물이 소나기처럼 흘러내리기 시작하고, 제 마음 속에서는 말할 수 없는 감격이 샘솟기 시작했습니다. '하나님이신 예수님께서 이 땅에 오셔서 날 위해 십자가에 못 박혀 돌아가셨다니…' 저는 그 무엇도 부럽지 않았습니다. 아무리 돈이 많은 재벌도, 아무리 높은 권력가도, 그 누구도 부럽지 않았습니다.

물론 저는 그 전에도 예수님이 날 위해 십자가 지신 것을 알고 있었습니다. 그런데 그 순간 그 사랑의 일부가 성령님을 통해 제게 조명된 것입니다. 그 당시 우리 집은 매우 가난해서 끼니를 건너뛸 때도 자주 있었습니다. 그러나 그 어려운 가운데서도 여러 달 동안 그 사건만 생각하면, 감사와 감격과 기쁨이 넘쳤습니다. 그리고 그 당시에 하나님께 집중적으로 기도했던 것도 잘 살게 해달라는 것이 아니었고, 복음이 온 세계에 전파되게 해달라는 것이었습니다.

바로 이런 이유 때문에 사도 바울은 성도들을 위해 기도하면서, 성도들이 성령님을 통해 그리스도의 그 놀라운 사랑을 깨닫게 되기를 구하고 있습니다(엡 3:14-16, 18-19). 그리고 자신도 늘 그 사랑의 감격 가운데 살았습니다(갈 2:20).

이처럼 그리스도의 십자가에는 우리를 향하신 놀라운 하나님의 사랑이 나타나 있습니다. 그러므로 우리들이 하나님께 나아가기 위해, 또 십자가에 의한 삶을 살기 위해 십자가에 나타난 하나님의 그 놀라운 사랑을 깨닫는 것이 매우 중요합니다.

그리스도의 십자가만이 유일한 자랑인 삶

저는 개인적으로 십자가에 의한 삶의 한 중요한 부분은 그리스도의 십자가만이 우리의 유일한 자랑인 삶이라고 생각합니다. 사실 이 부분은 제가 지금 십자가에 의한 삶을 살고 있는지 아닌지를 시험해 볼 수 있는 리트머스 시험지와 같습니다. 우리가 앞에서 살펴본 대로 우리가 믿고 의지하는 것과 우리가 자랑하는 것은 밀접한 관계를 가지고 있습니다(빌 3:3).

그러나 내게는 우리 주 예수 그리스도의 십자가 외에 결코 자랑할 것이 없으니 그리스도로 말미암아 세상이 나를 대하여 십자가에 못 박히고 내가 또한 세상을 대하여 그러하니라

(갈 6:14)

갈라디아서 6:14에 의하면 그의 유일한 자랑은 무엇이었습니까?

지금 당신에게도 그리스도의 십자가만이 당신의 유일한 자랑입니까?

그렇게 볼 때, 당신은 지금 십자가에 의한 삶을 살고 있습니까?

주님을 간절히 구하는 삶

십자가에 의한 삶을 살기 위해 중요한 마지막 요소는 주님을 간절히 구하는 것입니다. 사실 오직 은혜, 오직 믿음, 오직 십자가 그리고 오직 성령으로 대변되어지는 십자가의 복음과 하나님을 알고 사랑하는 신앙의 본질은 서로 나누어지지 않습니다. 그 둘은 밀접하게 서로 결속되어 있습니다. 그러므로 은혜에 의한 삶, 믿음에 의한 삶, 성령에 의한 삶뿐 아니라, 십자가에 의한 삶을 살기 위해서 주님을 간절히 구하는 것은 필수입니다. 주님을 간절히 구함이 없이 우리는 은혜에 의한 삶이건, 믿음에 의한 삶이건, 십자가에 의한 삶이건, 성령에 의한 삶이건, 그 어떠한 삶도 살 수 없습니다.

십자가에 의한 삶을 살기 위해 그리고 십자가의 능력을 경험하기 위해 주님을 간절히 구해야 할 필요성을 세 가지로 요약할 수 있습니다.

1. 십자가의 복음은 인격체이기 때문입니다.
2. 십자가의 능력은 하나님의 생명이기 때문입니다.
3. 십자가에 의한 삶을 살기 위해 성령의 조명이 필수이기 때문입니다.

1. 십자가의 복음은 인격체이신 십자가에 못 박히신 예수 그리스도입니다

이 단원의 1과를 간단히 복습하십시오.

이 부분을 요약하면 다음과 같습니다.

1) 십자가에 못 박힌 예수 그리스도가 십자가의 복음입니다.

2) 십자가의 복음에는 하나님의 능력이 들어 있습니다.
3) 예수 그리스도가 하나님의 능력이요 지혜입니다.
4) 예수님을 아는 만큼 우리는 십자가의 능력을 경험합니다.

2. 십자가의 능력은 하나님의 생명입니다

3단원 3과를 간단히 복습하십시오.

이 부분을 요약하면 다음과 같습니다.

1) 하나님이 생명입니다.
2) 하나님은 하나님과 함께 하는 자에게 함께 하시고, 하나님을 버린 자를 버리십니다.
3) 하나님을 알고 전존재로 사랑하는 신앙의 본질 가운데 거하는 것이 하나님과 함께 하는 것이고, 신앙의 본질에서 떠나는 것이 하나님을 버리는 것입니다.
4) 거룩함도 십자가의 능력도 하나님의 생명입니다.

우리가 위에서 살펴본 것처럼 예수님 그분이 하나님의 능력이요 하나님의 지혜입니다. 다시 말해서, 예수님 그분이 십자가의 능력입니다. 우리가 예수님을 알고 전존재로 주님을 사랑하고 주님의 통치권에 온전히 순복하고 주님을 온전히 의지할 때, 예수님이 우리와 함께 하십니다. 그분이 십자가의 능력이기 때문에, 그 때 우리 삶 속에 십자가의 능력이 넘칩니다. 반대로 우리가 주님과의 이러한 관계에서 떠날 때, 십자가의 능력은 우리에게 나타나지 않습니다. 그러므로 우리들이 부르는 "독수리 같이" 찬양처럼 우리 속에는 어떠한 하나님의 생명도, 어떠한 십자가의 능력도, 거룩함도 없다는 사실을 인식하고, 십자가의 능력이요, 거룩함이요, 의로움이신 예수님께서 우리 가운데 오셔서 우리를 다스리시고 통치해 주시도록 그분을 간절히 구해야 합니다.

기다리오니 주여 임하소서.
주님을 갈망해요.
주 사랑 안에 날 감춰주소서.
더욱 더 주를 알도록.

내 모든 삶 취하소서.
생명을 부으소서.
(내 안에 거하소서.)
나 올라가리 독수리 같이.

3. 십자가에 의한 삶을 위해 성령의 조명이 필수입니다

우리는 앞에서 예수님께서 십자가에서 이루신 승리를 성령의 조명으로 깨닫고 그 위에 믿음으로 서는 만큼 그 승리를 우리의 삶에서 경험한다는 것을 살펴보았습니다. 이처럼 십자가에 의한 삶을 위해서도 믿음에 의한 삶을 위해서도 성령의 조명이 필수입니다. 그런데 우리가 주님을 구할 때, 주님의 얼굴을 구할 때 성령께서 우리에게 빛을 비추십니다. 물론 때로는 우리가 전혀 주님을 구하지 않을 때도 주님께서 찾아오셔서 우리에게 자신을 계시하십니다. 그러나 지속적으로 주님의 얼굴을 구하는 자리에 우리가 서지 않으면 영적 분별력은 어두워질 것입니다.

이길수 목사는 아침마다 일어나면 십자가를 대면하고 선다고 합니다. 그리고 십자가를 보면, 그는 거기에서 자기의 무능과 자기의 무능을 위한 하나님의 처방과 하나님의 사랑을 발견한다고 합니다.

그런데 그는 "어떤 날은 십자가 밑으로 들어가지지 않는다"고 말합니다. 이 말은 어떤 때는 그리스도의 십자가가 그에게 선명히 비쳐지지 않는다는 말입니다. 그러면 그는 하나님을 간절히 구하면서 자신에게 무엇이 문제인가를 찾습니다. 그가 그렇게 하나님을 간절히 찾을 때, 하나님은 그와 하나님과의 관계를 가로막고 있는 것들을 보이십니다. 그는 곧 바로 회개하고 돌이킵니다. 그러면 하나님과의 관계가 다시 회복되어지고, 그리스도의 십자가가 다시 선명히 비쳐집니다. 하나님과의 관계와 십자가의 능력 사이의 밀접한 관계를 볼 수 있는 중요한 부분입니다.

저도 비슷한 경험을 합니다. 제가 하나님과 올바른 관계 가운데 있을 때는 하나님이 선명하게 인식됩니다. 그러면 주위 환경이 아무리 복잡하고, 아무리 많은 문제들이 있어도 제 마음 속에 진정한 안식과 평안이 있습니다. 모든 것을 하나님께서 주관하고 계신 것을 알기 때문입니다. 그리고 그러한 상태에서는 모든 초점이 뚜렷합니다. 하나님의 의도와 목적이 선명히 비쳐지기 때문입니다.

그런데 어떤 때는 하나님이 선명히 인식되지 않을 때가 있습니다. 그러면 저는 모든 것을 내려놓고 주님을 찾고 구해야 합니다. 그리고 제가 그렇게 하면, 주님께서는 하나님 앞에서 합당치 않은 저의 자세와 태도와 행실들을 비추십니다. 제가 그것들을 회개하고 돌이킬 때, 하나님은 다시 하나님의 관계를 회복시켜 주십니다. 그리고 하나님은 저에게 다시 선명히 인식됩니다.

오늘 배운 것을 복습하십시오. 오늘 배운 내용 중에서 하나님께서 당신으로 하여금 이해하고, 배우고, 실천하기 원하는 부분이나 성구를 한두 개 지적해 주시도록 기도하십시오. 그리고 난 후 다음의 질문에 답하십시오.

- 오늘 배운 내용 중에서 어떤 부분이나 성구가 가장 뜻있게 와 닿았습니까?

- 위의 부분이나 성구를 하나님께 대한 당신의 기도로 바꾸십시오.

- 오늘의 학습에 대한 반응으로 하나님은 당신이 무엇을 하기를 원하십니까?

이 과의 요점

- 십자가에 의한 삶의 한 요소는 십자가에 나타난 하나님의 사랑에 기초한 삶입니다.
- 십자가는 우리를 향한 하나님의 사랑의 확증입니다.
- 환경을 통해서 하나님을 볼 것이 아니라, 십자가의 사랑을 통해서 환경을 보아야 합니다.
- 십자가에 의한 삶은 또한 그리스도의 십자가만이 우리의 유일한 자랑이 되는 삶입니다.

제 12단원

믿음에 의한 삶

제1과 믿음의 필수성

다음 그림에서 빈 칸을 채우시오.

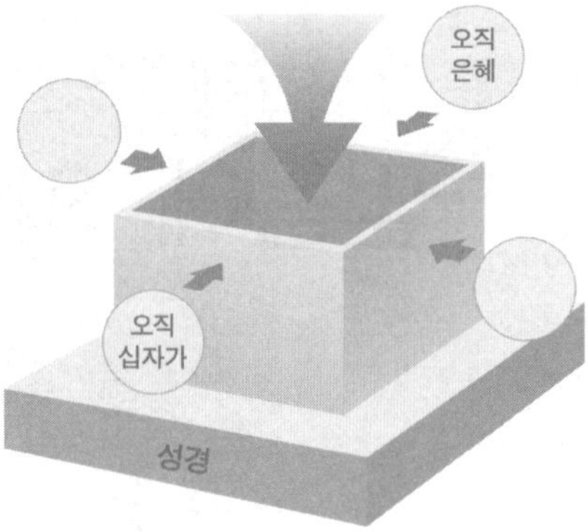

주님과 동행하는 삶을 위한 또 하나의 필수적인 요소는 믿음에 의한 삶을 사는 것입니다. 믿음에 의한 삶은 은혜에 의한 삶, 성령에 의한 삶, 십자가에 의한 삶과 깊은 연관이 있습니다. 즉, 이것들은 서로 깊이 연결되어 있기 때문에 하나가 없이 다른 하나의 삶을 살 수 없습니다.

오직 믿음으로

우선 우리의 신앙생활은 처음부터 끝까지 믿음에 의한 삶입니다. 우리의 모든 신앙생활이 오직 하나님의 은혜로 가능하듯이, 또한 오직 믿음으로만 가능합니다. 그래서 마르틴 루터가 종교개혁을 일으키면서 내건 기치 중의 하나가 바로 "오직 믿음으로"였습니다. 물론 마르틴 루터가 말한 "오직 믿음으로"는 제가 말하는 십자가에 의한 삶을 의미합니다. 십자가에 의한 삶과 믿음에 의한 삶은 둘 다 믿음에 의한 삶입니다. 그러나 그 적용에 있어서 둘은 약간 다릅니다. 그래서 저는 믿음에 의한 삶을 보다 충분히 이해할 수 있도록 둘을 나누어서 살펴봅니다.

다음의 성경구절들을 읽고 무엇이 오직 믿음으로만 가능한 것인지 써 보십시오.

에베소서 2:8

갈라디아서 2:20

갈라디아서 3:2, 5

마태복음 9:22

우리가 구원을 얻는 것도, 우리 속에 주님이 사시는 삶도, 진정한 성령의 역사도 오직 믿음으로만 가능합니다. 뿐만 아니라 주님의 형상으로 닮아가는 것도, 열매 맺는 삶도, 하나님의 치유를 경험하는 것도, 하나님의 은혜를 입는 것도, 때를 따라 돕는 하나님의 은혜를 경험하는 것도 오직 믿음으로만 가능합니다.

그래서 성경은 한마디로 말해서 처음부터 끝까지 모든 신앙생활이 오직 믿음에 의해서 가능하다고 말하고 있습니다.

다음의 성경구절을 세 번 읽고, 아래에 써 보십시오.

로마서 1:17

여기에서 "믿음으로 믿음에" 라는 말은 "처음부터 끝까지 믿음으로" 라는 말입니다. 그래서 NIV 성경은 실제로 그렇게 번역하고 있습니다.

하나님의 백성을 향한 하나님의 계획

하나님의 백성을 향한 하나님의 계획을 보면 믿음에 의한 삶이 얼마나 필수적인가를 알 수 있습니다.

| 아브라함의 부르심 속에 나타난 하나님의 계획

먼저 하나님께서 아브라함을 부르신 것은 아브라함을 통해 하나님을 위한 한 백성을 세우시기 위한 것이었습니다. 그렇게 세워진, 하나님을 위한 한 백성이 먼저는 이스라

너희는 그 은혜에 의하여 믿음으로 말미암아 구원을 받았으니 이것은 너희에게서 난 것이 아니요 하나님의 선물이라
(엡 2:8)

내가 그리스도와 함께 십자가에 못 박혔나니 그런즉 이제는 내가 사는 것이 아니요 오직 내 안에 그리스도께서 사시는 것이라 이제 내가 육체 가운데 사는 것은 나를 사랑하사 나를 위하여 자기 자신을 버리신 하나님의 아들을 믿는 믿음 안에서 사는 것이라
(갈 2:20)

내가 너희에게서 다만 이것을 알려 하노니 너희가 성령을 받은 것이 율법의 행위로냐 혹은 듣고 믿음으로냐
(갈 3:2)

너희에게 성령을 주시고 너희 가운데서 능력을 행하시는 이의 일이 율법의 행위에서냐 혹은 듣고 믿음에서냐
(갈 3:5)

예수께서 돌이켜 그를 보시며 이르시되 딸아 안심하라 네 믿음이 너를 구원하였다 하시니 여자가 그 즉시 구원을 받으니라
(마 9:22)

복음에는 하나님의 의가 나타나서 믿음으로 믿음에 이르게 하나니 기록된 바 오직 의인은 믿음으로 말미암아 살리라 함과 같으니라
(롬 1:17)

여호와께서 아브람에게 이르시되 너는 너의 고향과 친척과 아버지의 집을 떠나 내가 네게 보여 줄 땅으로 가라 내가 너로 큰 민족을 이루고 네게 복을 주어 네 이름을 창대하게 하리니 너는 복이 될지라 너를 축복하는 자에게는 내가 복을 내리고 너를 저주하는 자에게는 내가 저주하리니 땅의 모든 족속이 너로 말미암아 복을 얻을 것이라 하신지라

(창 12:1-3)

여호와께서 여호수아에게 이르시되 내가 오늘부터 시작하여 너를 온 이스라엘의 목전에서 크게 하여 내가 모세와 함께 있었던 것 같이 너와 함께 있는 것을 그들이 알게 하리라 너는 언약궤를 멘 제사장들에게 명령하여 이르기를 너희가 요단 물 가에 이르거든 요단에 들어서라 하라 여호수아가 이스라엘 자손에게 이르되 이리 와서 너희의 하나님 여호와의 말씀을 들으라 하고 또 말하되 살아 계신 하나님이 너희 가운데에 계시사 가나안 족속과 헷 족속과 히위 족속과 브리스 족속과 기르가스 족속과 아모리 족속과 여부스 족속을 너희 앞에서 반드시 쫓아내실 줄을 이것으로서 너희가 알리라 보라 온 땅의 주의 언약궤가 너희 앞에서 요단을 건너가나니 이제 이스라엘 지파 중에서 각 지파에 한 사람씩 열두 명을 택하라 온 땅의 주 여호와의 궤를 멘 제사장들의 발바닥이 요단 물을 밟고 멈추면 요단 물 곧 위에서부터 흘러내

엘이요, 궁극적으로도 새 이스라엘인 교회입니다. 그래서 아브라함의 부르심을 살펴보면, 그 속에 하나님의 교회를 향한 하나님의 계획이 나타나 있습니다.

창세기 12:1-3을 읽으십시오. 여기에 나오는 핵심적인 내용들을 정리하면 다음과 같습니다.

1. 아브라함을 향한 부르심은 그를 통해 하나님을 위한 한 백성을 세우시기 위한 것이었다.
2. 아브라함을 향한 복은 단순히 아브라함 한 사람을 위한 복이 아니고, 그를 통해 세워질 하나님의 백성을 위한 복이기도 하다.
3. 하나님의 계획은 그 하나님의 백성을 통해 열방이 복을 얻는 것이다.

| 어떻게 열방이 아브라함 그리고 교회를 통해서 복을 받게 되는가?

이 점을 이해하기 위해 우리는 하나님의 이름을 향한 하나님의 질투를 살펴볼 필요가 있습니다.

하나님의 이름을 향한 하나님의 질투

하나님은 하나님의 이름을 향하여 질투를 가지고 계십니다. 하나님의 질투는 인간적인 시기와 질투를 말하는 것이 아닙니다. 인간적인 시기와 질투는 죄입니다. 하나님에게는 죄의 그림자도 없습니다. 하나님의 질투는 하나님께 소중한 것들을 지키시고 보호하시며 이루시고 성취하시는 하나님의 거룩한 열심입니다. 그런데 하나님은 하나님의 이름에 대해서 질투를 가지고 계십니다.

하나님의 이름이 의미하는 세 가지

우리의 이름은 단순한 호칭입니다. 그러나 하나님의 이름은 그렇지 않습니다. 하나님의 이름은 세 가지 의미를 가집니다.

1. 호칭. 2. 성품 내지는 성격. 3. 명성.

하나님의 이름은 먼저 우리처럼 하나님에 대한 호칭입니다. 또한 하나님의 이름은 하나님의 성품 혹은 성격을 의미합니다. 히브리어에는 인격이라는 단어가 없습니다. 이름이 그 단어를 대신합니다. 그래서 하나님의 이름은 하나님의 성품이나 인격 그 자체를 말합니다. 예를 들어, 하나님의 이름 중 하나는 여호와 이레인데, 그 이름은 우리 하나님은 예비하시는 주권자 하나님이시라는 것을 의미합니다. 뿐만 아니라, 하나님의 이름은 하나님께서 받으시는 존귀와 영광을 의미합니다. 즉 명성을 의미합니다. 우리

가 흔히 "이름을 날리다" 라는 말을 쓰는데, 바로 이 부분을 의미하는 것입니다.

하나님은 하나님의 이름이 높임을 받으시기 위해 하나님의 이름을 나타내십니다

하나님은 하나님의 이름이 높임을 받으시기 위해 하나님의 이름을 드러내십니다. 바꿔 말해서, 하나님은 영광을 받으시기 위해 하나님의 영광을 드러내십니다. 하나님의 이름을 향한 하나님의 질투를 이해함에 있어, 이 부분은 매우 중요한 부분입니다.

이에 대한 좋은 예가 요단강을 가르신 사건입니다. 여호수아 3:7-17을 읽고 다음의 물음에 답하십시오.

하나님은 어떻게 이스라엘 백성들로 하여금 요단강을 건너게 하셨습니까?

그 외에 다른 방법이 없었습니까?

하나님은 왜 그렇게 하셨습니까? 두 가지 이유를 써보십시오(수 4:23-24 참조).

하나님은 요단강을 가르심으로 이스라엘 백성들로 하여금 요단강을 건너게 하셨습니다. 하나님은 그 당시 다른 보편적인 방법을 통해서도 그들로 하여금 요단강을 건너게 하실 수 있었을 것입니다. 그들로 하여금 배를 만들어서 건너게 하실 수도 있었을 것이고, 다른 길로 돌아가게 하실 수도 있었을 것입니다. 물론 그렇게 하면 많은 시간이 필요했겠지만, 그 당시 이스라엘 백성들이 가진 것이라고는 시간뿐 이었습니다. 그리고 그들은 홍해 앞에 설 때처럼 위급한 상황에 처해 있는 것도 아니었습니다.

성경은 하나님께서 그렇게 하신 이유를 두 가지로 요약하고 있습니다. 즉 하나님은 하나님의 능하심을 나타내심으로써 하나님의 백성으로 하여금 하나님을 경외하게 하고, 열방으로 하여금 하나님을 알게 하기 원하셨습니다.

바로 이 점이 제가 말하고자 하는 것입니다. 하나님은 하나님의 영광(이름)을 나타내기 원하십니다. 그래서 그 결과로 하나님의 이름이 하나님의 백성들과 열방 가운데서 높임을 받기 원하십니다.

이렇게 볼 때, 열방이 교회를 통해서 복을 얻는 방법은 이렇습니다. 하나님께서 하나님의 백성들 가운데 하나님만이 하실 수 있는 놀라운 능력을 나타내십니다. 즉, 하나

리던 물이 끊어지고 한 곳에 쌓여 서리라 백성이 요단을 건너려고 자기들의 장막을 떠날 때에 제사장들은 언약궤를 메고 백성 앞에서 나아가니라 요단이 곡식 거두는 시기에는 항상 언덕에 넘치더라 궤를 멘 자들이 요단에 이르며 궤를 멘 제사장들의 발이 물 가에 잠기자 곧 위에서부터 흘러내리던 물이 그쳐서 사르단에 가까운 매우 멀리 있는 아담 성읍 변두리에 일어나 한 곳에 쌓이고 아라바의 바다 염해로 향하여 흘러가는 물은 온전히 끊어지매 백성이 여리고 앞으로 바로 건널새 여호와의 언약궤를 멘 제사장들은 요단 가운데 마른 땅에 굳게 섰고 그 모든 백성이 요단을 건너기를 마칠 때까지 모든 이스라엘은 그 마른 땅으로 건너갔더라

(수 3:7-17)

너희의 하나님 여호와께서 요단 물을 너희 앞에서 마르게 하사 너희를 건너게 하신 것이 너희의 하나님 여호와께서 우리 앞에 홍해를 말리시고 우리를 건너게 하심과 같았나니 이는 땅의 모든 백성에게 여호와의 손이 강하신 것을 알게 하며 너희가 너희의 하나님 여호와를 항상 경외하게 하려 하심이라 하라

(수 4:23-24)

여호와께서 그가 보려고 돌이켜 오는 것을 보신지라 하나님이 떨기나무 가운데서 그를 불러 이르시되 모세야 모세야 하시매

그가 이르되 내가 여기 있나이다 하나님이 이르시되 이리로 가까이 오지 말라 네가 선 곳은 거룩한 땅이니 네 발에서 신을 벗으라 또 이르시되 나는 네 조상의 하나님이니 아브라함의 하나님, 이삭의 하나님, 야곱의 하나님이니라 모세가 하나님 뵈옵기를 두려워하여 얼굴을 가리매 여호와께서 이르시되 내가 애굽에 있는 내 백성의 고통을 분명히 보고 그들이 그들의 감독자로 말미암아 부르짖음을 듣고 그 근심을 알고 내가 내려가서 그들을 애굽인의 손에서 건져내고 그들을 그 땅에서 인도하여 아름답고 광대한 땅, 젖과 꿀이 흐르는 땅 곧 가나안 족속, 헷 족속, 아모리 족속, 브리스 족속, 히위 족속, 여부스 족속의 지방에 데려가려 하노라 이제 가라 이스라엘 자손의 부르짖음이 내게 달하고 애굽 사람이 그들을 괴롭히는 학대도 내가 보았으니 이제 내가 너를 바로에게 보내어 너에게 내 백성 이스라엘 자손을 애굽에서 인도하여 내게 하리라

(출 3:4-10)

여호와의 사자가 아비에셀 사람 요아스에게 속한 오브라에 이르러 상수리나무 아래에 앉으니라 마침 요아스의 아들 기드온이 미디안 사람에게 알리지 아니하려 하여 밀을 포도주 틀에서 타작하더니 여호와의 사자가 기드온에게 나타나 이르되 큰 용사여 여호와께서 너와 함께 계시도다 하매 기드온이 그에게 대답하되 오 나

님의 영광(이름)을 나타내십니다. 그러면 하나님을 알지 못하는 사람들은 하나님의 백성들 가운데 나타난 하나님의 영광을 보고, 하나님께로 나옵니다. 그 결과, 그들이 복을 얻게 됩니다.

| 하나님은 하나님 크기의 일로 우리를 초청하십니다

이러한 하나님의 이름을 향한 하나님의 질투로 인하여 하나님은 하나님만이 하실 수 있는 하나님 크기의 일을 행하십니다. 그리고 그 일을 위해 우리를 하나님 크기의 일로 초청하십니다.

다음의 구절들을 읽고, 그 일들이 어떻게 하나님 크기의 일이었는가를 간단히 써보십시오.

출애굽기 3:4-10

사사기 6:11-15

열왕기상 18:1

사도행전 9:10-15

『하나님을 경험하는 삶』의 저자인 헨리 블랙가비 목사는 심지어 이렇게 말합니다. *"저는 하나님이 저에게 주신다고 생각되는 사명이 제가 해낼 수 있는 것이라고 판단되면, 그 사명은 하나님으로부터 온 것이 아니라는 것을 알게 되었습니다. 성경에 보면 하나님이 주시는 사명들은 항상 하나님 크기의 것들입니다. 하나님은 하나님의 사람들과 그분을 주시하고 있는 세상을 향하여 그분의 본질, 그분의 힘, 그분의 공급하심, 그리고 그분의 자비를 나타내기 원하시기 때문에, 하나님이 주시는 사명들은 항상 사람이 할 수 있는 범위를 넘어선 것들입니다. 그 방법만이 세상이 하나님을 알게 되는 유일한 방법입니다"*[1]

『하나님을 경험하는 삶』 책에 보면, 헨리 블랙가비 목사가 건축을 하면서 경험했던 하나님의 일을 이렇게 간증하고 있습니다.

새스커툰에 있는 우리 교회는 성장하고 있었고 자리가 더 필요했습니다. 우리는 약

$749의 건축기금밖에는 갖고 있는 것이 없었지만 하나님이 건물을 위한 계획을 세우라고 인도하심을 느꼈습니다. 그 건물은 $220,000이 들 것이었습니다. 우리는 어떻게 할 것인지에 대해서 전혀 몰랐습니다.

우리는 건축에 드는 인건비를 될 수 있으면 절감하려 했습니다. 그러나 건축 계획이 반쯤 진전되었을 때까지도 $100,000이 부족했습니다. 사랑하는 교인들은 그들의 목사인 제가 하나님이 우리에게 하라고 부르신 것을 하나님이 이루실 것인지를 과연 믿는지 주시하였습니다. 저는 이것을 하라고 우리를 인도하신 하나님이 어떻게 해야 하는지를 보여주실 것이라고 확신했습니다.

하나님은 건축에 필요한 돈을 채워주기 시작했습니다. 마지막에 가서는 $60,000 정도가 모자랐습니다. 우리는 텍사스의 한 단체에서 올 기금을 예상하고 있었습니다. 이해할 수 없게도 그 기금이 오는 것이 거듭해서 지연되었습니다. 하루는 두 시간 동안 캐나다의 달러 환율이 역사상 최저를 기록했습니다. 그런데 정확하게 바로 그 순간에, 텍사스의 그 단체로부터 캐나다로 송금이 되어 왔습니다. 그것이 어떤 결과를 가져왔는지 아십니까? 다른 경우보다 $60,000이 더 오는 결과를 낳았습니다. 그리고 나서 환율이 다시 상승했습니다.[2]

| 우리는 오직 믿음으로만 하나님과 동행할 수 있습니다

하나님은 하나님의 백성들 가운데 하나님의 성품을 나타내기 원하시기 때문에, 하나님 크기의 일로 하나님의 백성들을 초청하십니다. 그러므로 하나님의 백성들이 하나님과 동행하는 삶을 살려면, 믿음으로 하지 않고는 불가능합니다. 그래서 하나님은 맨 처음 아브라함을 부르실 때부터 믿음에 대해서 그를 집중적으로 훈련시키셨습니다. 75세가 된 아브라함에게 본토, 아비, 친척 집을 떠나 하나님께서 아직 지시하지도 않은 땅으로 가라고 명령하신 것부터가 믿음의 훈련이었습니다. 하나님은 그를 훈련시키셔서 이삭을 번제로 하나님께 드린다 할지라도 하나님은 능히 그 재 가운데서라도 이삭을 다시 살리셔서 하나님께서 그에게 주신 모든 약속들을 이루실 것으로 하나님을 믿고 신뢰하는 그 자리까지 그의 믿음이 자라도록 하셨습니다. 그리고 하나님은 그를 믿음의 조상으로 삼으셨습니다.

그 이후 하나님은 아브라함을 통해 세워진 하나님을 위한 한 백성 모두에게 믿음에 의한 삶을 집중적으로 훈련시키셨습니다.

구약시대부터 하나님의 백성들은 오직 무엇으로 살게 되어 있습니까?(합 2:4)

하나님은 이스라엘 백성들을 애굽에서 건져내신 후 광야생활을 통해 그들에게 무

이 주여 여호와께서 우리와 함께 계시면 어찌하여 이 모든 일이 우리에게 일어났나이까 또 우리 조상들이 일찍이 우리에게 이르기를 여호와께서 우리를 애굽에서 올라오게 하신 것이 아니냐 한 그 모든 이적이 어디 있나이까 이제 여호와께서 우리를 버리사 미디안의 손에 우리를 넘겨 주셨나이다 하니 여호와께서 그를 향하여 이르시되 너는 가서 이 너의 힘으로 이스라엘을 미디안의 손에서 구원하라 내가 너를 보낸 것이 아니냐 하시니라 그러나 기드온이 그에게 대답하되 오 주여 내가 무엇으로 이스라엘을 구원하리이까 보소서 나의 집은 므낫세 중에 극히 약하고 나는 내 아버지 집에서 가장 작은 자니이다 하니

(삿 6:11-15)

1.『하나님을 경험하는 삶』(헨리 블랙가비, 요단출판사, 198쪽.

2.같은 책, 202-203쪽.

많은 날이 지나고 제삼년에 여호와의 말씀이 엘리야에게 임하여 이르시되 너는 가서 아합에게 보이라 내가 비를 지면에 내리리라

(왕상 18:1)

그 때에 다메섹에 아나니아라 하는 제자가 있더니 주께서 환상 중에 불러 이르시되 아나니아야 하시거늘 대답하되 주여 내가 여기 있나이다 하니 주께

엇을 집중적으로 훈련시키셨습니까?(히 3:12, 18-19)

히브리서 11장에는 구약에 하나님과 동행했던 하나님의 사람들의 이야기가 나옵니다. 그들의 삶에 나타나는 한 가지 공통점은 무엇입니까?

구약에서부터 하나님은 하나님의 백성들에게 집중적으로 믿음에 의한 삶을 훈련시키셨습니다. 하나님의 백성들이 오직 믿음으로만 하나님과 동행할 수 있고, 그들의 믿음에 의한 삶을 통해서만 하나님의 영광이 나타날 수 있기 때문입니다. 그래서 성경은 구약에서부터 하나님의 백성은 오직 믿음으로 살 것이라고 하셨고, 심지어 구약시대에 하나님과 동행했던 모든 하나님의 사람들은 믿음으로 살았습니다.

| 부지 중도금 사건

포도나무교회가 분당에서 현재 위치하고 있는 신갈로 이사 올 때의 일입니다. 하나님의 인도하심을 따라 교회 부지를 계약하게 되었습니다. 부지를 위한 총 비용은 17억이 조금 넘는 금액이었습니다. 그 당시 청장년 성도가 250명 정도 되는 포도나무교회로서는 그 금액은 우리의 역량을 훨씬 초월하는 금액이었습니다. 그러나 우리는 하나님께서 한 발자국 한 발자국 인도하고 계신 것을 확신하였기 때문에 믿음으로 주님을 따랐습니다.

우리는 계약금으로 3억4천만 원을 지불하였습니다. 그 동안 모아 왔던 건축헌금 2억8천만 원과 당일에 한 분이 헌금한 6천만 원을 합해서 그렇게 했습니다. 일반적으로 총 금액의 10%를 계약금으로 지불하는데, 우리는 상대방의 요청에 따라 20%를 지불한 것입니다. 계약금을 지불하고 나자 우리는 한 푼도 가지고 있지 않았습니다.

문제는 중도금이었습니다. 우리는 한 달 후에 중도금으로 30%인 5억6천5백만 원을 지불하도록 되어 있었습니다. 부지를 계약하는 날 저는 몇 분들과 함께 남아공 사역을 떠나 2주 만에 돌아왔습니다. 돌아오자마자 한 주가 금방 지났습니다. 이제 중도금을 지불할 날짜까지는 딱 한 주가 남은 주일이 되었습니다. 그 날 2부 예배까지 마쳤는데, 그 때까지 모아진 건축헌금은 총 1천5백만 원 밖에 되지 않았습니다. 다른 교회 재정에서 돌려 쓸 수 있는 모든 돈을 합해도 3천5백만 원 정도였습니다.

그 당시 중도금에 우리의 모든 것이 걸려있다고 해도 과언이 아니었습니다. 우선 중도금을 제 날짜에 지불하지 못하면, 계약은 취소되고 계약금으로 지불한 그 많은 돈은 되돌려 받지 못할 것입니다. 또 그렇게 된다면, 저 개인이나 포도나무교회나 새물결선

서 이르시되 일어나 직가라 하는 거리로 가서 유다의 집에서 다소 사람 사울이라 하는 사람을 찾으라 그가 기도하는 중이니라 그가 아나니아라 하는 사람이 들어와서 자기에게 안수하여 다시 보게 하는 것을 보았느니라 하시거늘 아나니아가 대답하되 주여 이 사람에 대하여 내가 여러 사람에게 듣사온즉 그가 예루살렘에서 주의 성도에게 적지 않은 해를 끼쳤다 하더니 여기서도 주의 이름을 부르는 모든 사람을 결박할 권한을 대제사장들에게서 받았나이다 하거늘 주께서 이르시되 가라 이 사람은 내 이름을 이방인과 임금들과 이스라엘 자손들에게 전하기 위하여 택한 나의 그릇이라

(행 9:10-15)

보라 그의 마음은 교만하며 그 속에서 정직하지 못하나 의인은 그의 믿음으로 말미암아 살리라

(합 2:4)

형제들아 너희는 삼가 혹 너희 중에 누가 믿지 아니하는 악한 마음을 품고 살아 계신 하나님에게서 떨어질까 조심할 것이요

(히 3:12)

또 하나님이 누구에게 맹세하사 그의 안식에 들어오지 못하리라 하셨느냐 곧 순종하지 아니하던 자들에게가 아니냐 이로 보건대 그들이 믿지 아니하므로 능히 들어가지 못한 것이라

(히 3:18-19)

교회는 중대한 타격을 받을 것입니다. 그런데 우리가 할 수 있는 일은 아무것도 없었습니다. 만약 우리가 세상적인 방법으로 그 돈을 채우기 위해 노력했더라면, 그래도 그것이 채워진다는 보장이 없었겠지만, 그것은 불신의 행동이었을 것이기 때문입니다.

그 마지막 주 월요일 저는 하루 종일 새물결훈련원에서 강의를 했습니다. 화요일에는 하루 종일 정기집회를 인도했습니다. 그리고 수요일부터 금요일까지는 인천에 있는 한 교회에서 집회를 인도했습니다.

그런데 성도들이 온 힘을 다해 건축헌금에 동참하기 시작했습니다. 인터넷 뱅킹으로 교회 구좌를 확인할 수 있는 저만 알 수 있는 일이었습니다. 드디어 마지막 주일이 왔습니다. 2부 예배까지 마쳤습니다. 그 동안의 모든 건축헌금을 집계했습니다. 총 금액이 5억8백만 원이었습니다. 포도나무교회 지체들 중 아무도 그 동안 얼마큼의 헌금이 되어졌는지 아는 사람이 없었습니다. 각자 하나님의 인도를 따라 온 힘으로 하나님의 행하심에 동참했을 따름입니다. 이것을 본 한 성도가 이렇게 말했습니다. “한 사람의 감동도 틀리지 않았군요.”

| 우리의 믿음과 세상에서의 하나님의 이름

하나님의 백성을 향한 하나님의 계획이 위에서 설명한 바와 같기 때문에 우리의 믿음과 세상에서 하나님의 이름의 명예는 필연적으로 연관됩니다. 세상 사람들은 어차피 하나님을 믿지 않습니다. 성경도 믿지 않습니다. 그래서 그들이 하나님을 볼 수 있는 유일한 길은 하나님의 백성들 가운데 함께 하시는 하나님입니다.

하나님의 백성들이 하나님과 동행하면서 믿음으로 하나님의 인도를 따라 순종하면, 세상은 하나님의 백성들 가운데 함께 하시는 하나님을 보고 하나님의 이름을 높입니다. 그리고 그들도 하나님께로 나아와 하나님께서 예비하신 복을 받습니다. 그것이 초대교회에 일어났던 일입니다. 그리고 그것이 부흥 때마다 일어났던 일입니다.

반면에 하나님의 백성들이 믿음으로 하나님과 동행하는 삶을 살지 않을 때, 교회 가운데 하나님의 살아계신 역사는 없이 온갖 세상적인 수단과 방법이 가득하게 됩니다. 그리고 그렇게 되면, 세상은 하나님을 전혀 보지 못하게 됩니다. 그 결과, 그들은 하나님을 조롱하고 멸시하게 됩니다. 하나님의 이름의 명예는 세상에서 땅에 떨어지게 됩니다.

당신과 당신의 교회는 지금 어떤 상황 가운데 있습니까?

오늘 배운 것을 복습하십시오. 오늘 배운 내용 중에서 하나님께서 당신으로 하여금 이해하고, 배우고, 실천하기 원하는 부분이나 성구를 한두 개 지적해 주시도록 기도하십시오. 그리고 난 후 다음의 질문에 답하십시오.

✣ 오늘 배운 내용 중에서 어떤 부분이나 성구가 가장 뜻있게 와 닿았습니까?

✣ 위의 부분이나 성구를 하나님께 대한 당신의 기도로 바꾸십시오.

✣ 오늘의 학습에 대한 반응으로 하나님은 당신이 무엇을 하기를 원하십니까?

이 과의 요점

- 우리의 신앙생활은 처음부터 끝까지 오직 믿음으로만 가능합니다.
- 하나님은 하나님의 백성들을 통해 하나님의 영광을 드러내기 원하십니다.
- 앞서 가시는 하나님을 따라가려면 믿음이 필수입니다.

제2과 믿음의 성격

믿음에 의한 삶을 살기 위해서는 믿음의 성격을 잘 이해하는 것이 중요합니다. 오늘날 많은 성도들이 믿음에 의한 삶을 살고 있지 못한 이유 중의 하나는 믿음의 성격을 올바로 이해하지 못하기 때문입니다.

믿음은 인격체이신 하나님을 신뢰하는 것입니다

제5단원 1과에 나오는 하나님에 관한 지식과 하나님을 아는 지식의 차이를 복습하십시오.

| 믿음은 하나님에 관한 진리에 단순히 지식적으로 동의하는 것이 아닙니다

다음과 같이 묻는다면, 당신은 무엇이라고 대답하시겠습니까? 해당하는 것에 ∨표 하십시오.

당신은 하나님이 살아계신 것을 믿습니까?

□ 예　　　　□ 아니요

당신은 하나님이 능력의 하나님이심을 믿습니까?

□ 예　　　　□ 아니요

당신은 하나님이 우리의 모든 필요를 능히 채우시는 분이라고 믿습니까?

□ 예　　　　□ 아니요

모두 다 '예' 라고 대답하셨죠? 잘 하셨습니다. 우리는 이러한 하나님에 관한 성경적인 진리들을 잘 알고, 그 사실들을 잘 믿으면, 그것이 곧 믿음이 좋은 것이라고 생각합니다.

성경은 이러한 것이 전혀 믿음이 아니라고 말하고 있습니다. 심지어 성경은 귀신들도 이러한 종류의 믿음을 가지고 있다고 말합니다. "네가 하나님은 한 분이신 줄을 믿느냐 잘 하는도다 귀신들도 믿고 떠느니라"(약 2:19). 특히 야고보서 2장은 참다운 믿음의 성격에 대해서 다루고 있는 구절입니다. 그래서 성경은 하나님에 관한 진리를 이론적으로 믿는 것이 전혀 믿음이 아님을 분명히 하고 있습니다. 사실, 귀신들은 영적인 피조물이기 때문에 하나님에 관한 사실들을 우리들보다 훨씬 더 잘 압니다. 마가복음 1장에 나오는 가버나움 회당에서의 사건에서도 귀신이 그 곳에 있는 어느 누구보다 예수님에 대해서 더 잘 알았습니다(막 1:24). 그럼에도 불구하고 우리는 귀신들이 하나님을 믿는 믿음을 소유하고 있다고 말하지 않습니다.

이에 대한 대표적인 예가 바로 바리새인들이었습니다. 바리새인들은 구약성경 전체가 하나님의 말씀임을 분명히 믿었습니다. 그들은 참으로 소위 보수적인 신앙을 가지고 있었기 때문에 하나님의 말씀의 일점일획도 의심이 없이 그대로 믿었습니다. 그런데 예수님께서는 그들이 하나님의 말씀을 전혀 믿지 않는다고 말씀하셨습니다(요 5:46-47). 이것을 보면, 예수님께서 말씀하신 믿음과 바리새인들이 생각하는 믿음이 그 의미에 있어서 차이가 있었음을 알 수 있습니다. 바리새인들은 성경에 나오는 진리들을 이론적으로 잘 믿으면, 그것이 좋은 믿음이라고 생각했습니다. 그러나 예수님은 참다운 믿음은 그 이상임을 분명하게 하셨습니다.

하나님에 관한 모든 진리에 단순히 지식적으로 동의하는 것이 성경이 말하는 믿음이 아닌 것은 그 열매만 보아도 잘 알 수 있습니다. 하나님이 전능하신 분이며 우리의 필요를 채우시는 분임을 믿는다고 말하는 많은 성도들은 막상 그들에게 중대한 필요가 생기면 하나님을 신뢰하지 않습니다. 그들은 사람이나 세상적인 수단이나 인간적인 방법을 의지합니다. 그리고 그렇게 해서도 그 필요가 채워지지 않으면, 그들은 낙심하고 좌절합니다. 하나님을 원망합니다. 이것은 전혀 하나님을 믿는 자세가 아닙니다.

| 성경에서 말하는 믿음은 인격체이신 주님께 두는 것입니다

성경에서 말하는 믿음은 하나님에 관한 지식이 아니라, 하나님을 아는 지식에 기초합니다. 믿음은 인격체에 두는 것입니다. 다시 말해서, 믿음은 인격체이신 하나님을 신뢰하는 것입니다. 그리고 하나님을 신뢰하려면, 당연히 그분을 아는 것이 전제되어야 합니다. 하나님을 아는 것은 성령의 조명으로 성경이 말하는 하나님을 만나는 것 혹은 '보는 것' 을 말합니다. 믿음은 성령의 조명으로 발견한 그 하나님을 신뢰하고 의지하는 것을 말합니다. 그렇기 때문에 성경이 말하는 믿음을 갖기 위해서는 반드시 성령의 조명을 통해서 하나님을 아는 것이 선행되어야 합니다. 하나님을 알지 못하면, 참다운 믿음을 가질 수 없습니다.

믿음은 전적으로 하나님을 신뢰하는 것입니다

믿음은 인격체이신 하나님을 신뢰하는 것인데, 하나님을 신뢰한다는 말은 하나님을 전적으로 신뢰하는 것을 의미합니다. 다시 말해서, 하나님을 의지하되 하나님을 부분적으로 의지하거나, 하나님과 다른 것을 동시에 의지하는 것은 전혀 믿음이 아닙니다. 성경에서 말하는 믿음은 오직 하나님만을 전적으로 의지하는 것을 말합니다.

야고보서 1:6-8을 읽으십시오.

오직 믿음으로 구하고 조금도 의심하지 말라 의심하는 자는 마치 바람에 밀려 요동하는 바다 물결 같으니 이런 사람은 무엇이든지 주께 얻기를 생각하지 말라 두 마음을 품어 모든 일에 정함이 없는 자로다

(약 1:6-8)

성경은 의심하는 자를 무엇에 비유하고 있습니까?(6절)

의심하는 자를 어떠한 사람이라고 부르고 있습니까?(8절).

성경은 의심하는 자를 바람에 따라 이쪽저쪽으로 요동하는 파도에 비유하고 있습니다. 또 두 마음을 품은 자라고 부르고 있습니다. 두 마음을 품는다는 말은 마음속에 하나님과 다른 것을 함께 의지하는 것을 말합니다. 그리고 그러한 자는 주께로부터 어떤 것도 받을 것을 기대하지 말라고 성경은 말하고 있습니다. 즉, 그러한 사람들은 어떠한 하나님의 영광도 경험하지 못할 것입니다.

오늘날 성경이 말하는 바에 대한 진정한 의미를 잘 모르기 때문에, 자신은 성경의 말씀대로 산다고 생각하지만, 실제로는 전혀 그렇게 살고 있지 못한 경우가 많습니다. 하나님을 믿는 것도 그 중 하나입니다.

당신은 하나님을 기쁘게 하는 삶을 살기 원하십니까? □ 예 □ 아니요

당신은 하나님의 평가를 소중히 여기십니까? □ 예 □ 아니요

당신은 하나님을 믿으십니까? □ 예 □ 아니요

성경에서 말하는 진정한 의미에서 하나님을 기쁘게 하려면, 반드시 자기를 기쁘게 하지 않는 것과 같이 가야 합니다. 그래서 예수님은 "나는 나의 원대로 하려 하지 않고 나를 보내신 이의 원대로 하려는 고로"(요 5:30) 라고 말씀하셨습니다. 만약 우리가 아무리 하나님을 기쁘게 하기 원한다고 말할지라도, 그것이 자기를 기쁘게 하지 않는 것과 같이 가지 않으면, 우리는 자기를 기쁘게 하는 범위 내에서만 하나님을 기쁘게 할 것입니다. 즉, 자기 소원과 목적이 이루어지는 범위 내에서만 하나님을 기쁘게 할 것

입니다. 그것은 전혀 하나님을 기쁘게 하는 삶이 아닙니다. 실제로는 자기를 기쁘게 하는 삶입니다.

하나님의 평가를 소중히 여기는 것도 마찬가지입니다. 우리는 당연히 하나님의 평가를 소중히 여긴다고 생각합니다. 바리새인들은 더더욱 그렇게 생각했을 것입니다. 그러나 예수님은 그들이 하나님의 평가를 전혀 소중히 여기지 않는다고 말씀하셨습니다(요 5:44). 성경적인 의미에서 하나님의 평가를 소중히 여기려면 사람의 평가를 소중히 여기지 않는 것이 같이 가야 합니다. 바리새인들은 당연히 하나님의 평가를 소중히 여긴다고 생각했을 것입니다. 그러나 그들은 사람의 평가도 소중히 여겼습니다. 오늘날 너무나 많은 성도들이 그렇듯이, 그들은 사람의 평가와 하나님의 평가가 서로 상충될 때, 사람의 평가를 취했던 것입니다. 그 결과, 그들은 실제로는 하나님의 평가를 전혀 소중히 여기지 않았습니다. 반면에 예수님은 하나님의 평가를 진정으로 소중히 여기셨기 때문에, "나는 사람에게서 영광을 취하지 아니하노라"(요 5:41)고 말씀하셨습니다. 바울도 마찬가지였습니다. "이제 내가 사람들에게 좋게 하랴 하나님께 좋게 하랴 사람들에게 기쁨을 구하랴 내가 지금까지 사람의 기쁨을 구하였다면 그리스도의 종이 아니니라"(갈 1:10).

이것은 믿음에 있어서도 마찬가지입니다. 오늘날 대부분의 성도들은 당연히 하나님을 믿는다고 생각합니다. 그러나 하나님을 믿으려면 하나님만을 믿어야 합니다. 하나님도 믿고 다른 사람이나 수단이나 환경을 믿으면, 그것은 실제로는 하나님을 전혀 믿는 것이 아닙니다. 그것은 바로 그 다른 것을 믿는 것입니다. 그래서 사도 바울은 예수님도 믿고, 할례도 믿는 사람들을 육체를 신뢰하는 개들이요 행악자들이라고 불렀습니다(빌 3:2).

앞에서도 살펴보았습니다만, 헨리 블랙가비 목사는 그의 책 『하나님을 경험하는 삶』 제12단원에서 하나님과의 친밀한 사귐의 본질을 다음과 같이 나열하고 있습니다.

1. 우리는 우리의 존재를 다 걸고 하나님을 사랑해야만 한다.
2. 우리는 하나님의 통치권에 완전히 순복해야만 한다.
3. 우리는 하나님을 실질적이고 개인적으로 경험해야만 한다.
4. 우리는 하나님을 완전히 의지해야만 한다.

나는 헨리 블랙가비 목사가 여기에서 하나님을 의지하는 것의 참다운 의미에 대해서 아주 잘 표현하고 있다고 생각합니다. 하나님을 의지하려면 하나님을 완전히 의지해야 합니다.

그러니까 이 말은 우리의 모든 삶의 영역에서 하나님을 완벽하게 의지하지 않으면, 하나님을 전혀 의지하지 않는 것이라는 말이 아닙니다. 이 말은 우리가 하나님을 의지하는데 있어, 오직 그분만을 온전히 의지하지 않으면, 그것은 전혀 하나님을 의지하는 것이 아니라는 말입니다. 우리들은 너무나 많은 경우에 하나님을 의지한다고 하면서, 동시에 하나님께서 통로로 사용하실만한 수단들을 의지합니다. 그러나 그것은 전혀 하나님을 의지하는 것이 아닙니다. 그것은 수단들을 의지하는 것입니다.

오늘날 많은 성도들은 하나님을 사랑하되 자기가 원하는 만큼 사랑하고, 하나님의 통치권에 순종하되 자기가 생각하기에 좋게 보이는 부분만 순종하고, 하나님을 의지하되 다른 것과 겸하여 의지하려고 합니다. 그러나 그것은 하나님을 사랑하는 것도, 하나님께 순종하는 것도, 그리고 하나님을 의지하는 것도 아닙니다. 그리고 그러한 삶으로는 하나님과의 개인적인 친밀한 사귐을 가질 수 없을 뿐 아니라, 하나님을 경험할 수 없습니다.

| 교회에 대한 염려

포도나무 교회 개척 초기의 일입니다. 그 당시 교회는 재정적으로 한 달에 약 350만원 정도가 부족한 상황이었습니다. 그런데 하루는 한 집사가 제게 와서 그가 교회를 떠날지 모른다고 말했습니다. 참고로 그는 한 달에 십일조만 100만원 하는 사람이었습니다. 그 말을 듣자마자 제 마음속에 "그럼 교회는 어떡하지?"라는 생각이 떠올랐습니다. 그리고 그 생각이 떠오르자마자 하나님은 제가 하나님을 의지하지 않고 사람을 의지하고 있었음을 보이셨습니다. 사실, 저는 그 동안 오직 하나님만 의지해 왔다고 생각했습니다. 그러나 그 사건을 통해 하나님은 제가 사람을 의지하고 있었음을 보이신 것입니다. 만약 제가 하나님을 의지했더라면, 그분이 교회를 떠난다고 해서 교회를 염려하는 일은 없었을테니까요. 그래서 저는 하나님께 곧 바로 회개했습니다. 그리고 그에게도 미안하다고 사과했습니다.

결국 그는 교회를 떠났습니다. 그만이 아니라, 여러 명이 한꺼번에 교회를 떠났습니다. 그 떠난 사람들의 십일조만 합해도 한 달에 200만원은 족히 되었습니다. 저는 "사방의 모든 커튼을 내렸습니다." 즉, 사람을 바라보고 의지하는 모든 것을 멈췄습니다. 그리고 오직 하나님만 바라보았습니다. 하나님을 의지할 때, 당연히 하나님은 하나님의 교회의 필요를 채우시고, 하나님의 교회를 세우십니다. 하나님을 의지하는 것은 오직 하나님만 의지하는 것입니다.

믿음은 하나님께 모든 것을 거는 것입니다

하나님을 전적으로 의지한다는 말은 다시 말해서 하나님께 모든 것을 거는 것을 의미합니다. 히브리서 11장에 나오는 믿음의 선진들의 경우를 보면 우리는 이 점을 선명하게 볼 수 있습니다. 그들은 실로 하나님께 모든 것을 걸었습니다.

기생 라합의 경우를 보십시오. 여호수아 2:8-11을 읽고, 다음의 물음에 답하십시오.

믿음으로 기생 라합은 정탐꾼을 평안히 영접하였으므로 순종하지 아니한 자와 함께 멸망하지 아니하였도다
(히 11:31)

라합은 무엇으로 구원을 얻었습니까?(히 11:31)

그의 믿음은 어디에서 나왔습니까?(롬 10:17 참조)

그러므로 믿음은 들음에서 나며 들음은 그리스도의 말씀으로 말미암았느니라
(롬 10:17)

여리고성에서 하나님께서 이스라엘 백성들을 위해 행하신 놀라운 일들에 대해 듣고, 그 사실을 믿은 사람이 라합 뿐이었습니까?

여리고 성의 다른 사람들과 라합의 차이는 무엇이었습니까?

라합은 믿음으로 구원을 받았습니다. 라합의 믿음은 당연히 하나님의 행하심을 들음에서 났습니다. 그런데 여리고 성에서 하나님의 행적을 들은 사람이 라합 뿐만이 아니었습니다. 그 당시 여리고 성에 살던 모든 거민은 다 그것을 들었습니다. 그들은 그 사실을 들었을 뿐 아니라, 그 사실을 다 믿었습니다. 그들은 심지어 간담이 녹고, 정신을 잃을 만큼 확실하게 믿었습니다. 그러나 성경은 그들이 믿음을 가졌다고 말하고 있지 않습니다. 여기서도 우리는 하나님에 관한 사실을 그대로 믿는 것이 성경이 말하는 믿음이 아닌 것을 알 수 있습니다. 만약 그것이 믿음이라면 그 당시 여리고 성에 살던 모든 거민은 다 구원을 받았어야 할 것입니다.

그럼 여리고 성의 다른 사람들과 라합의 차이는 무엇이었습니까? 라합은 자기의 모든 것을 걸고 하나님을 신뢰하고 의지하였습니다. 즉, 라합은 성경이 말하는 믿음을 가졌던 것입니다(히 11:31). 반면에 다른 모든 사람들은 하나님에 관한 이론적인 사실을 그대로 믿었지만, 하나님을 신뢰하지 않았습니다.

오늘날 많은 하나님의 백성들은 하나님과 세상에 한 다리씩 걸치고 살아가는 것 같습니다. 그러면서 그들은 유리한대로 한 쪽 다리를 드는 것 같습니다. 하나님이 진짜로 계시고, 천국과 지옥이 실제로 있는 것처럼 느껴지거나 하나님의 도움이 필요할 때는 세상 쪽의 발을 살짝 들고, 세상에서 약간 불리하다 싶으면 하나님 쪽의 발을 살짝 드는 것 같습니다. 그러나 그것은 성경에서 말하는 믿음이 전혀 아닙니다.

믿음은 매번 새롭게 하나님께 모든 것을 거는 것입니다

믿음은 그 때마다 새롭게 하나님을 전적으로 의지하는 것입니다. 우리들이 한 번 믿음으로 하나님을 의지했다고 해서 그것이 계속적으로 지속되지 않습니다. 다음 순간 하나님의 인도에 전적으로 순복하려면, 우리는 또 다시 그 때까지의 우리의 모든 것을 걸고 하나님을 전적으로 의지해야 합니다.

이에 대한 좋은 예가 바로 여호수아입니다. 다음의 물음에 답하십시오.

여호수아 3:8에 의하면, 하나님께서는 요단강을 건너기 위해 여호수아에게 어떻게 하라고 명령하셨습니까?

너는 언약궤를 멘 제사장들에게 명령하여 이르기를 너희가 요단 물 가에 이르거든 요단에 들어서라 하라

(수 3:8)

하나님의 명령대로 백성들에게 명령하던 여호수아의 심정은 어떠했을까요? 여호수아 3:9-12을 읽고, 그의 입장이 되어 한 번 생각해 보십시오.

요단강을 건넌 후 여리고 성을 무너뜨리기 위해 하나님께서 제시하신 방법은 무엇이었습니까?(수 6:2-5)

그 명령에 순종하여 이스라엘 백성들을 이끌고 나가는 여호수아의 심정은 어떠했을까요? 요단강을 이미 건너왔기 때문에, 그것이 이번 일을 위해 승리를 조금이라도 보장해 주었습니까?

두 차례 모두 여호수아는 하나님의 약속을 전적으로 신뢰하고 신실하신 하나님께 자기의 모든 것을 걸고 순종해야 했습니다. 만약 그 일들에서 실패한다면, 그것은 여호수아에게 죽음을 의미하는 것이나 마찬가지였습니다. 백성들 앞에서의 망신은 말할 것도 없고, 그는 모든 지도력을 잃게 되고, 백성들의 희생에 대한 책임을 져야 할 형편이었습니다. 거기다가 여호수아가 가진 것이라고는 하나님의 약속 외에는 아무 것도 없었습니다. 그러나 그는 하나님을 알았기에 신실하신 하나님께 모든 것을 걸고, 그분의 인도에 순종할 수 있었습니다.

특히 여리고 성의 경우를 생각해 보십시오. 여호수아는 바로 얼마 전에 요단강에서 하나님을 전적으로 신뢰함으로 놀라운 하나님의 기적을 체험했습니다. 그런데 여리고 앞에 섰을 때 그는 또 다시 그 때까지의 그의 모든 것을 걸고 하나님 앞에

새롭게 서야 했습니다. 얼마 전의 승리가 이번의 승리를 전혀 보장하지 않았습니다. 사실, 이번 싸움에서 실패한다면, 이전의 승리는 그에게 아무런 의미가 없게 될 것입니다. 이처럼 믿음에 의한 삶은 매번 새롭게 하나님께 모든 것을 걸고 서는 것입니다. 오늘날 많은 성도들이 믿음에 의한 삶을 살지 않는 이유 중 하나도 바로 이 부분 때문입니다. 모든 것을 걸고 하나님 앞에 선다는 것은 대단한 영적인 에너지를 필요로 합니다. 그래서 그들은 쉬운 길을 택하기 원합니다. 예측 가능한 길을 택하기 원합니다. 그 결과 그들은 하나님을 전적으로 의지하여 서기보다 인간적인 방법과 수단을 의지합니다.

| 분당 개척 초기

몇 년 전 포도나무 교회를 개척할 당시의 일이었습니다. 새로운 교회를 시작하라는 하나님의 인도하심을 따라 그 당시 섬기던 교회에 사표를 냈습니다. 그리고 하나님의 인도를 따라 분당에서 새로운 교회를 개척하기 위해 준비하고 있었습니다. 그 당시 저는 개인적으로 단돈 백만 원도 가지고 있지 않았습니다. 사택을 비워주고 이사 갈 날짜가 다가왔습니다. 그러나 여전히 하나님의 채우심을 기다리는 것 외에는 아무 것도 할 것이 없었습니다. 개인적으로 돈을 꿔서 일을 하는 것은 하나님의 방법이 아닐 뿐 아니라, 설령 돈을 빌리려고 한다 할지라도 빌릴 곳도 전혀 없었습니다. 그러한 우리의 모습이 옆 사람의 보기에는 답답했던 모양입니다. 나중에 안 일입니다만, 그 당시 우리들과 같은 건물에, 다른 교회에 나가는 성도가 살고 있었는데 그가 우리를 위해 눈물로 기도했다고 합니다. 그러나 우리는 하나님께서 채우실 것을 신뢰하며, 그 분을 기다리는 것 밖에는 아무 것도 할 것이 없었습니다. 그러던 어느 날 갑자기 평소에 알고 지내던 한 치과의사 부부가 3천만 원을 헌금 했습니다. 그들은 우리가 섬겼던 교회의 성도도 아니었습니다. 참으로 하나님의 역사는 놀라웠습니다.

그 돈을 가지고 우선 사택을 찾아 나섰습니다. 하나님께서 보여주신 지역을 중심으로 집을 찾아 계약을 했습니다. 그리고 얼마 후 전혀 생각지도 않은 과정을 통해서 하나님은 교회의 장소를 주셨습니다. 사택과 교회의 거리는 걸어서 10분도 안 되는 가까운 거리였습니다.

이제 사택의 잔금이 문제였습니다. 그것을 위해 한 달 이내로 3천만 원의 돈이 필요했습니다. 전에는 안 채워지면 길거리로 쫓겨나면 됐지만, 이제는 계약금도 뜯기고 길거리로 쫓겨나게 될 형편이었습니다. 왜 그렇게 시간이 빨리 지나가는지요. 마치 날아가는 것 같았습니다. 저는 불안하기도 하고 또 조바심이 나기도 했습니다. 약 25일 쯤 지났을 때였습니다. 얼마 전까지 섬기던 교회에서 우리 부부를 잘 섬겨주던 성도 한 명이 있었는데, 그에게 3천만 원을 몇 달 동안만 꿔달라고 부탁할까 하는 생각이 들었습니다. 그런데 그 생각이 들자마자, 하나님께서 그 동안 요한복음 15장에 나오는 포도나무의 삶을 깨닫게 하셔서 설교하게 하시고, 또 그러한 교회를 새롭게 세우라고 이름도 포도나무 교회로 하라고 하셨는데, 제가 만약 그 성도에게 돈을 꿔달라고 부탁하면, 그 동안 설교해 온 모든 것들을 내 스스로 무효화시켜 버린다는 생각이 들었습니다. 저는 그렇게 할 수는 없었습니다. 그래서 저는 속으로 "그렇게 안하리라" 라고 다짐했습니다. 그렇게 다짐하자마자 이상한 일이 일어났습니다. 그렇게 빨리 지나가던 시간이 갑자기 왜 그렇게 천천히 지나가는지요. 어차피 시간이 되면 하나님께서 알아서 하실텐데…. 그러나 솔직히 말씀드려서 저의 마음이 그렇게 편한 것은 아니었습니다. 그러면서 제 마음 속에서는 하루 종일 계속해서 "여호와를 의뢰하는 자는 부끄러움을 당치 아니 하리라" 라는 말이 솟구쳐 올라왔습니다. 잔금을 치룰 날짜가 이틀 남았습니다. 밤 11시 경에 한 성도가 전화를 걸어 3천만 원을 헌금했습니다. 할렐루야!

그 과정을 거치면서 저는 믿음은 매번 새롭게 모든 것을 걸고 주님을 의지해야 하는 것임을 더욱 분명하게 경험할 수 있었습니다. 지난번의 승리가 이번의 승리를 전혀 보장하지 않았습니다. 실제로 나중에 그렇게 하지 못해서 넘어진 적도 있었습니다.

믿음은 마음속 깊은 곳에서 하나님께서 이루실 것을 아는 것입니다

믿음과 관련해서 매우 중요한 구절인 히브리서 11:1절은 믿음을 어떻게 표현하고 있습니까?

> 믿음은 바라는 것들의 실상이요 보이지 않는 것들의 증거니
> (히 11:1)

답 : 바라는 것들의 실상, 보이지 않는 것들의 증거

우선 믿음은 눈에 보이는 않는 것입니다. 우리 눈에 이미 보이는 것을 위해 우리는 더 이상 믿음이 필요하지 않습니다. 예를 들어, 하나님께서 모세를 애굽으로 보내실 때, 모세의 손에 그 당시 어떠한 대군이나 무기도 물리칠 수 있는 강력한 무기를 쥐어주셨다면, 모세는 하나님의 명령에 순종하기 위해서 더 이상 믿음이 필요하지 않았을 것입니다.

동시에 믿음은 막연한 바람이나 소망이 아닙니다. 어떤 사람들은 "그렇게 될 줄 믿었는데, 그렇게 안됐다" 라고 말합니다. 그러나 그것은 올바른 믿음이 아닙니다. 믿음은 실상이요 증거입니다. 믿음은 보이지 않는 것을 보는 것입니다. 만약 하나님께서 어떻게 하실 것이라고 믿었는데, 그대로 되지 않으면 무엇인가 잘못된 것입니다. 하나님의 음성을 잘못 들었든지, 하나님보다 앞서 갔든지, 하나님의 길을 깨달아 순종하지 않았든지 무엇인가 잘못된 것입니다. 믿음은 반드시 역사합니다.

믿음은 마음속 깊은 곳에서 하나님께서 행하실 것을 아는 것입니다. 하나님께서 말씀

하신 것과 하나님의 성품과 능력을 알기 때문에, 그분께서 말씀하신대로 행하실 것을 아는 것이 믿음입니다.

라합이 바로 그러한 믿음을 가지고 있었습니다. "말하되 여호와께서 이 땅을 너희에게 주신 줄을 내가 아노라 우리가 너희를 심히 두려워하고 이 땅 백성이 다 너희 앞에 간담이 녹나니"(수 2:9). 이 말이 바로 믿음에서 나온 말입니다.

요한 1서 5:14-15이 말하는 것도 역시 같은 것을 의미합니다. "그를 향하여 우리의 가진 바 담대한 것이 이것이니 그의 뜻대로 무엇을 구하면 들으심이라 우리가 무엇이든지 구하는 바를 들으시는 줄을 안즉 우리가 그에게 구한 그것을 얻은 줄을 또한 아느니라." 이 모든 것들이 다 믿음에 대한 표현임을 우리는 기억해야 합니다.

제가 개척을 준비하면서 그 절박한 상황에서 기다릴 수 있었던 것은 하나님께서 말씀하신 것을 하나님께서 채우실 줄을 알았기 때문입니다. 그저 막연하게 기다린 것이 아니었습니다. 그동안 하나님과 동행하면서 하나님께서 말씀하신 것은 반드시 그분이 채우시는 것을 경험했기 때문에, 그분이 하실 것을 알고 기다릴 수 있었습니다.

그러므로 하나님을 의지함에 있어, 하나님께서 행하실 것을 아는 그 자리에 이르지 못했다면, 그곳에 이를 때까지 지속적으로 하나님의 얼굴을 더 구하고, 하나님의 인도를 더 구해야 합니다.

오늘 배운 것을 복습하십시오. 오늘 배운 내용 중에서 하나님께서 당신으로 하여금 이해하고, 배우고, 실천하기 원하는 부분이나 성구를 한두 개 지적해 주시도록 기도하십시오. 그리고 난 후 다음의 질문에 답하십시오.

- 오늘 배운 내용 중에서 어떤 부분이나 성구가 가장 뜻있게 와 닿았습니까?

- 위의 부분이나 성구를 하나님께 대한 당신의 기도로 바꾸십시오.

- 오늘의 학습에 대한 반응으로 하나님은 당신이 무엇을 하기를 원하십니까?

이 과의 요점

- 믿음은 인격체이신 하나님을 신뢰하는 것입니다.
- 믿음은 전적으로 하나님을 신뢰하는 것입니다.
- 믿음은 하나님께 모든 것을 거는 것입니다.
- 믿음은 매번 새롭게 하나님께 모든 것을 거는 것입니다.
- 믿음은 마음 깊은 곳에서 하나님께서 이루실 것을 아는 것입니다.

제3과 믿음의 법칙

간단하지만, 믿음에는 법칙이 있는 것 같습니다. 그 법칙을 요약하면 다음과 같습니다.

1. 하나님을 아는 만큼 하나님을 믿을 수 있다.
2. 하나님을 믿는 만큼 하나님의 영광을 볼 수 있다.

1. 하나님을 아는 만큼 하나님을 믿을 수 있습니다

하나님을 믿는 것은 앞에서 살펴본 것처럼 인격체이신 하나님을 신뢰하는 것입니다. 따라서 하나님을 믿으려면, 반드시 하나님을 아는 것이 전제되어야 합니다.

기록된 바 내가 너를 많은 민족의 조상으로 세웠다 하심과 같으니 그가 믿은 바 하나님은 죽은 자를 살리시며 없는 것을 있는 것으로 부르시는 이시니라 아브라함이 바랄 수 없는 중에 바라고 믿었으니 이는 네 후손이 이같으리라 하신 말씀대로 많은 민족의 조상이 되게 하려 하심이라 그가 백 세나 되어 자기 몸이 죽은 것 같고 사라의 태가 죽은 것 같음을 알고도 믿음이 약하여지지 아니하고 믿음이 없어 하나님의 약속을 의심하지 않고 믿음으로 견고하여져서 하나님께 영광을 돌리며 약속하신 그것을 또한 능히 이루실 줄을 확신하였으니 그러므로 그것이 그에게 의로 여겨졌느니라

(롬 4:17-22)

| 아브라함의 예

아브라함은 믿음의 조상입니다. 그의 믿음은 항상 우리 믿음의 본보기가 됩니다. 그의 믿음을 자세히 살펴보면, 그것은 실로 우리 믿음의 본보기가 되기에 충분했습니다.

로마서 4:17-22을 읽고, 다음의 물음에 답하십시오.

그는 하나님을 알되, 어떤 하나님을 알았습니까?(17절)

당신은 그가 하나님을 그렇게 알았다는 말이 무슨 뜻이라고 생각합니까?

아브라함은 자기와 자기 아내의 상태를 알았음에도 불구하고, 하나님을 어떻게 신뢰했습니까?

당신은 아브라함이 그 상황에서 하나님을 그렇게 믿는 것이 왜 가능했다고 생각합니까?

아브라함의 믿음의 결과는 무엇이었습니까?

아브라함은 하나님을 알되, 전능하신 하나님과 약속한 것은 반드시 지키시는 신실하신 하나님임을 알았습니다(17절).[1] 아브라함이 그러한 하나님을 알았다는 말은 그가 성경을 통해 하나님은 전능하신 분이시며 신실하신 분이시라는 사실을 이론적으로 알았다는 말이 아닙니다. 즉, 하나님에 관한 지식을 말하는 것이 아닙니다. 그 당시에는 아직 성경이 쓰이지 않았습니다. 이 말은 그가 인격체이신 하나님을 알되, 죽은 자를 살리시는 전능하신 하나님 그리고 반드시 약속을 지키시는 신실하신 하나님을 알았다는 말입니다.

아브라함은 그러한 하나님을 알았기 때문에, 자기와 자기 아내의 몸이 아이를 생산하는 면에 있어서는 이미 죽은 상태인 것을 알았음에도 불구하고 하나님을 믿음으로 신뢰할 수 있었습니다. 우리는 사태의 심각성을 모를 때는 하나님을 믿는다고 말하다가도 사태의 심각성을 알고 나면 낙심하고 좌절하는 경우가 많습니다. 그러나 아브라함은 그렇지 않았습니다. 그는 자기와 자기 아내의 몸의 상태를 알고도 믿음이 연약해지지 않고, 오히려 하나님께 영광을 돌렸습니다. 그는 하나님을 알되, 죽은 자를 살리시는 전능하신 하나님 그리고 말씀하신 것은 반드시 이루시는 신실하신 하나님을 알았기 때문입니다. 그는 전능하신 하나님께서 자기들의 "죽은" 몸을 살리실 것과 신실하신 하나님께서 자기에게 주신 약속을 반드시 이루실 것을 신뢰했습니다. 그리고 성경은 그것이 그에게 의로 여겨졌다고 말하고 있습니다. 이 말은 하나님이 그러한 그의 믿음에 기초해서 역사하셨다는 말도 됩니다.

그러나 아브라함의 믿음은 여기에서 끝나지 않았습니다. 그의 믿음의 결정체가 아직 남아 있었습니다. 그것은 하나님께서 그를 시험하여 그에게 독자 이삭을 번제로 드리라고 말씀하셨을 때, 보여준 믿음의 행동이었습니다. 번제는 제물을 죽여 각을 떠서 제단 위에 올려놓고, 그 제물이 재가 되도록 태워서 연기로 드리는 제사입니다.[2] 이삭은 아브라함의 늦둥이였습니다. 얼마나 귀엽고 사랑스러웠겠습니까? 이는 하나님도 인정하시는 바였습니다. 그래서 하나님은 이삭을 "네 아들 네 사랑하는 독자 이삭"(창 22:2)이라고 부르셨습니다. 뿐만 아니라, 이삭은 아브라함의 모든 미래였습니다. 하나님께서 아브라함에게 주신 모든 약속들이 이삭을 통해서 성취되도록 되어있었기 때문입니다. 그런데 하나님은 그러한 이삭을 번제로 드리라고 말씀하셨습니다.

1. 여기에서 없는 것을 있는 것처럼 부르신다는 말은 하나님은 약속하신 것은 반드시 지키실 것이기 때문에 지금 없는 것이라도 마치 이미 있는 것처럼 부르시는 분이라는 말입니다. 즉, 신실하신 하나님을 가리킵니다. 구약성경에 보면, 하나님께서는 아직 일어나지 않은 일을 이미 일어난 것처럼 말씀하신 경우가 많습니다. 이것을 일반적으로 "예언적 완료"라고 부릅니다.

2. 나중에 성경에 보면, 하나님은 사람을 제사로 드리는 것을 엄격하게 금하고 있습니다. 그러나 아브라함의 경우에는 하나님께서 그를 시험하시기 위해서 그렇게 하셨습니다. 그 당시 이방신을 믿는 많은 사람들은 자기 자식을 제사로 드리는 행위를 하고 있었기 때문에 아브라함은 별 의심 없이 하나님의 명령을 받아들였던 것 같습니다.

또 이르시되 나는 네 조상의 하나님이니 아브라함의 하나님, 이삭의 하나님, 야곱의 하나님이니라 모세가 하나님 뵈옵기를 두려워하여 얼굴을 가리매 여호와께서 이르시되 내가 애굽에 있는 내 백성의 고통을 분명히 보고 그들이 그들의 감독자로 말미암아 부르짖음을 듣고 그 근심을 알고 내가 내려가서 그들을 애굽인의 손에서 건져내고 그들을 그 땅에서 인도하여 아름답고 광대한 땅, 젖과 꿀이 흐르는 땅 곧 가나안 족속, 헷 족속, 아모리 족속, 브리스 족속, 히위 족속, 여부스 족속의 지방에 데려가려 하노라 이제 가라 이스라엘 자손의 부르짖음이 내게 달하고 애굽 사람이 그들을 괴롭히는 학대도 내가 보았으니 이제 내가 너를 바로에게 보내어 너에게 내 백성 이스라엘 자손을 애굽에서 인도하여 내게 하리라 모세가 하나님께 아뢰되 내가 누구이기에 바로에게 가며 이스라엘 자손을 애굽에서 인도하여 내리이까 하나님이 이르시되 내가 반드시 너와 함께 있으리라 네가 그 백성을 애굽에서 인도하여 낸 후에 너희가 이 산에서 하나님을 섬기리니 이것이 내가 너를 보낸 증거니라 모세가 하나님께 아뢰되 내가 이스라엘 자손에게 가서 이르기를 너희의 조상의 하나님이 나를 너희에게 보내셨다 하면 그들이 내게 묻기를 그의 이름이 무엇이냐 하리니 내가 무엇이라고 그들에게 말하리이까 하나님이 모세에게 이르시되 나는 스스로 있는 자이

이러한 명령을 들은 아브라함은 지체 없이 순종했습니다. 그리고 이삭을 데리고 모리아 산으로 가서 단 위에 올려놓고 그를 죽이려 하기까지 순종했습니다. 만약 하나님께서 중단시키지 않았더라면, 아브라함은 실제로 이삭을 죽여 번제로 드렸을 것입니다.

그런데 성경은 그가 믿음으로 순종했다고 말하고 있습니다. 성경은 그의 어떤 믿음을 말하는 것입니까? 그는 전능하시며 신실하신 하나님을 알았습니다. 그래서 그는 자기가 하나님의 명령대로 이삭을 번제로 드린다 할지라도, 하나님께서는 그 재 가운데서라도 이삭을 다시 살리실 것을 믿었습니다. 그리고 자기에게 주신 모든 약속들을 그를 통해 성취시키실 것을 신뢰하였습니다. 이것이 아브라함의 믿음이었습니다. 그래서 히브리서는 이렇게 말하고 있습니다. "아브라함은 시험을 받을 때에 믿음으로 이삭을 드렸으니 그는 약속을 받은 자로되 그 외아들을 드렸느니라 그에게 이미 말씀하시기를 네 자손이라 칭할 자는 이삭으로 말미암으리라 하셨으니 그가 하나님이 능히 이삭을 죽은 자 가운데서 다시 살리실 줄로 생각한지라 비유컨대 죽은 자 가운데서 도로 받은 것이니라"(히 11:17-19).

이 얼마나 놀라운 믿음입니까. 우리들은 감히 흉내도 내지 못할 믿음입니다. 그러나 그가 그렇게 하나님을 믿을 수 있었던 것은 하나님을 알았기 때문입니다. 그는 하나님을 알되, 죽은 자를 살리시는 하나님과 약속하신 것은 반드시 이루시는 신실하신 하나님을 알았습니다.

| 하나님께서 주도권을 가지시고 자신을 계시하십니다

우리가 하나님을 아는 만큼 하나님을 믿을 수 있습니다. 그래서 하나님은 우리로 하여금 하나님을 믿음으로 따라올 수 있도록 하나님 자신을 우리에게 계시하십니다. 우리가 하나님을 알 수 있는 유일한 길은 하나님께서 성령을 통해 자신을 우리에게 계시해 주셔야 합니다. 다른 길은 없습니다. 하나님에 관한 지식은 우리가 성경을 통해 얻을 수 있지만, 하나님을 아는 지식은 하나님께서 자신을 계시해 주시지 않으면 우리가 얻을 길이 없습니다.

출애굽기 3:6-15을 읽고 다음의 물음에 답하십시오.

하나님께서 모세에게 무슨 일을 맡기셨습니까?

그 일을 모세가 스스로의 자원으로 할 수 있었습니까?

모세가 믿음으로 하나님을 따를 수 있도록 하나님은 모세에게 어떠한 자신의 모습을 계시하십니까?

하나님은 이스라엘 백성들을 애굽에서 건져내실 계획을 가지고 계셨습니다. 때가 되었을 때, 하나님은 모세에게 찾아오셔서 하나님의 목적을 알리시고, 모세를 그 일로 초청하십니다. 그런데 하나님의 모든 일이 그렇듯이, 그 일은 하나님의 자원과 능력으로만 가능한 일이었습니다. 바꿔 말해서, 모세 편에서 하나님을 전적으로 신뢰하고 순종하는 것이 필요했습니다. 그래서 하나님은 그가 믿음으로 하나님께 순종하며 따라올 수 있도록 자신을 계시하십니다.

모세에게 계시하신 하나님의 모습은 크게 두 가지입니다. 하나는 하나님은 아브라함과 이삭과 야곱의 하나님이시라는 것과 다른 하나는 하나님은 여호와 하나님이시라는 것이었습니다(6절과 14절). 하나님께서 모세에게 자신을 아브라함과 이삭과 야곱의 하나님으로 계시하신 것은 하나님께서 아브라함으로부터 시작하신 하나님의 일(하나님을 위한 한 백성을 세우시는 일), 그리고 아브라함에게 주신 그 모든 약속들을(큰 민족을 이루고, 천하 만민이 그를 통해 복을 받게 될 것을 포함하여) 이루실 분으로 자신을 모세에게 보여주신 것입니다. 또한 하나님께서 모세에게 자신을 여호와 하나님으로 계시하신 것은 자신을 스스로 존재하시고, 유일하시며, 초월적인 분으로 계시하신 것뿐 아니라, 언약의 하나님으로서 모세와 그리고 더 나아가서 언약의 백성들과 늘 함께 하실 분으로 계시하신 것입니다. 늘 그들과 함께 하셔서 그들을 구속하시고(출 20:2), 그들을 용서하실 뿐 아니라(출 34:6), 그들을 도와서 그 일을 이루실 분으로 자신을 계시하신 것입니다.

하나님은 주도권을 가지시고 우리에게 자신을 계시해 주십니다. 이것은 한편으로 우리의 부르심과도 관련이 있습니다. 죠지 뮬러에게는 고아의 아버지로서의 하나님을 계시해 주셨습니다. 그를 고아원 사역으로 부르셨고, 그가 믿음으로 그 일을 감당할 수 있도록 자신을 계시하셨습니다. 그래서 죠지 뮬러는 고아들의 모든 필요를 위해 오직 고아들의 아버지 되신 하나님만을 의지함으로 그 모든 사역을 감당할 수 있었습니다.

하나님은 당신에게 어떠한 자신을 계시해 주셨거나 계시하시고 계십니까?

| 우리 편에서는 하나님을 간절히 찾는 것이 필수적입니다

하나님은 주도권을 가지시고 자신을 우리에게 계시하십니다. 그러나 우리 편에서도 할 일이 있습니다. 그것은 하나님을 항상 간절히 찾고 구하는 것입니다. 왜냐하면 하나님은 하나님을 찾는 자들에게 자신을 계시하시기 때문입니다.

니라 또 이르시되 너는 이스라엘 자손에게 이같이 이르기를 스스로 있는 자가 나를 너희에게 보내셨다 하라 하나님이 또 모세에게 이르시되 너는 이스라엘 자손에게 이같이 이르기를 너희 조상의 하나님 여호와 곧 아브라함의 하나님, 이삭의 하나님, 야곱의 하나님께서 나를 너희에게 보내셨다 하라 이는 나의 영원한 이름이요 대대로 기억할 나의 칭호니라

(출 3:6-15)

성경은 여러 곳에서 이 부분을 분명히 말하고 있습니다. 다음의 성경구절들을 찾아 큰 소리로 읽어 보십시오.

역대상 28:9, 역대하 15:2, 예레미야 29:13, 잠언 8:17.

2. 하나님을 믿는 만큼 하나님의 영광을 경험합니다

- 우리들이 하나님의 말씀을 통해 성령의 조명으로 치유의 주님을 발견하고, 우리의 치유를 위해 그분을 신뢰할 때, 우리는 하나님의 치유를 경험합니다.

- 우리들이 하나님의 말씀을 통해 성령의 조명으로 우리의 필요를 채우시는 주님을 발견하고, 우리의 필요를 위해 그분을 신뢰할 때, 우리는 하나님의 채우심을 경험합니다.

- 우리들이 하나님의 말씀을 통해 성령의 조명으로 예수님은 성령을 부어주시는 분임을 발견하고, 성령 충만을 위해 그분을 신뢰할 때, 우리는 성령 충만을 경험하게 됩니다.

- 우리들이 하나님의 말씀을 통해 성령의 조명으로 우리 안에 사시며 우리를 인도하고 계시는 주님을 발견하고, 우리 삶의 매순간을 위해 그분을 신뢰할 때, 그분이 우리를 통해서 사십니다.

- 우리들이 하나님의 말씀을 통해 성령의 조명으로 죽은 자를 살리시는 능력의 주님을 발견하고, 죽은 자를 살리시는 주님의 능력을 위해 그분을 신뢰할 때, 우리는 그러한 주님의 능력을 경험할 수 있습니다.

| 주님이 내주하시는 삶과 믿음

허드슨 테일러는 주님이 내주하시는 삶에 대한 믿음의 비밀을 깨달았던 사람입니다. 그는 그 비밀을 발견하고 난 뒤 너무 기뻐서 영국에 있던 자기 식구들에게 편지를 썼습니다. 그는 자기의 어린 자녀들도 그가 발견한 그 비밀을 발견할 수 있기를 간절히 원했습니다. 다음은 그의 편지들 중 일부를 발췌한 것들입니다. 그의 편지를 보면, 사도 바울이 갈라디아서 2:20에서 말한, 주님이 우리 속에서 사시는 삶을 위한 믿음의 성격을 보다 선명하게 볼 수 있을 것입니다.

❖ 자기 아이들에게 보낸 편지

사랑하는 나의 아이들아, 너희도 예수님께 너희 마음을 맡겨 주님께서 매일 보호하시도록 하는 것이 어떤 것인지를 알기를 원한다. 나는 내 마음을 내 힘으로 보호해 보려고 애썼었단다. 그러나 그러한 나의 노력은 항상 허사였지. 그러던 중 마침내 자신이 노력하는 것을 포기하고 주님께서 나를 위해 대신 보호해 주실 것을 의뢰하기로 했단다. 너희들 생각에도 이것이 제일 좋은 방법이라는 생각이 들 것이다. 아마 너희들은 가끔 "나는 이기적이지도 않고 불친절하지도 않으며 불순종하지도 않겠다"고 작정하였을 것이다. 그러나 아무리 노력해도 성공하지 못하는 것을 발견할 것이다. 예수님은 "그것을 내게 맡기라. 그러면 너희 마음을 내 능력으로 보호하리라"고 말씀하시고 또한 실제로 그렇게 해주신단다.

한때 나는 예수님을 한 순간도 잊지 않으려고 노력한 적이 있었다. 그러나 자꾸 잊어버리곤 했단다. 이제는 내가 주님을 기억하려고 하지 않고 예수님께 맡기고 있으며 주님은 그렇게 해주신단다. 이것이 가장 좋은 길이란다. 블래췰리 양에게 이것에 대해서 더 얘기해 달라고 말하려무나. 그리고 하나님께 이 진리를 분명히 깨닫게 해 달라고 기도하려무나. 그리고 너희가 실제로 그렇게 살 수 있도록 기도하려무나.[3]

3.『허드슨 테일러의 생애』, 생명의 말씀사, 183쪽

❖ 아이들의 보모였던 블래췰리 양에게 보낸 편지

나는 사랑하는 아이들에게 편지했습니다. 나는 나의 아이들이 그리스도와 하나가 되고 그리스도께서 내재하시는 것에 관한 고귀한 진리를 일찍 체득하기를 바라고 있습니다. 나에게는 이 진리가 아주 뒤늦게 깨달아졌지만 이 진리는 구속에 관한 진리보다 이해하기 어려운 것 같지 않습니다.
성령님의 도우심이 필요하며 그 이상 아무것도 필요하지 않습니다. 하나님의 도우심으로 블래췰리 양이 나의 아이들 앞에서 그리스도를 생활로 보여주시기 바랍니다. 그들에게 그리스도를 전달해 주시기 바랍니다. 주님께서는 우리를 인도하시고 가르치시되 놀랍게 하셨습니다. 나는 내가 지금 누리고 있는 마음의 평안과 안식이 지금 이 세상에서는 가능하다고 믿지를 못했었습니다. 천국은 이곳 지상에서부터 시작됩니다. 그렇지 않습니까?…그리스도와 연합되는 경우 하늘과 땅은 중요하지 않게 됩니다.[4]

4. 같은 책, 184쪽.

❖ 누이인 워커 부인에게 보낸 편지

예수님께서 내 안에 살고 계시다고 느끼며 내 마음이 예수님으로 차 있음을 발견하고 항상 나와 교제를 원하시는 주님의 사랑을 생각하는 것은 실로 즐거운 일입니다. 이것은 내가 주님 안에 거하려고 애쓰는 노력으로 되는 것이 아닙니다. 주님은 우리의 생명이시며 우리의 힘이시고 우리의 구원이십니다. 주님은 우리의 "지혜와 의와 거룩과 구속"이십니다. 주님은 우리가 봉사하고 열매를 맺게 하는 능력이 되십니다. 주님의

5. 같은 책, 184쪽.

가슴은 우리가 쉬는 곳이며 지금부터 영원까지 동일합니다.[5]

| 필요를 채우시는 하나님

주님은 우리 속에 거하실 뿐 아니라, 필요를 채우시는 하나님이 되시기도 합니다. 이에 대한 좋은 예는 죠지 뮬러의 예일 것입니다. 죠지 뮬러는 허드슨 테일러와 같은 시대에 살았던 사람입니다. 그는 그 당시 영국에서 고아원을 운영했습니다. 사람들은 그를 "고아의 아버지"라고 부릅니다. 그는 많을 때는 다섯 개의 고아원에서 2,000명의 고아를 한꺼번에 돌보았고, 평생 동안 15만여 명의 고아들을 보살폈습니다.

특히 그는 많은 고아들의 필요를 위해서 어느 누구에게도 필요를 알리지 않았습니다. 그는 오직 하나님께만 필요를 구하고, 하나님께서 필요를 채우실 것을 신뢰했습니다. 그는 모든 것들을 통해 살아계신 하나님을 증거하기를 원했습니다. 그는 이렇게 말했습니다. "내가 기도하고 이 고아원 사역을 하는 중요한 한 가지 목적은 하나님이 살아계시는 분임을 모든 사람들에게 나타내는 일이다".[6] 그리고 그가 이렇게 하나님을 의지했을 때, 하나님은 그 많은 고아들의 먹을 것을 채우셔서 식사시간이 10분 이상 지연된 적이 단 한번도 없었답니다.

6.『오만 번 응답받은 뮬러의 기도 비밀』, 생명의 말씀사, 68쪽.

어떻게 이런 일이 가능했을까요? 그는 무엇보다 성경을 통해 하나님은 고아의 아버지라는 사실을 깨닫게 되었습니다. "하나님은 고아의 아버지시며…"(시 68:5). 다시 말해서 하나님께서 그에게 자신은 고아들의 아버지 되심을 계시하신 것입니다.

그래서 그는 필요가 있을 때마다 고아들의 아버지 되시는 하나님께 나아가 고아들의 필요를 위해 구했고, 하나님께서 그 모든 필요를 채우실 것을 신뢰할 수 있었습니다. 죠지 뮬러는 이렇게 말했습니다. "이 말씀은 고아들에 관하여 그분 앞에 제시할 수 있는 나의 논거가 되었다. 그분은 고아들의 아버지시다. 그러므로 그분은 그들을 위해 공급해 주실 것을 스스로 서약하셨다. 따라서 나는 그분에게 그 필요를 공급받기 위하여 가난한 고아들의 필요를 상기시켜 드리기만 하면 되었다."[7]

7. 같은 책, 231쪽.

심지어 절박한 상황에서도 그는 오직 하나님만을 신뢰했습니다. 다음은 그의 믿음과 그것으로 인하여 경험한 하나님의 영광의 한 부분을 볼 수 있는 좋은 예입니다.

어느 날 하루에 사용할 수 있는 일용할 양식을 알맞게 잘 준비하게 되었다. 그러나 문제는 내일이었다. 왜냐하면 뮬러의 손은 텅빈 손이었기 때문이었다. 하지만 그는 그렇게 시간이 촉박하고 다급한 상황에서도 내일에 대해 전혀 걱정하지 않았다…

단순히 걱정하지 않은 것이 아니라, 기도로 주님께 맡겼던 것이다. 주위 사람들은 이해할 수 없었다. 내일에 대해 속수무책인 것으로 생각했다. 빵 한 조각 살 돈이 없는 상

황이었으며 우유를 구입할 돈도 없었고, 석탄도 필요하고, 많은 일용품이 절박하게 필요했었다.

그러나 뮬러는 단지 기도 외에 아무것도 하지 않았다. 그런 가운데서도 낙심하지 아니하고 주님께서 그들을 버리지 않으시고 도우신다는 분명한 믿음을 가지고 있었다. 날이 저물어 저녁이 되었는데도 여전히 필요한 양식과 용품들이 들어오지 않았다.
그런 상황에서 놀랍게도 하늘의 하나님께서는 이미 그 사정을 다 알고 계셨다. 뮬러는 그 하나님을 신뢰하고 있던 중 한 자매를 통해 케익을 선물로 받게 되었다.

그 후 뮬러는 더욱 힘을 얻어 기도로 계속 하나님께 아뢰며 그 날을 보냈다. 하루 동안 들어온 액수를 계산해 보았지만 내일 고아들을 먹이기에 역부족이었다. 적어도 내일 오전 9시까지는 모든 필요가 채워져야만 했다. 뮬러와 직원들의 주머니는 여전히 텅텅 비어 있었다.

그러나 뮬러는 적은 양의 물품과 텅빈 지갑들을 바라보지 않고, 오직 주님의 풍성하심만을 의뢰하며 바라보고 있었다. 그러던 중 날이 밝았다. 뮬러가 일어나서 과연 주님이 보내 주신 것이 있는가 보기 위하여 고아원에 도착했는데, 하나님의 기적이 일어났다. 바로 2분 전에 한 형제가 직장에 가는 도중에 고아들이 생각나서 3파운드의 금화를 가져온 것이다. 그 결과 수많은 고아들은 무사히 양식을 공급받게 되었다. 과연 주님은 신실하신 분으로서 적절하게 뮬러의 사역에 풍성한 도움을 베푸셨던 것이다. 그러자 뮬러와 주위 사람들은 더욱 주님을 신뢰하고 하나님을 찬양하였다.

우리는 이러한 뮬러의 체험 가운데서 한 가지 기억해야 할 점이 있다. 그것은 밤까지 물품이나 돈이 들어오지 않는 위기의 상황에서도 여전히 하나님을 신뢰하고 있었다는 것이다. 하나님은 언제나 자신을 의지하고 신뢰하는 자를 찾으시며 도우신다. 뮬러의 기도를 들으시고 고아들의 위기를 극복할 수 있도록 길을 열어 주신 이는 바로 아브라함의 하나님이셨다.

하나님이 뮬러에게 100퍼센트의 믿음을 요구하셨을 때, 뮬러는 100퍼센트의 믿음을 그분께 드렸다.[8]

8. 같은 책, 45-46쪽

이처럼 우리는 하나님을 아는 만큼 하나님을 믿을 수 있고, 또 하나님을 믿는 만큼 하나님의 영광을 경험합니다.

오늘 배운 것을 복습하십시오. 오늘 배운 내용 중에서 하나님께서 당신으로 하여금 이해하고, 배우고, 실천하기 원하는 부분이나 성구를 한두 개 지적해 주시도록 기도하십시오. 그리고 난 후 다음의 질문에 답하십시오.

✣ 오늘 배운 내용 중에서 어떤 부분이나 성구가 가장 뜻있게 와 닿았습니까?

✣ 위의 부분이나 성구를 하나님께 대한 당신의 기도로 바꾸십시오.

✣ 오늘의 학습에 대한 반응으로 하나님은 당신이 무엇을 하기를 원하십니까?

이 과의 요점

- 하나님을 아는 만큼 하나님을 믿을 수 있습니다.
- 하나님께서 주도권을 가지고 자신을 계시하십니다.
- 우리 편에서는 하나님을 간절히 찾는 것이 필수입니다.
- 우리는 하나님을 믿는 만큼 하나님의 영광을 경험합니다.
- 하나님께서 우리에게 계시하신 하나님 자신의 모습과 우리의 부르심은 밀접한 관계를 가지고 있습니다.

제4과 믿음에 의한 삶을 위한 주요 요소

믿음에 의한 삶을 살기 위해 몇 가지 중요한 요소들이 있습니다.[1]

1. 지면상 주요 요소 두 가지만 여기서 살펴봅니다. 더 자세한 내용은 내 책 『믿음에 의한 삶』을 참조하십시오.

하나님의 행하심을 보는 것

믿음에 의한 삶을 살기 위해서는 하나님의 행하심을 보는 것이 필수입니다.

| 하나님은 하나님께서 시작하신 일을 뒷받침하십니다

어떤 사람이 "하나님, 하나님께서 나를 부르셨으면 나로 하여금 베드로처럼 물 위로 걷게 하옵소서" 라고 간절히 기도하고 난 다음 물 위로 뛰어들었습니다. 그러나 그 사람은 물에 빠지고 말았습니다. 다행히 그는 지나가는 사람에 의해 구조되어 목숨을 건졌습니다.

당신은 그 사람과 베드로의 차이가 무엇이라고 생각합니까?

그 사람은 자기 임의로 물에 뛰어든 반면, 베드로의 경우에는 "오라"는 주님의 음성이 있었습니다.

믿음은 하나님께서 앞서 가실 때 비로소 우리에게 필요합니다. 만약 하나님께서 앞서 가시지도 않는데 우리가 소위 믿음을 가지고 어떤 일을 추진한다면, 그것은 전혀 믿음이 아닙니다. 그것은 개인적인 확신에 불과합니다. 히브리서 11장에 나오는 믿음의 사람들의 경우를 보십시오. 그들 중 하나님께서 앞서 가시지도 않는데, 자기 스스로 소위 믿음을 가지고 성경에 기록된 일들을 추진한 사람은 한 사람도 없습니다.

오늘날 적지 않은 성도들이 자기 스스로 계획을 세우고, 그것을 위해 열심히 기도하고 난 다음, "하나님께서 도와주실 줄 믿습니다" 라고 말하면서 일을 추진합니다. 그리고 큰 낭패를 경험하고, 하나님을 원망하기도 합니다. 그러나 그것은 전혀 성경이 말하는 믿음으로 모세는 장성하여 바로의 공주의 아들이라 칭함 받기를 거절하고 도리어 하나님의 백성과 함께 고난 받기를 잠시 죄악의 낙을 누리는 것보다 더 좋아하고 그리스도를 위하여 받는 수모를 애굽의 모든 보화보다 더 큰 재물로 여겼으니 이는 상 주심을 바라봄이라

(히 11:24-26)

나이가 사십이 되매 그 형제 이스라엘 자손을 돌볼 생각이 나더니 한 사람이 원통한 일 당함을 보고 보호하여 압제 받는 자를 위하여 원수를 갚아 애굽 사람을 쳐 죽이니라 그는 그의 형제들이 하나님께서 자기의 손을 통하여 구원해 주시는 것을 깨달으리라고 생각하였으나 그들이 깨닫지 못하였더라

(행 7:23-25)

믿음이 아닙니다.

하나님은 하나님께서 시작하신 일을 뒷받침하십니다.

히브리서 11:24-26을 읽고 다음의 물음에 답하십시오.

이 구절에 나오는 모세의 믿음이 얼마나 훌륭했는지 당신의 말로 써보십시오.

당신은 모세가 그렇게 한 것이 왜 믿음의 행동이었다고 생각합니까?(행 7:23-25 참조)

그 당시 모세는 이스라엘 백성들을 애굽에서 건져내는 일에 성공을 거두었습니까? 아니라면, 당신은 무엇이 문제였다고 생각합니까?

모세는 그 당시 세계 최강국인 애굽의 모든 권세와 부와 명예보다 그리스도를 위하여 능욕을 받고 노예들인 하나님의 백성들과 함께 고난을 받는 것을 더 귀하게 여길 만큼, 그의 믿음은 참으로 훌륭했습니다. 모세의 그러한 헌신과 희생이 믿음의 행동이었던 것은 그의 행동이 자기를 향한 하나님의 부르심에 기초하고 있었기 때문입니다. 사도행전을 보면, 모세는 하나님께서 자기를 통해서 이스라엘 백성들을 건지실 것을 알고 있었습니다. 그것이 그의 부르심인 것을 알고 있었습니다. 그는 하나님의 그러한 부르심을 위해 애굽의 그 모든 권력과 부를 믿음으로 기꺼이 포기했던 것입니다.

모세는 자기를 향한 하나님의 부르심에 토대해서 행동했고, 또 애굽의 모든 부와 권력을 기꺼이 포기할 만큼 헌신적으로 희생했음에도 불구하고, 이스라엘 백성들을 애굽에서 건져내는 일에 철저하게 실패했습니다. 그 이유는 하나님은 아직 움직이시지 않는데, 모세가 자기 스스로 그 일을 이루려고 노력했기 때문입니다. 다시 말해서, 그 일은 하나님께서 시작하신 일이 아니었기 때문입니다.

반면에 40년 후 모세는 이스라엘 백성들을 애굽에서 건져내려고 다시 애굽으로 갔습니다. 그 때 그는 과거에 그가 가지고 있던 권력이나 부나 특권을 전혀 가지고 있지 않았습니다. 과거에 그가 가지고 있던 지식이나 언변도 다 잊혀진지 오래였습니다. 그러나 그 때는 하나님께서 하나님의 모든 능력과 권능과 자원으로 모세를 뒷받침하셨습니다. 왜냐하면 그 일은 하나님께서 시작하신 하나님의 일이었기 때문입니다.

| 하나님께서 주도권을 가지고 계시하시는 것들

우리는 앞 과에서 하나님은 주도권을 잡으시고 하나님 자신을 우리에게 계시하신다는 사실을 살펴보았습니다. 그런데 하나님은 또한 그 외 다른 것들을 계시하십니다. 그것을 간단히 살펴보면 다음과 같습니다.

하나님께서 계시하시는 것들.	그 이유와 목적.
하나님 자신	1) 하나님과의 친밀한 교제를 위해 2) 믿음으로 하나님을 신뢰하도록
하나님의 목적	1) 우리로 그 일에 동참하도록
하나님의 길 혹은 방법	1) 그 길로 행하도록

우리 신앙은 무엇보다 하나님과의 친밀한 교제입니다. 그것이 하나님께서 우리를 부르신 가장 우선적인 목적입니다. 그리고 하나님은 우리를 하나님과의 더욱 친밀한 교제 가운데로 인도하시기 위해 하나님 자신을 우리에게 계시하십니다. 왜냐하면 우리가 하나님을 아는 만큼 하나님을 사랑할 수 있기 때문입니다.

우리가 하나님과의 친밀한 교제 가운데 살아갈 때, 하나님은 하나님의 목적을 우리에게 계시하십니다. 우리로 하여금 그 일에 동참하도록 우리를 초청하시는 것입니다. 하나님은 하나님의 백성들인 우리들을 통해서 이 땅에서 자신의 뜻을 이루시고, 자신의 영광을 나타내기 원하시기 때문에 그렇게 하십니다.

이렇게 하나님께서 우리들에게 하나님의 목적을 보이시면, 우리는 하나님을 사랑하기 때문에 그 일에 우리의 전존재로 동참할 것입니다. 하나님을 사랑한다고 말하면서, 하나님의 행하심에 온 힘을 다해 동참하지 않으면, 그 말은 거짓일 것입니다. 예수님은 아버지께서 행하시는 일을 보았을 때, 그 일에 동참하는 것을 자신의 양식으로 아셨습니다(요 4:34 참조).

하나님의 목적에 우리의 전존재로 동참할 때, 우리에게 반드시 필요한 것이 믿음입니다. 왜냐하면 하나님의 목적은 하나님의 자원과 능력으로만 성취가 가능한 하나님 크기의 일이기 때문입니다. 그래서 하나님은 우리가 믿음으로 하나님을 신뢰하고 순종할 수 있도록 하나님 자신을 우리에게 계시하십니다. 우리가 하나님을 아는 만큼 하나님을 믿을 수 있기 때문입니다.

하나님의 목적은 반드시 하나님의 길로만 성취됩니다. 우리가 아무리 하나님께서 보이신 목적에 동참하였다 할지라도 하나님의 길을 발견하고 그 길로 행하지 않으면 하나님의 뜻은 우리의 삶을 통해 이루어지지 않습니다. 하나님의 목적은 성취되지 않습니다. 우리는 하나님의 뒷받침을 경험할 수 없습니다. 그래서 하나님은 우리에게 하나님의 길을 계시하십니다.

| 믿음에 의한 삶을 위해 반드시 하나님의 목적과 길을 발견해야 합니다

믿음에 의한 삶을 살기 위해 우리는 하나님을 알아야 할 뿐 아니라, 반드시 하나님의 목적과 하나님의 길을 알아야 합니다.

먼저, 우리는 하나님의 목적, 다시 말해서 하나님의 행하심을 알아야 합니다. 하나님의 목적을 알아야 그것에 동참할 수 있습니다. 우리가 하나님의 목적에 동참할 때, 하나님을 경험할 수 있습니다. 그리고 하나님의 뜻이 우리의 삶을 통해서 성취됩니다. 그래서 하나님은 시내산에서 모세에게 나타나셔서 애굽에서 이스라엘 백성들을 건져내시려는 하나님의 계획을 알려주셨고(창3장), 포도주 틀에서 타작하는 기드온에게 나타나셔서 이스라엘을 미디안에서 건져내시려는 하나님의 계획을 알려주셨습니다(삿 6장). 또한 하나님은 노아에게 나타나셔서 이 세상을 멸할 계획을 알려주셨고(창 6장), 예수님에게 베데스다 연못가에서 나타나셔서 38년 된 병자를 고치려는 계획을 알려주셨고(요 5장), 다메섹의 아나니아에게 나타나셔서 사울을 구원할 계획을 알려주셨습니다(행 9장). 그리고 하나님의 사람들이 자신의 삶을 조정하여 하나님의 목적에 동참했을 때, 하나님은 그들의 삶을 통해 하나님의 능력으로 하나님의 일을 이루셨습니다.

우리가 우리 임의대로 계획을 세워놓고, 하나님께서 도와주시도록 하나님을 설득시키려고 노력하는 것은 옳은 일이 아닙니다. 설령 예외적으로 자기의 그러한 노력이 성공한다 할지라도 그것은 전혀 좋은 일이 아닙니다. 우리는 히스기야의 삶에서 그것을 잘 볼 수 있습니다. 하나님께서는 히스기야왕을 데려가시려고 하셨습니다(왕하 20:1). 그러자 히스기야는 더 살게 해달라고 하나님께 간절히 기도했습니다. 하나님은 그의 기도를 들으시고, 그에게 15년의 수명을 더하여 주셨습니다. 그러나 우리는 그의 생명 연장이 결코 유다를 위해 유익하지 않았던 것을 봅니다. 먼저 바로 그 기간 동안에 유다를 가장 극악하게 타락시켰던 므낫세가 태어났습니다(왕하 21:1 참조). 그리고 그 기간 동안에 히스기야가 바벨론 왕 부로닥발라단의 사신에게 왕궁의 모든 보고를 보여주는 실수를 범했는데, 그것이 나중에 바벨론이 유다를 치게 된 계기가 되었습니다.

하나님께서 당신에게 임하셔서 보이신 하나님의 계획과 의도는 무엇입니까?

하나님은 바로 그 일로 당신을 초청하신 것입니다. 그 일을 당신을 통해서 이루시려고 당신을 동역자로 부르신 것입니다. 이제 당신의 삶을 조정하여 온 힘으로 그 일에 동참하십시오.

또한 우리는 하나님의 길을 알아야 합니다. 왜냐하면 하나님의 모든 일은 하나님의 길로만 성취되기 때문입니다. 요단강을 건너고 여리고 성을 무너뜨린 여호수아의 경우를 보십시오. 미디안을 무찌른 기드온의 경우를 보십시오. 블레셋을 물리친 다윗의 경우를 보십시오(삼하 5:23-25). 그들 모두의 경우에 있어서도, 하나님은 하나님의 목적을 계시하실 뿐 아니라, 구체적인 하나님의 방법을 그들에게 계시하셨습니다.

뿐만 아니라, 그 때마다 그 방법들이 달랐습니다. 예를 들어, 여호수아의 경우 하나님은 여리고 성을 칠 때와 아이성을 칠 때 그에게 각기 다른 방법들을 제시하셨습니다. 모세로 하여금 홍해를 가르게 하실 때와 여호수아로 하여금 요단강을 가르게 하실 때, 하나님은 각기 다른 방법들을 명하셨습니다. 하나님께서 이렇게 하시는 이유는 우리의 방법이 아니라, 하나님을 의지하게 하기 위함입니다. 그리고 우리가 하나님을 의지할 때, 하나님은 그때 그때 하나님의 방법을 우리에게 계시하십니다.

| 지하 건물을 사면서

포도나무 교회가 개척된 지 4년 반쯤 되었을 때입니다. 그 당시 교회는 분당에 있는 한 아파트 단지 내 상가 3층에 있었는데, 하나님은 그 건물의 지하 전체를 구입하도록 우리를 인도하셨습니다. 우리는 계약금을 이미 지불하고, 잔금을 치루기 위해 준비하고 있었습니다. 우리는 잔금을 위해서 일부를 은행에서 융자를 받기로 결정했습니다. 그런데 하나하나 순조롭게 되어가던 일이 갑자기 삐거덕거리기 시작했습니다. 그것은 다름이 아니라, 우리가 알아본 은행마다 교회에 대출을 해줄 수 없다며 거절하는 것이었습니다. 심지어 그 전에 대출을 약속했던 지점들까지 그렇게 했습니다.

일이 잘 되어가다가 뭔가 문제가 생기면 저는 하나님 앞에 서서 이렇게 묻곤 합니다. "하나님, 무엇이 잘못되었습니까? 우리가 무엇이 문제입니까? 우리가 어떻게 해야 할까요?" 그래서 그때도 저는 하나님 앞에 엎드려 그렇게 물었습니다. 그랬더니 하나님께서 "3천만 원은 따로 구하라"고 말씀하셨습니다. 우리는 그 당시에 8천만 원의 융자를 받으려고 알아보고 있었습니다. 그러면서 얼마 전에 하나님께서 저에게 융자는 5천만 원만 받으라고 말씀하셨던 것을 상기시켜주셨습니다. 참고로 융자 금액에 대해서 말씀하신 적은 그때가 처음이었습니다. 하나님의 그러한 음성을 들은 저는 곧 바로 나의 그릇된 자세를 회개하고 돌이켰습니다. 그리고 그 다음 주일에 교회에서 그것을 나누고, 같이 기도하면서 하나님의 인도를 구했습니다.

바로 다음 날이었습니다. 한 자매가 저에게 2천만 원의 헌금을 가지고 왔습니다. 그리고 그 날 교회 재정을 통해 나머지 천만 원이 곧 바로 채워졌습니다. 하나님께서 따로 구하라고 하신 3천만 원이 하루 만에 곧 바로 채워진 것입니다. 그리고 그 당시 매주 월요일마다 목회자들이 소수 모여서 교회에서 치유사역에 대해서 공부하고 있었습니다. 그런데 그 날 그 모임에 참석했던 목사가 인천에 있는 한 지점장에게 전화를 했습바로가 곧 그의 병거를 갖추고 그의 백성을 데리고 갈새 선발된 병거 육백 대와 애굽의 모든 병거를 동원하니 지휘관들이 다 거느렸더라 여호와께서 애굽 왕 바로의 마음을 완악하게 하셨으므로 그가 이스라엘 자손의 뒤를 따르니 이스라엘 자손이 담대히 나갔음이라 애굽 사람들과 바로의 말들, 병거들과 그 마병과 그 군대가 그들의 뒤를 따라 바알스본 맞은편 비하히롯 곁 해변 그들이 장막 친 데에 미치니라 바로가 가까이 올 때에 이스라엘 자손이 눈을 들어 본즉 애굽 사람들이 자기들 뒤에 이른지라 이스라엘 자손이 심히 두려워하여 여호와께 부르짖고 그들이 또 모세에게 이르되 애굽에 매장지가 없어서 당신이 우리를 이끌어 내어 이 광야에서 죽게 하느냐 어찌하여 당신이 우리를 애굽에서 이끌어 내어 우리에게 이같이 하느냐 우리가 애굽에서 당신에게 이른 말이 이것이 아니냐 이르기를 우리를 내버려 두라 우리가 애굽 사람을 섬길 것이라 하지 아니하더냐 애굽 사람을 섬기는 것이 광야에서 죽는 것보다 낫겠노라 모세가 백성에게 이르되 너희는 두려워하지 말고 가만히 서서 여호와께서 오늘 너희를 위하여 행하시는 구원을 보라 너희가 오늘 본 애굽 사람을 영원히 다시 보지 아니하리라 여호와께서 너희를 위하여 싸우시리니 너희는 가만히 있을지니라

(출 14:6-14)

니다. 그 지점장은 그 목사의 형님이 자주 다니는 병원의 원장 남편이었습니다. 그 목회자와 지점장은 전혀 모르는 사이였습니다. 당연히 그 지점장은 거절했습니다. 그 목사는 전화를 저에게 바꾸어주었습니다. 저는 교회에 대해서 몇 마디 설명을 했습니다. 그랬더니 그 지점장은 바로 그 자리에서 대출을 해주겠다고 약속했습니다. 결국 그곳에서 융자를 받았습니다. 얼마나 놀라운 일입니까. 믿음에 의한 삶을 살기 위해 하나님의 길을 아는 것은 매우 중요합니다.

하나님과의 친밀함이 열쇠입니다

믿음을 위해서도 하나님과의 친밀함이 열쇠입니다. 믿음에 의한 삶을 살려면, 하나님과 하나님의 목적과 길을 알아야 하는데, 하나님은 하나님과의 친밀함 가운데 거하는 자들에게 하나님 자신과 자신의 것들을 계시하시기 때문입니다. 뿐만 아니라, 하나님께서 하나님 자신과 하나님의 것들을 우리에게 계시하실 때, 우리가 하나님과의 친밀함 가운데 있어야, 믿음으로 하나님을 따라 갈 수 있기 때문입니다. 우리가 하나님과의 친밀함 가운데 있지 않으면, 하나님에 대한 온전한 순종도 전적인 신뢰도 가능하지 않습니다.

성경에 나오는 친밀함이라는 단어는 원탁회의에 참여한다는 뜻을 가지고 있습니다. 그래서 하나님과의 친밀함이라는 말은 하나님께서 하나님의 깊은 내용들을 나누어주시는 관계를 말합니다. 시편 25:14절에 나오는 친밀함이라는 단어를 영어 성경들이 "비밀(secret)" 혹은 "비밀을 나누다(confide in)"라는 단어를 사용하여 번역하고 있는 것도 이 때문입니다. 그리고 예레미야 23:18도 하나님과의 친밀함 가운데서 말씀을 받지 않고 임의대로 전하는 거짓 선지자들에 대해서 이렇게 말하고 있습니다. "누가 여호와의 회의에 참여하여 그 말을 알아들었으며 누가 귀를 기울여 그 말을 들었느뇨." 그래서 하나님은 하나님과의 친밀함 가운데 거하는 자들에게 하나님 자신과 하나님의 목적과 하나님의 길 등 하나님의 은밀한 것들을 계시하십니다.

우리가 앞에서도 살펴보았습니다만, 다시 한 번 출애굽기 14:6-14절을 읽고, 다음의 물음에 답하십시오.

그 당시 이스라엘 백성들이 처한 상황을 당신의 말로 써보십시오.

그 상황에서 그들이 보인 반응을 당신의 말로 써보십시오.

만약 당신이 그 자리에 있었더라면, 당신은 어떻게 행동했을 것 같습니까?

그 상황에서 모세는 어떻게 행동했습니까?

당신은 모세가 그렇게 행동하는 것이 왜 가능했다고 생각합니까?(출 14:1-4 참조)

이스라엘 백성들은 그들의 눈에 보기에 전혀 살아날 길이 없는 절박한 상황에 놓이게 되었습니다. 그들 앞에는 홍해가 놓여 있었고, 뒤에는 애굽의 최정예 부대가 이미 코앞에까지 다가와 있었습니다. 그들에게는 싸울 무기도, 군사도 없었고, 도망할 길도 없었습니다. 이것을 본 이스라엘 백성들은 낙심하며 좌절했습니다. 그리고 그들은 절박함 가운데서 하나님께 부르짖으며, 하나님과 모세를 원망하기 시작했습니다.

똑같은 상황에서도 모세는 이스라엘 백성들과 전혀 다르게 행동했습니다. 그는 믿음으로 하나님을 신뢰하는 행동을 했습니다. 그가 그렇게 할 수 있었던 것은 하나님께서 그에게 일어날 일을 미리 알려주셨기 때문입니다. 우리가 앞에서 살펴본 것처럼, 모세는 늘 하나님의 얼굴을 구하는 삶을 살았습니다. 하나님과의 친밀함 가운데 거했습니다. 하나님은 그러한 모세에게 하나님의 목적과 의도를 알리셨고, 모세는 그 상황에서 믿음으로 설 수 있었습니다. 물론 하나님께서 아무리 그렇게 미리 말씀하셨다 할지라도, 그토록 절박한 상황에서 모세처럼 하나님을 신뢰하고 서는 것은 결코 쉽지 않을 것입니다. 그래서 우리는 믿음 안에서 자라나야 합니다. 그러나 분명한 것은 모세가 이스라엘 백성들과 달리 그토록 절박한 상황에서 믿음으로 설 수 있었던 가장 근본적인 이유는 모세가 하나님과의 친밀함 가운데서 하나님의 의도를 알았기 때문입니다.

믿음에 의한 삶을 위해 하나님과의 친밀함이 필수인 또 하나의 이유는 우리가 하나님과의 친밀함 가운데 있어야 하나님께 모든 것을 거는 것이 가능하기 때문입니다. 믿음은 하나님께 우리의 모든 것을 거는 것입니다. 그런데 환경은 정반대의 상황임에도 불구하고, 하나님께 우리의 모든 것을 걸고 서기 위해서는 대단히 큰 영적인 에너지가 필요합니다. 그리고 그 영적 에너지는 오직 하나님과의 친밀함에서만 나옵니다.

많은 사람들이 믿음에 의한 삶을 살기보다 인간적인 수단과 방법을 의지하는 삶을 사는 이유도 이 때문입니다. 인간적인 수단과 방법들은 예측이 가능하고, 따라서 그것들을 의지하는데 큰 영적인 에너지가 필요하지 않습니다. 그러나 문제는 그렇게 예측 가능한 인간적인 자원과 수단과 방법을 의지하는 것이 불신이라는 사실입니다. 불신은 앞에서 살펴본 것처럼 하나님 앞에서 엄청난 죄일 뿐 아니라, 불신을 통해서는 우리가 어떠한 하나님의 영광도 경험할 수 없습니다.

이사야 30:1-3을 다시 읽으십시오. 우리가 앞에서 살펴본 것처럼 그 당시 남방 유다는 잔인한 강대국 앗수르의 위협 앞에서 매우 위급한 상황이었습니다. 북방 이스라엘이 바로 그 앗수르에 의해서 멸망당했습니다. 그 위급한 상황에서 유다 지도자들은 또 다른 강대국인 애굽과 동맹을 맺어 앗수르를 견제하기 위해 사신을 애굽으로 보냈습니다. 그러한 행동은 외교적으로는 지혜로운 행동이었을지 모르지만, 하나님 앞에서는 하나님 보다 애굽의 말과 병력을 의지하는 철저하게 타락한 불신의 행동이었습니다. 그래서 하나님은 매우 강력하게 그 행동을 책망하십니다.

도움을 구하러 애굽으로 내려가는 자들은 화 있을진저 그들은 말을 의지하며 병거의 많음과 마병의 심히 강함을 의지하고 이스라엘의 거룩하신 이를 앙모하지 아니하며 여호와를 구하지 아니하나니

(사 31:1)

또 마음을 다하고 목숨을 다하여 조상들의 하나님 여호와를 찾기로 언약하고 이스라엘 하나님 여호와를 찾지 아니하는 자는 대소 남녀를 막론하고 죽이는 것이 마땅하다 하고 무리가 큰 소리로 외치며 피리와 나팔을 불어 여호와께 맹세하매 온 유다가 이 맹세를 기뻐한지라 무리가 마음을 다하여 맹세하고 뜻을 다하여 여호와를 찾았으므로 여호와께서도 그들을 만나 주시고 그들의 사방에 평안을 주셨더라

(대하 15:12-15)

그 상황에서 유다 지도자들이 자신들의 모든 것을 걸고 하나님을 의지하지 못하고, 예측 가능한 세상적인 자원과 방법과 수단을 의지한 가장 주된 이유가 무엇이었습니까?(사 31:1)

가장 주된 문제는 그들이 하나님을 찾지 않았다는 데에 있습니다. 다시 말해서, 그들이 하나님의 얼굴을 구하지 않았다는 데에 있습니다. 그래서 그들은 자신들의 모든 것을 걸고 하나님을 의지할 수 있는 영적인 능력을 가지고 있지 못했습니다. 그 결과, 그들은 예측 가능한 인간적인 자원을 의지하는 불신의 죄를 범했고, 불신의 행동이 궁극적으로 그들에게 아무런 도움이 되지 못했습니다.

아사가 여호와의 전 곳간과 왕궁 곳간의 은금을 내어다가 다메섹에 사는 아람 왕 벤하닷에게 보내며 이르되 내 아버지와 당신의 아버지 사이에와 같이 나와 당신 사이에 약조하자 내가 당신에게 은금을 보내노니 와서 이스라엘 왕 바아사와 세운 약조를 깨뜨려 그가 나를 떠나게 하라 하매 벤하닷이 아사 왕의 말을 듣고 그의 군대 지휘관들을 보내어 이스라엘 성읍들을 치되 이욘과 단과 아벨마임과 납달리의 모든 국고성들을 쳤더니 바아사가 듣고 라마 건축하는 일을 포기하고 그 공사를 그친지라

(대하 16:2-5)

아사 왕의 예

역대하 15:12-15을 읽고, 다음의 물음에 답하십시오.

아사 왕 시대에 국가적인 위기에 처했을 때, 그들은 어떻게 했습니까?

그 결과는 무엇이었습니까?(19절도 참조)

아사 왕 36년에 북방 이스라엘 왕이 남방 유다를 치러왔을 때, 아사는 어떻게 했습니까?(대하 16:2-3)

그 결과는 무엇이었습니까?(대하 16:4-5, 7-9)

아사가 오직 하나님만을 의지하지 못한 이유는 무엇이었습니까?(대하 16:9, 12)

아사 왕은 처음 국가적인 위기가 닥쳤을 때, 오직 하나님만을 찾기로 결단하고 백성들과 함께 하나님 앞에 섰습니다. 그들은 마음과 뜻과 성품을 다하여 하나님을 구했습니다. 그 결과, 하나님께서 그들에게 임하셨고, 그들에게 하나님의 모든 생명이 넘쳤습니다. 하나님께서 그 나라에 전쟁이 없게 하시고, 그 나라를 원수들로부터 승리하게 하신 것은 하나님의 생명의 한 부분이었습니다.

그렇게 되자 아사 왕은 하나님을 찾고 구하는 것을 소홀히 했습니다. 그 결과, 20년 후 그 나라에 다시 어려움이 찾아왔을 때, 그는 그 어려움을 위해 하나님을 의지하지 않았습니다. 다시 말해서, 존재를 다 걸고 하나님을 신뢰하지 않았습니다. 그가 하나님을 찾지 아니하였기 때문에 그에게는 그렇게 할 수 있는 영적 에너지가 없었던 것입니다. 그래서 그는 예측 가능한 인간적인 수단과 방법을 의지했습니다. 즉 아람 나라의 힘을 의지했습니다. 그렇게 해서 그는 자기가 원하는 목적을 이루었지만, 하나님의 생명은 그와 유다에게서 걷히게 되었습니다. 그들에게는 더 이상 하나님의 생명이 함께 하지 않았습니다. 전쟁도 다시 시작되었고, 이전에 있던 하나님의 승리가 그들과 함께 하지 않았습니다.

여호와의 눈은 온 땅을 두루 감찰하사 전심으로 자기에게 향하는 자들을 위하여 능력을 베푸시나니 이 일은 왕이 망령되이 행하였은즉 이 후부터는 왕에게 전쟁이 있으리이다 하매

(대하 16:9)

오늘 배운 것을 복습하십시오. 오늘 배운 내용 중에서 하나님께서 당신으로 하여금 이해하고, 배우고, 실천하기 원하는 부분이나 성구를 한두 개 지적해 주시도록 기도하십시오. 그리고 난 후 다음의 질문에 답하십시오.

✣ 오늘 배운 내용 중에서 어떤 부분이나 성구가 가장 뜻있게 와 닿았습니까?

✣ 위의 부분이나 성구를 하나님께 대한 당신의 기도로 바꾸십시오.

✣ 오늘의 학습에 대한 반응으로 하나님은 당신이 무엇을 하기를 원하십니까?

이 과의 요점

- 하나님의 행하심을 보는 것은 우리의 믿음을 위해 필수적인 요소입니다.
- 믿음은 단순한 마음의 확신이 아닙니다.
- 하나님은 자신이 시작하신 일을 뒷받침하십니다.
- 하나님 자신과 하나님의 목적과 길을 아는 것은 우리의 믿음을 위해 필수입니다.
- 믿음을 위해 무엇보다 하나님과의 친밀함이 열쇠입니다.

요단 사역정신

"그러므로 너희는 가서 모든 민족을 제자로 삼아 아버지와 아들과 성령의 이름으로
침(세)례를 베풀고 내가 너희에게 분부한 모든 것을 가르쳐 지키게 하라
볼지어다 내가 세상 끝날까지 너희와 항상 함께 있으리라 하시니라"

1. For God and Church
하나님의 영광과 그의 몸 된 교회의 영적 성장과 성숙을 위한 도서를 엄선하여 출판한다.

2. Prayer-focused Ministry
기획 • 편집 • 제작 • 보급의 전 과정을 기도 가운데 진행한다.

3. Path to Church Growth
건강한 교회를 세우는 축복의 통로로 섬긴다.

4. Good Stewardship and Professionalism
선한 청지기와 프로정신으로 문서 사역에 임한다.

5. Creating a Culture of Christianity by Developing Contents
각종 문화 컨텐츠를 개발함으로 기독교 문화 창달에 기여한다.